DER ROTE HOLOCAUST UND DIE DEUTSCHEN

Horst Möller (Hg.)

DER ROTE HOLOCAUST UND DIE DEUTSCHEN

Die Debatte um das
»SCHWARZBUCH DES KOMMUNISMUS«

Piper
München Zürich

Die Beiträge aus französischen
Zeitungen wurden übersetzt von
Bertold Galli.

ISBN 3-492-04119-1

Gesetzt aus der TimesTen
Gesamtherstellung: Clausen & Bosse, Leck
Printed in Germany

Inhalt

III. Die politische Debatte

HORST MÖLLER

Vorwort

Kann man von »rotem Holocaust« sprechen? Das »Schwarzbuch des Kommunismus« trägt diese Bezeichnung weder im Titel noch in den Kapitelüberschriften, doch kehrt in der durch das Werk ausgelösten Diskussion diese Kennzeichnung immer wieder. Selbst eine Sammlung von außerordentlich kritischen Stellungnahmen verwendet sie – wenn auch mit Fragezeichen – im Titel. Tatsächlich enthält die Charakterisierung »roter Holocaust« bereits das Problem, an dem sich die Kontroverse entzündet: Sind die Verbrechen kommunistischer Diktaturen des 20. Jahrhunderts derart massenhaft, daß eine ursprünglich für den Massenmord an den Juden verwandte Wortprägung auch das Wesen weltweit millionenfach verübter kommunistischer Verbrechen trifft? Zweifellos bedeutet die Anerkennung dieser Begriffsverbindung eine Analogie zum planmäßig organisierten Massenmord, den die nationalsozialistische Diktatur an mehr als sechs Millionen Juden während des Zweiten Weltkriegs begangen hat. Eine Analogie aber ist selbstverständlich weder Apologie noch Gleichsetzung. Im strengen Sinne singulär ist jedes der Massenverbrechen, die die totalitären, sich selbst durch eine fanatische Ideologie legitimierenden Diktaturen des 20. Jahrhunderts begangen haben. Durch ihre totalitäre Zielsetzung der Gleichschaltung, die religiöse, soziale, nationale und andere Minderheiten aus der Gesellschaft ausgrenzte, sie diffamierte, entrechtete, vertrieb oder gar ermordete, wurden viele Millionen Menschen planmäßig organisiert zu Opfern, ganz gleich, wie ihre Ermordung motiviert wurde. Um die objektive, empirisch fundierte Analyse kann sich keine ernstzunehmende geschichtswissenschaftliche Interpretation herumdrükken.

Die Auseinandersetzung mit diesen Verbrechen – gleich, welcher Ideologie, gleich, welchen Herrschaftssystems, gleich, in wessen nationaler Verantwortung sie begangen worden sind – ist ein Prüfstein jeglicher humanitär, ethisch oder politisch motivierten Argumentation: Sie wird unglaubwürdig, wenn sie ausschließlich Verbrechen einer der Diktaturen des 20. Jahrhunderts anprangert, bei anderen aber wegsieht oder sie nicht wahrhaben will. Gefahren für rechtsstaatliche Demokratien gehen von allen Extremismen aus, unabhängig davon, welcher Herkunft, Richtung oder Zielsetzung sie sind.

Die Autoren, die in einer Reihe von Länderstudien die kriminelle Praxis kommunistischer Herrschaftssysteme untersucht haben, machen eine erschreckende Bilanz auf – eine Bilanz, die sich an der Zahl der Opfer orientiert, die allein durch ihre Zahl eine Wortwahl nahelegt, die der Ungeheuerlichkeit dieser Massenmorde Rechnung trägt. Ob mit Fragezeichen oder ohne: Die Diskussion über den Begriff ist zwangsläufig eine Diskussion über den Inhalt. Während die Massenmorde der nationalsozialistischen Diktatur von keinem ernstzunehmenden Historiker, Politiker oder Publizisten bestritten oder bagatellisiert werden und sie seit langem im gesellschaftlichen Bewußtsein innerhalb und außerhalb Deutschlands als Wesensmerkmal des Nationalsozialismus gegenwärtig sind, hat sich die Diskussion über die Massenmorde der kommunistischen Regime, sei es zu Zeiten Lenins, Stalins, Maos oder Pol Pots, nicht in gleichem Maße zu der Einsicht verdichtet, daß das organisierte Verbrechen ein Wesensmerkmal aller bisher real existierenden kommunistischen Diktaturen gewesen ist, obwohl auch darüber kein Zweifel bestehen kann.

Daher überraschen auf den ersten Blick der Riesenerfolg und die heftigen Kontroversen, die das *Schwarzbuch des Kommunismus* sogleich nach der Publikation der Originalausgabe in Frankreich 1997 im Verlag Robert Laffont wie auch die um zwei deutsche Beiträge erweiterte deutsche Ausgabe im Piper Verlag 1998 gefunden und ausgelöst haben. Schon drei Monate nach Erscheinen waren in Frankreich etwa 200000 Exemplare verkauft, die deutsche Ausgabe erreichte bis Jahresende 1998 innerhalb von sieben Monaten zehn Auflagen. Inzwischen veröffentlichten Pierre Rigoulot und Ilios Yannakakis bereits eine Darstellung der französischen Debatte über das Werk: *Un pavé dans l'Histoire. Le débat français sur Le Livre noir du communisme* (Paris 1998). Die Diskussionen in den großen Zeitungen und Zeitschriften erstreckten sich auch in Deutschland zum Teil über Monate.

Was war so überraschend, was so neu? Welche Kenntnis existierte über den totalitären Charakter kommunistischer Diktaturen und ihre Verbrechen? Und schließlich: Worin liegen die in Frankreich und Deutschland unterschiedlichen charakteristischen Ausgangspunkte der Kontroverse?

Sieht man einmal von der schieren Größenordnung der im *Schwarzbuch* dargestellten Opferzahlen (weltweit 80 bis 100 Millionen, die zum Teil nachgewiesen werden, zum Teil aber auf Schätzungen beruhen) ab, dann handelte es sich hier wie dort im Kern um eine seit langem geführte, immer wieder auflebende Kontroverse.

So hat beispielsweise der ehemalige Kommunist Arthur Koestler in seinem zuerst 1940 erschienenen Buch *Darkness at Noon*, das 1948 unter dem Titel *Sonnenfinsternis* auch in deutscher Sprache veröffentlicht wurde, aus eigener Anschauung über die stalinistischen Schauprozesse in der Sowjetunion während der dreißiger Jahre berichtet, der Tausende kommunistischer Funktionäre – also der eigenen Partei – zum Opfer fielen. Hannah Arendt, die vom nationalsozialistischen Regime wegen ihrer jüdischen Herkunft in die Emigration gezwungene Philosophin, hat in ihrem zuerst 1951 in englischer Sprache, dann bald darauf auch in Deutschland veröffentlichten epochemachenden Werk *Elemente und Ursprünge totaler Herrschaft* im Anschluß an das in den dreißiger Jahren zuerst in den USA entwickelte Totalitarismusmodell völlig zu Recht nationalsozialistische und kommunistische Herrschaft gleichermaßen als totalitäre Diktaturen beschrieben und schon damals den »Rassenkampf« des einen Regimes mit dem »Klassenkampf« des anderen verglichen: Seinerzeit führte diese Charakterisierung keineswegs zu heftigen Reaktionen, wie dies während des sogenannten Historikerstreits Mitte der achtziger Jahre gegenüber einer verwandten Begriffsbildung Ernst Noltes der Fall war.

Schon im Frankreich der vierziger und fünfziger Jahre wurde lebhaft über die Verbrechen des Kommunismus und die Frage gestritten, ob sie wesensnotwendig zu dieser Ideologie gehören oder nicht: Simone de Beauvoir beschrieb in ihrem berühmten Roman *Les Mandarins* 1954 zwar literarisch typisiert, aber doch mit Realitätsgehalt den Disput zwischen den Pariser Intellektuellen: Damals waren Informationen über die Verbrechen des bolschewistischen Regimes in der Sowjetunion in den Westen gelangt; Arthur Koestler, dem man bis dahin schwerlich Antikommunismus hatte vorwerfen können und der in dem Roman Simone de Beauvoirs ebenfalls auftritt, teilte die persönlichen Erfahrungen und Kenntnisse seinen Gesinnungsgenossen in Paris mit und wandte sich schließlich vom Kommunismus ab; doch war er keineswegs der einzige, der aus Erfahrungen lernte.

Les Mandarins schildert eindringlich die allmähliche Entfremdung und das schließliche Zerwürfnis der beiden antifaschistischen Intellektuellen Albert Camus und Jean-Paul Sartre über diese Frage: Während Camus sich vom Kommunismus löste, beharrte Sartre – nicht allein im Roman – auf der Meinung, jede Kritik an der kommunistischen Realität in der Sowjetunion nütze dem Faschismus und dem Kapitalismus und müsse deshalb – zutreffend oder nicht – unterdrückt werden. In diesem Disput ging es nicht nur um die stalinistischen Schauprozesse, sondern auch um die Arbeitslager – den später von Alexander Solschenyzin 1974 aller Welt vor Augen geführten *Archipel Gulag*. Jorge Semprun nahm 1980 in seinem Roman »Quel beau dimanche!« die vergleichende Perspektive wieder auf.

Wer die Wahrheit über kommunistische Herrschaft wissen wollte, der konnte sie also längst wissen – aus diesen Büchern wie aus zahlreichen weiteren. Doch darum ging es nicht: Der Kommunismus blieb über Jahrzehnte, wie es Raymond Aron in seiner 1954 veröffentlichten Streitschrift über die *Sucht nach Weltanschauung* treffend formuliert hatte, »Opium für Intellektuelle«, er blieb dies bis zum Zusammenbruch der kommunistischen Diktaturen in Mittel- und Osteuropa seit 1989. Manche der kommunistischen Intellektuellen haben sich von dieser Sucht befreit, als sowjetische Panzer (in der Regel durchaus kommunistische) Reform- oder Protestbewegungen niederwalzten: zuerst 1953 in Berlin, dann 1956 in Budapest, schließlich 1968 in Prag, oder als sich der Kommunismus an der Macht als imperialistisch erwies, beispielsweise 1979/80 in Afghanistan oder schon 1950 im Koreakrieg.

Auf der anderen Seite erlangte die Geheimrede Chruschtschows auf dem XX. Parteitag der KPdSU 1956, mit denen erstmals eine amtierende Parteiführung mit den eigenen Verbrechen – genauer, einem kleinen Teil der von Stalin befohlenen Verbrechen – abrechnete, bei ihrem Bekanntwerden eine durchaus ambivalente Wirkung: Zum einen provozierte die »Entstalinisierung« das Entsetzen über den kriminellen Charakter der Herrschaft Stalins und der Machtinstrumente des Kommunismus, zum anderen eine irrige Schlußfolgerung. Die neue Illusion leitete aus der vermeintlichen »Selbstreinigung« des Kommunismus die Möglichkeit eines Reformkommunismus mit menschlichem Antlitz ab. So zählte es zu den historisch abwegigen Versuchen, allein die stalinistische Phase der Sowjetunion mit kriminellen Akten in Verbindung zu bringen und Lenin davon freizusprechen. Doch tatsächlich beginnt die rücksichtslose Eliminierung politischer Gegner, der gezielte politische Terror, bei Lenin selbst: Er praktizierte ihn nicht nur, sondern versuchte auch, ihn theoretisch zu rechtfertigen.

Seit den sechziger und siebziger Jahren schien der Eurokommunismus einen solchen Weg der »Selbstreinigung« zu eröffnen, die kommunistischen Parteien des Westens gewannen daraufhin erneut Attraktivität für linke Intellektuelle. Dieser Hintergrund erklärt die Heftigkeit der französischen Debatte (die zwar gegenüber einigen Autoren auch persönliche Züge annahm bzw. deren Zusammenarbeit untereinander betraf), die vor allem aber alle Zeichen eines Intellektuellendiskurses trug: Aus enttäuschten Illusionen entwickelten sich Frustrationen und Aggressionen.

Das 1995 veröffentlichte Werk des bedeutenden französischen Historikers François Furet *Le passé d'une illusion*, das 1996 unter dem Titel *Das Ende der Illusion. Der Kommunismus im 20. Jahrhundert* auch auf Deutsch erschien, bildete den Auftakt dieser erneuten intellektuellen Auseinandersetzung. Dabei handelte es sich – wie bei einigen Autoren des *Schwarzbuchs* – um einen Autor, der selbst bis zum Ungarn-Aufstand 1956 Kommunist gewesen war, und Jahrzehnte später eine der beherrschenden Repressionsideologien dieses Jahrhunderts analysierte. Die französische Debatte besitzt trotz ihres intellektuellen Charakters zweifellos Konsequenzen für die politische Linke, was Premierminister Lionel Jospin auch sogleich erkannte, nahm er doch die KPF, seinen kommunistischen Koalitionspartner, gegen Angriffe auf ihre Ideologie in Schutz.

In Deutschland endete die Debatte über das *Schwarzbuch*, die durchaus auch rein geschichtswissenschaftlich geführt werden könnte und müßte, bei dem spezifischen nationalen Trauma der nationalsozialistischen Diktatur und der Frage der Vergleichbarkeit – als ob sich irgend etwas an der Beurteilung und Verurteilung nationalsozialistischer Verbrechen änderte, wenn man auch diejenigen des Kommunismus erforscht und darstellt. Daß eine solche Diskussion mit Niveau geführt werden kann, beweisen beispielsweise die Beiträge, die die französische Zeitschrift *le débat* im März/April 1996 von Renzo de Felice, François Furet, Eric J. Hobsbawm, Ernst Nolte, Richard Pipes und Giuliano Procacci veröffentlichte – oder auch der 1998 in Buchform publizierte Briefwechsel zwischen François Furet und Ernst Nolte. Ein Teil dieser Auseinandersetzung wird paradoxerweise geführt, als ob das *Schwarzbuch* weniger Theorie und Praxis kommunistischer Herrschaft im 20. Jahrhundert untersuchte als das Thema »Die Deutschen und der Nationalsozialismus«.

Tatsächlich aber stellt ein Vergleich – der in keinem Falle eine Gleichsetzung bedeutet – erst die zweite Stufe dar, nachdem ein hinreichender Grad an empirischer Sicherheit in bezug auf die Massenverbrechen des Kommunismus gewonnen ist. Strukturelle Ähnlichkeiten haben schon vor vielen Jahren Historiker von hohem Rang wie Karl Dietrich Bracher herausgearbeitet. Und heute ist der Vergleich für die Geschichtswissenschaft unentbehrlich.

Die politischen Konsequenzen liegen auf der Hand: Gelingt der Nachweis, daß alle existierenden kommunistischen Herrschaftssysteme des 20. Jahrhundert nicht allein gescheitert sind, sondern – nach Zeit und Ort in unterschiedlichem Ausmaß – Massenverbrechen begangen haben, dann delegitimiert dies alle politischen Zielsetzungen und Parteien, die sich im Prinzip auf marxistische Ideologie stützen: Die heftige Reaktion von dieser Seite ist also verständlich, geht es bei solchen historischen Erkenntnissen doch nicht allein um die Vergangenheit, sondern um Gegenwart und Zukunft.

Auf der anderen Seite bedürfen das methodische Instrumentarium des *Schwarzbuchs*, die national differierende empirische Absicherung der Ergebnisse und ihre unterschiedliche Reichweite, der weiteren wissenschaftlichen Diskussion: Bieten manche Beiträge, beispielsweise der von Nicolas Werth über die Sowjetunion – über die auch zuvor schon einschlägige Untersuchungen und Schätzungen veröffentlicht worden waren – sehr viel gesichertes Material und demgemäß abgesicherte Erkenntnisse, so gilt das naturgemäß nicht in gleichem Maß für diejenigen Beiträge, deren Quellenbasis sehr viel unsicherer ist, beispielsweise die Massenverbrechen kommunistischer Herrschaft in asiatischen Ländern. Doch in solchen Fällen schlagen die Abhandlungen oftmals eine erste Bresche, die weitere Forschung anregen wird. Insofern ist die kritische Diskussion notwendig für den Fortgang der Erkenntnis – eine Erkenntnis, die am Ende dieses in den meisten Erdteilen an grauenhaften Exzessen so reichen Jahrhunderts notwendig ist. Auch in bezug auf den Kommunismus kann das Wissen um die historische Realität zur Immunisierung gegenüber Extremismen aller Richtungen beitragen.

Die hier veröffentlichten Texte bieten nur eine kleine Auswahl aus der weit umfassenderen Diskussion: Diese Auswahl zielt darauf ab, einerseits in bezug auf Frankreich, Deutschland und Italien nationale Spezifika der Diskussion zu veranschaulichen und andererseits sowohl die wissenschaftlich-methodischen als auch politischen Implikationen der deutschen Debatte exemplarisch vorzuführen. Dabei versteht es sich von selbst, daß unterschiedliche, ja gegensätzliche Einschätzungen über das *Schwarzbuch* zu Worte kommen – solche also, die die Erträge dieses Werkes positiv würdigen und daraus generelle Schlußfolgerungen über die kommunistische Herrschaftspraxis ziehen, aber auch kritische Beiträge, die sich auf methodische Probleme und sachliche bzw. empirische Grenzen der derzeitigen Erforschbarkeit des Themas für alle dargestellten Länder beziehen. Zwei Beiträge, die der Herausgeber gerne aufgenommen hätte, fehlen: *Gauck an alle* (Kurt Pätzold) und *Nekrophiler Antikommunismus* (Wolfgang Wippermann). Leider war ein Abdruck dieser Texte nicht zu ermöglichen.

Trotz der Analogie in Fragestellung und Zielsetzung des Werkes, die der Herausgeber Stéphane Courtois im Einleitungs- und vor allem im Schlußkapitel beschrieben hat, bleibt das *Schwarzbuch* ein Sammelwerk verschiedener Autoren zu unterschiedlichen Staaten und Epochen, freilich eine Gesamtsicht, an der künftig kein ernsthaft Interessierter mehr vorbeigehen kann. Und folglich setzen die hier abgedruckten Beiträge ganz unterschiedliche Akzente, doch gilt nach den Worten Hegels bekanntlich: »Das Wahre ist das Ganze«.

Horst Möller

I.

Ausländische Reaktionen

PHILIPPE CUSIN

Das Jahrhundert des Kommunismus in einer Schreckensbilanz

Eine ungeheuerliche Anklage, ein mit Beispielen und Fakten untermauerter Bericht und eine blutige Bilanz: Gegenstand ist das knappe Jahrhundert kommunistischer Diktaturen in der Welt. Eine Gruppe von Historikern veröffentlicht unter der Führung von Stéphane Courtois, einem Schüler von Annie Kriegel, *Das Schwarzbuch des Kommunismus*. Der Titel ist nicht willkürlich gewählt. Seit Lenins Machtübernahme im Oktober/November 1917 hat die »bessere Zukunft« weltweit etwa hundert Millionen Menschen das Leben gekostet.

Die Autoren weisen jedoch nachdrücklich darauf hin, daß der Nationalsozialismus und der Holocaust dadurch in ihrer Einmaligkeit und Grauenhaftigkeit nicht im geringsten in Frage gestellt werden.

Angefangen bei Lenin bis hin zu Kim Jong II, dem derzeitigen Tyrannen Nordkoreas, über Stalin, Walter Ulbricht in der DDR, Fidel Castro in Kuba, Mao Zedong, Ho Chi Minh in Vietnam und Pol Pot in Kambodscha. Das versprochene Paradies auf Erden ist zu einer Hölle geworden.

»Der Kommunismus, von dem wir hier sprechen, ist nicht der einer imaginären Welt, sondern ein ganz realer Kommunismus, der zu einer bestimmten Zeit und in bestimmten Ländern existierte und von berühmten Führerpersönlichkeiten verkörpert wurde: Durch Lenin, Stalin, Mao, Ho Chi Minh, Castro usw. oder – mehr auf unsere nationale Geschichte bezogen – durch Maurice Thorez, Jacques Duclos, Georges Marchais«, erklärt Stéphane Courtois in seiner Einführung.

Es handelt sich hier nicht um gewöhnliche Verbrechen, sondern – wie die 800 Seiten dieses Buches beweisen – um wahre Verbrechen gegen die Menschlichkeit, so wie sie während der Nürnberger Naziprozesse definiert worden sind. »Die Verwendung dieses Begriffs scheint uns also für die Beschreibung bestimmter Verbrechen unter den kommunistischen Regimes sehr wohl berechtigt.«

Es wird von den Autoren des *Schwarzbuches* ausdrücklich betont, daß die kommunistische Diktatur den Hunger systematisch als Waffe einsetzte, um jeglichen Widerstand der Opposition zu brechen. Lenin machte den Anfang, und Stalin folgte seinem Beispiel. Selbst in Äthiopien und Mozambique, zwei afrikanischen Regimes marxistisch-leninistischer Prägung, war dies der Fall.

Und zwar von Anfang an. »Standrechtliche Erschießung von Zehntausenden von Geiseln oder Gefangenen und die Hungersnot des Jahres 1922 forderten bereits fünf Millionen Opfer.« Damals »regierte« Lenin bereits geschwächt durch einen ein Jahr zuvor erlittenen Gehirnschlag. Er starb jedoch erst 1924 und trägt deshalb trotz seines eingeschränkten Gesundheitszustandes die Verantwortung für das »Massaker an Hunderttausenden von Arbeitern und Bauern, die zwischen 1918 und 1922 revoltiert haben« und teilweise auch für den »Mord an Zehntausenden von Häftlingen, die zwischen 1918 und 1930 in den Konzentrationslagern gefangengehalten wurden«, ebenso für die »Liquidierung und Verschleppung der Donkosaken im Jahre 1920«.

Wie die Historiker klar zeigen, stützte sich Lenin besonders auf Dserschinski, den Begründer der als politische Polizei fungierenden Tscheka, die später auch GPU, NKWD, MGB oder KGB genannt wurde. Auf Dserschinski folgen weitere Henker: Zunächst Jagoda, der 1936 während der dritten Moskauer Prozeßwelle (die erste – darauf weisen die Historiker hin – kam mit der Unterstützung Lenins zustande) auf Stalins Befehl von Etschow ausradiert wurde. Etschow wiederum wird 1938 – ebenfalls auf Befehl Stalins – von Berija beseitigt, der wie das »Väterchen der Völker« aus Georgien stammt und sofort nach Stalins Tod im Jahre 1953 aus dem Wege geräumt wird.

Auf keinen Fall zu vergessen ist Leo Trotzki, der Begründer der Roten Armee. Er leitete das Massaker gegen die Arbeiter und Soldaten des Marinestützpunktes Kronstadt, die im Frühjahr 1921 gegen die bolschewistische Diktatur revoltiert hatten.

Stalin setzt die blutrünstige Arbeit erbarmungslos fort. Auf ihn geht »die Ermordung von fast 690 000 Menschen während der großen Säuberung von 1937/38« zurück. Stalin nimmt sich auch die Kulaken vor. Dies sind Bauern, denen man unrechtmäßige Bereicherungen vorwirft und die deshalb »in den Jahren 1930 bis 1932 verschleppt werden«, insgesamt etwa zwei Millionen Menschen. Auch die Ukraine wird von Stalin terrorisiert: »1932 und 1933 werden sechs

Millionen Ukrainer durch eine absichtlich herbeigeführte und nicht ernsthaft bekämpfte Hungersnot liquidiert«.

Nicht zu vergessen die Verschleppung ganzer Völkerscharen, die dem Kreml-Chef als potentielle Verräter verdächtig waren: Polen, Ukrainer, Balten, Moldawier und die Wolgadeutschen, die seit dem 18. Jahrhundert an den Ufern der Wolga ansässig waren, ferner die Krimtataren und die im Kaukasus beheimateten Tschetschenen und Inguschen.

Stalin diente den modernen kommunistischen Diktaturen als Modell: Sowohl für die auf Pol Pot zurückgehende »Verschleppung und Liquidierung der städtischen Bevölkerung Kambodschas in den Jahren 1975 bis 1978« als auch für die seit 1950 weiter nördlich durch die Chinesen durchgeführte »langsame Vernichtung der Tibetaner«.

Am meisten bestürzt die Tatsache, daß die Dinge sich wiederholen. Die gleichen Ursachen führen zu den gleichen Wirkungen. »Die Verbrechen des Leninismus und Stalinismus wurden von den Regimes Mao Zedongs, Kim Il Sungs und Pol Pots oft haargenau wiederholt. Wollte man sie alle aufzählen, käme man an kein Ende.«

Oft hat man die Verbrechen des Kommunismus ausschließlich Stalin zur Last gelegt. Angeblich ist alles nur seinetwegen so gekommen. So jedenfalls lautet die These, die alles als Exzesse abtut und von Chruschtschow in seiner berühmten Geheimrede von 1956 vehement verteidigt wurde. Sie wusch den Gründungsvater Lenin von allen Sünden rein.

Das *Schwarzbuch des Kommunismus* beweist das Gegenteil. Man erfährt von einem Memorandum, das Lenin im Herbst 1922 an Stalin gerichtet hat und »in dem er sich ausführlich und mit einer krankhaften Liebe zum Detail über die definitive Säuberung Rußlands von allen sozialistischen, intellektuellen, liberalen und anderen ›mißlichen‹ Elementen ausläßt.« Stalin schließt sich nahtlos an seinen Vorgänger an.

Das Töten gehört zu den unverzichtbaren Grundlagen des Kommunismus – dies ist das Thema des *Schwarzbuches.* »Zur Stabilisierung ihrer Macht gingen die kommunistischen Regimes bald über die Einzelverbrechen und gelegentlichen Massaker hinaus und machten das Massenverbrechen zum regelrechten Regierungssystem.« Auch wenn der Gulag weiterhin existiert – Solschenizyns Geschichtsstudie *Der Archipel Gulag* legt davon Zeugnis ab –, hat das nach Stalin einsetzende »Tauwetter« zumindest in Europa und in der

UdSSR zu veränderten Verhältnissen geführt. »Der Terror ließ an Intensität nach, und die Regimes stabilisierten sich mit Hilfe einer zum Alltag gewordenen Repression: Sämtliche Kommunikationsmittel fielen unter die Zensur, die Grenzen wurden kontrolliert und die Dissidenten ausgewiesen.«

Wenn jedoch – wie die Historiker zeigen – die Verbrechen von Anfang an, d.h. schon zu Lenins Lebzeiten, bekannt waren, so stellt sich die Frage, warum man sie nicht sehen und zur Kenntnis nehmen wollte. Warum war man so blind gewesen? »In den zwanziger und vierziger Jahren machte der Kommunismus lautstark auf den Terror der faschistischen Regimes aufmerksam.« Das war der wesentliche Grund. Dazu gab es auch eine geschickte von Moskau und später von Fidel Castro gesteuerte Propaganda. »Im Rahmen dieser gegenpropagandistischen Aktionen haben sich manche Intellektuelle buchstäblich an den Kommunismus verkauft.« Lenin nannte sie die Weggefährten oder einfach die nützlichen Idioten: Beispielsweise Henri Barbusse, Stalins Hofprediger, oder die Italienerin Macciocchi mit ihren Lobeshymnen auf Mao, um ein paar wenige Namen zu nennen. Hitlers Niederlage und das allgemeine Entsetzen über die Judenvernichtung spielten ebenfalls eine für den Kommunismus günstige Rolle und wurden weidlich ausgenützt.

Aufgrund der Tatsache, daß »die Sowjets am Sieg über den Nationalsozialismus beteiligt waren, konnten die Kommunisten ihre eigentlichen, auf Machtübernahme ausgerichteten Ziele hinter einem feurigen Patriotismus verbergen«. Aber im allgemeinen hat die kommunistische Bewegung bis zu Hitlers Überfall auf die UdSSR am 22. Juni 1941 abgewartet – auch in Frankreich war dies der Fall. Ab diesem Zeitpunkt »haben sich sämtliche Kommunisten der besetzten Länder dem aktiven Widerstand angeschlossen ... und hatten wie alle anderen Widerstandskämpfer auch unter den Repressionen zu leiden und Tausende von Hingerichteten, Massakrierten und Verschleppten zu beklagen«.

Und genau dies ist der Punkt, auf den man hereinfällt: »Der Antifaschismus ist für den Kommunismus zu einem Markenzeichen geworden, und im Namen dieses Antifaschismus war es leicht, die Widerspenstigen zum Schweigen zu bringen.« Die Autoren des *Schwarzbuches* verweisen in diesem Zusammenhang auf François Furet, der in seinem Buch *Das Ende der Illusion* dazu eine glänzende Analyse entwickelt hat.

Das Buch geht einer entscheidenden Frage nach. Über den Nationalsozialismus, die Gaskammern, die Ausrottung der Juden, die drei Auschwitzlager mit ihrer grauenhaften Vernichtungsindustrie wissen wir heute Bescheid. Keiner kann dies mehr anzweifeln. Warum jedoch weigert man sich immer noch, aus einem Jahrhundert Kommunismus die Bilanz zu ziehen? Warum will man ihn retten? »Was wußte man von den Verbrechen des Kommunismus? Was wollte man davon wissen? Warum mußte sich erst das Jahrhundert seinem Ende nähern, damit sich die Wissenschaft dieses Themas annimmt?« Ohne das Massaker allzusehr von der arithmetischen Seite zu betrachten, stellen die *Schwarzbuch*-Autoren fest, daß »im allgemeinen die Forschung über den stalinistischen und kommunistischen Terror gegenüber den Studien zu den Nazi-Verbrechen gewaltig im Rückstand ist«.

An die hundert Millionen Tote, zum Teil mit, zum Teil ohne Grabstätte ...

Quelle: Le Figaro, 5. November 1997

DIE DEBATTE IN LE MONDE

Ein Buch läßt den Streit über die Verbrechen des Kommunismus wieder aufleben

Das Schwarzbuch des Kommunismus ist eine gemeinsame Veröffentlichung von mehreren Historikern und Kommunismus-Spezialisten und präsentiert so ein gesammeltes Wissen über die Ausschreitungen des sowjetischen Systems und der anderen Mächte marxistisch-leninistischer Prägung. Danach bewegt sh die Zahl der Opfer des Kommunismus weltweit zwischen 85 und 100 Millionen Toten. In der Einführung spricht der Historiker Stéphane Courtois von der Parallelität« zwischen dem Nationalsozialismus und dem kommunistischen System, das sich seiner Meinung nach ebenfalls des Verbrechens gegen die Menschlichkeit schuldig gemacht hat. Andere Mitautoren – vor allem Nicolas Werth – distanzieren sich von dieser »ideologischen« Stellungnahme, die auch von der PCF, der Kommunistischen Partei Frankreichs, verurteilt wird. »Der Kommunismus ist zugleich Henker und Opfer«. So jedenfalls lautet die Antwort des kommunistischen Historikers Roger Martelli.

Neue Kontroverse über den kriminellen Aspekt des Kommunismus

Hat der Kommunismus in den Ländern, in denen er die Regierung stellte, Verbrechen gegen die Menschlichkeit begangen? Waren die Kommunisten der ganzen Welt Komplizen bei diesen Verbrechen? Zum 80. Jahrestag der russischen Oktoberrevolution von 1917 hat der Verlag Robert Laffont unter dem Titel *Das Schwarzbuch des Kommunismus* einen umfangreichen, von sechs Autoren verfaßten Buchband veröffentlicht, der das Ausmaß der Ausschreitungen, die der Kommunismus sich weltweit – in der Sowjetunion, in Osteuropa, Asien und Afrika – zuschulden kommen ließ, zusammenfassend behandelt. Im Vorwort zu diesem Buch fordert der Historiker Stéphane Courtois den Leser auf, sich über die »Parallelität« zwischen dem Nazi-Regime und dem kommunistischen System Gedanken zu machen. Seiner Meinung nach kann das Verbrechen gegen die Menschlichkeit – so wie es seinerzeit während der Nürnberger Prozesse gegen die Nazi-Größen definiert worden war – auch den kommunistischen Machthabern zur Last gelegt werden.

Diese unter Berufung auf François Furet aufgestellte Behauptung – der in diesem Sommer verstorbene Historiker wollte ursprünglich das Vorwort zu diesem Buch schreiben – hat eine durchaus beabsichtigte Debatte ausgelöst. Sie hat auch unter den Autoren des Buches zu einem Zwiespalt geführt, denn einige von ihnen werfen Herrn Courtois vor, daß er mit seinen einführenden und abschließenden Worten ihrer gemeinsamen Veröffentlichung einen nicht vorgesehenen und inakzeptablen ideologischen Anstrich gegeben habe.

Der Hinweis auf das Verbrechen gegen die Menschlichkeit und die Nürnberger Prozesse erinnert an die bei verschiedenen Gelegenheiten wiederholten Äußerungen von Jean-Marie Le Pen, dem Vorsitzenden der Front National, der denjenigen, die die Verbrechen des Faschismus und des Nationalsozialismus anprangern, zu entgegnen pflegt, daß man immer noch auf ein »Nürnberg des Kommunismus« warte. Übrigens zeitgleich mit dem Erscheinen des Buches muß sich Maurice Papon vor dem Schwurgericht von Bordeaux für die »Beihilfe zu den Verbrechen gegen die Menschlichkeit« verantworten. Dem ehemaligen Beamten wird vorgeworfen, auf Befehl seiner Vorgesetzten in Bordeaux die Verhaftungen und Abtransporte jüdischer Familien organisiert zu haben.

In der Ausgabe der *L'Humanité* vom Freitag, den 7. November, sind dem Jahrestag der bolschewistischen Oktoberrevolution von 1917 fünf Seiten gewidmet. Die Kommunistische Partei Frankreichs feiert diese Revolution nicht. Auf den Vergleich des *Schwarzbuches* zwischen dem Kommunismus und dem Nationalsozialismus eingehend, schreibt Claude Cabanes, der Chefredakteur der PCF-Tageszeitung: »Er ist für die Kommunisten, die gegen die Nazi-Besatzung zu den Waffen gegriffen haben, menschlich unerträglich. (…) Von der tiefen Verletzung einmal abgesehen, hält dieser Vergleich der grundsätzlichen Analyse des bedeutenden italienischen Schriftstellers Primo Levi, der die Welt der Konzentrationslager überlebt hat, nicht stand. Er faßt sie in einem einzigen Satz zusammen: ›Man kann sich einen Nationalsozialismus nicht ohne Gaskammern vorstellen, aber ein Kommunismus ist ohne Lager denkbar.‹«

Am Freitagabend kam es in der Sendung »Bouillon de culture« des Zweiten Französischen Fernsehens zu einem Meinungsaustausch zwischen den zwei *Schwarzbuch*-Autoren Stéphane Courtois und Nicolas Werth, die gegensätzliche Standpunkte einnehmen. Auch Vertreter der kommunistischen Seite kamen zu Wort, unter anderem Roland Leroy, der ehemalige Chef der kommunistischen Tageszeitung *L'Humanité*, und Roger Martelli, ein Mitglied des Nationalkomitees. Die Auseinandersetzung kreiste vor allem um die von Herrn Courtois aufgestellten Parallelen zwischen dem Kommunismus und dem Nationalsozialismus, an denen viele Anstoß nahmen. Die PCF hielt sich in ihrer Verteidigung an Argumente, die sie sich schon vor zwanzig Jahren zu eigen gemacht hatte: Die Tatsache, daß die französischen Kommunisten bis in die Mitte der siebziger Jahre das stalinistische System verteidigt haben, dürfe nicht über das soziale und politische Engagement der französischen Linken und deren massive Beteiligung am Widerstand gegen die faschistische Besatzungsmacht hinwegtäuschen.

Da im Kommunismus die Information und historische Forschung einer der politischen Propaganda verpflichteten Zensur unterlag, kam es immer wieder zu Auseinandersetzungen, bei denen es schlicht und einfach um die tatsächliche Wahrheit ging. Solange die kommunistischen Parteien an der Macht waren oder zumindest einen politischen oder intellektuellen Einfluß geltend machen konnten und so in der Lage waren, die Wahrheit zu verbergen oder zu beschönigen, hatten diese Auseinandersetzungen durchaus ihren Sinn. Mit dem Zusammenbruch des Sowjetsystems und der Öffnung der Archive ist die kommunistische Geschichtsschreibung nicht mehr ein Mittel des politischen Kampfes, sondern ein Gegenstand der Forschung geworden.

Die durch das *Schwarzbuch* bewußt ausgelöste Polemik zeigt jedoch, daß in einem Land, in dem die Kommunisten bis zu 30 Prozent der Wählerstimmen auf sich vereinigen konnten (1946) und heute drei Regierungsmitglieder stellen, bei der Frage nach dem Wesen des kommunistischen Systems und nach dem Sinn des kommunistischen Engagements die Wogen immer noch hochschlagen.

Patrick Jarreau

Die im kommunistischen Bewußtsein verdrängten Opfer

Die von den Autoren des *Schwarzbuchs des Kommunismus* freiwillig praktizierte Aufarbeitung geht davon aus, daß die Verbrechen der kommunistischen Regimes vor allem im Westen einem allgemeinen Gedächtnisschwund anheimgefallen sind – entsprechend der Verheimlichung, die der Terror schon zur Zeit seines Wütens erfahren hat. In seinem Werk *Das Ende der Illusion* versuchte François Furet diese fehlende Klarsicht und das mangelnde Erinnerungsvermögen mit der Tatsache zu erklären, daß in den dreißiger Jahren das revolutionäre Paradigma und das Bekenntnis zum Antifaschismus im Vordergrund standen. Nicolas Werth setzte diese Analyse in seinem *Schwarzbuch*-Beitrag fort (»Ein Staat gegen sein Volk. Gewalt, Unterdrückung und Terror in der Sowjetunion«). Unser Bericht beschränkt sich auf diesen Beitrag.

Im ersten Teil des *Schwarzbuchs* erkennt Nicolas Werth eine paradoxe Übereinstimmung zwischen dem trotzkistischen Standpunkt hinsichtlich der stalinistischen Repression – es ist nicht zu leugnen, daß die Trotzkisten zu den ersten und zu den wenigen zählten, die diese Repression angeprangert haben – und der Genugtuung einer über die Moskauer Prozesse von 1937 entzückten konservativen Rechten. Stalin, der Konkursverwalter der Utopie, der »zweite Zar«, soll sich demnach nur an den wahren Anhängern der Revolution vergriffen haben. Daher rührt also die falsche, aber fest verankerte Vorstellung, daß die meisten Opfer des Kommunismus selbst Kommunisten waren. Die »gewöhnlichen Opfer« hingegen, die demokratischen Oppositionellen, die Sozialrevolutionäre, die Streikenden und die systematisch ausgehungerten Bauern, die den Terror in seinem ganzen Ausmaß zu spüren bekamen und von den unterschiedlichsten Organen der politischen Polizei erschossen wurden, waren kurzerhand aus dem Geschichtsbewußtsein gestrichen worden. Das ist sicherlich das größte Verdienst dieses Buches: der Versuch, die im kommunistischen Bewußtsein Verdrängten wieder in den Mittelpunkt zu stellen.

Die Bilanz ist dementsprechend niederschmetternd. Trotzdem ist der Beitrag von Nicolas Werth ein gelungenes Beispiel für eine seriöse, sich mit einem unangenehmen Thema beschäftigende historische Arbeit. Das Thema war ausgesprochen delikat, denn es hatten sich schon renommierte Historiker damit auseinandergesetzt, in den sechziger Jahren besonders der Brite Robert Conquest, der Stalin für den Krieg gegen die schwer an Hunger leidenden Bauern (sechs Millionen – hauptsächlich in der Ukraine – starben 1932/33 den Hungertod) und den »großen Terror« der Jahre 1936–38 verantwortlich machte.

Nicolas Werth stimmt mit Conquest voll und ganz darin überein, daß der »große Terror« von 1936/37 auf eine Initiative des Politbüros zurückgeht, und zwar auf den von Jeschow unterzeichneten schriftlichen Operationsbefehl Nr. 00447. Mit drei Millionen scheint Conquest allerdings die Zahl der Opfer dieser sogenannten Jeschowschina überschätzt zu haben. Nicolas Werth kommt bei seiner – immer noch grauenvollen Bilanz – auf 681 692 Hinrichtungen allein für die Jahre 1937 und 1938! Was den Gulag angeht, so werden zwischen 1934 und 1941 sieben Millionen Menschen in die Lager eingeliefert. Durch die regelmäßigen Freilassungen kommt es zu einem regelrechten Rotationsprinzip. Am 1. Januar 1941 sitzen in den »Erziehungslagern und Arbeitskolonien« nicht weniger als zwei Millionen Häftlinge.

Für Nicolas Werth begann der kommunistische Terror sehr wohl bereits unter Lenin und nicht erst unter seinem Nachfolger. In der Zarenzeit belief sich von 1825 bis 1917 die Zahl der »politisch motivierten« Todesurteile auf 6321. Als der Pole Dserschinski am 20. Dezember 1917 mit der Tscheka eine neue politische Polizei aufstellte, hatte sich die Zahl innerhalb weniger Wochen verdoppelt, und dies bereits lange vor dem Bürgerkrieg, den die Bolschewiki als Vorwand für ein härteres Durchgreifen nutzten.

Neben den oft brillanten Analysen des Terrors tun sich die *Schwarzbuch*-Autoren mit Berichten über die langen Perioden, in denen die Repressionen abnahmen, schwer. Dies trifft etwa auf einige post-totalitäre Phasen zu (die UdSSR zur Zeit des »Tauwetters« oder der Perestroika beispielsweise). Die Versuchung ist groß, solche Zeitspannen als »Pausen« zwischen zwei kritischen Phasen zu betrachten. Diese wäre zum Beispiel bei der NEP (Neuen Ökonomischen Politik) der Fall, einer Periode, die oft von denjenigen angeführt wird, die auf eine vorzeigbare leninistische Vergangenheit als Stütze nicht verzichten wollen. Zweifelsohne macht die Kollektivierung vom März 1921 und 1928 entscheidende Fortschritte. Doch während der NEP werden auch die rebellischen Bauern von Tambow durch General Tuchatschewski erschossen oder verschleppt. Und schließlich unterbreitet der General dem protestierenden Politbüro sogar seinen Befehl 171: Die Ausrottung der Rebellen durch eine systematische Vergasung der Wälder, in die sie sich zurückgezogen haben.

Mit dieser »Grauzone« können sich vielleicht in Zukunft andere Historiker bei ihrer Kommunismus-Forschung auseinandersetzen: Dort, wo die Grenzen zwischen Opfer und Henker fließend sind, wo sich nicht alles in den Farben Rot oder Weiß beschreiben läßt.

Nicolas Weill

Andrej Gratschew, der ehemalige Sprecher von Michail Gorbatschow: »Wir müssen die ganze Wahrheit wissen«

Was hat die Polemik, die sich zwischen den einzelnen Autoren des Schwarzbuches des Kommunismus *bemerkbar macht, ihrer Meinung nach zu bedeuten?*

Ich beschränke mich bei dieser Polemik strikt auf meine Rolle als Beobachter und möchte lediglich mit Nachdruck betonen, daß man jeglicher Versuchung, die Dinge zu vereinfachen, tunlichst widerstehen sollte. Die Wahrheit mit ihren Widersprüchen steht einer allzu vereinfachten Beurteilung entgegen. Ich rate zu Vorsicht und historischer Bedachtsamkeit und warne davor, die Dinge politisch ausschlachten zu wollen, gerade weil Dokumente dieser Art dazu verleiten könnten.

Kann man den Begriff des Verbrechens gegen die Menschlichkeit auch auf den Kommunismus anwenden?

Niemand kann die Zahl der Opfer in Frage stellen, weder die des Kommunismus noch die des Nationalsozialismus. Die Zahlen sind durchaus vergleichbar, ebenso der Einsatz terroristischer und demagogischer Methoden. In dieser Hinsicht gleichen sich die beiden totalitären Systeme auf frappierende Weise. Um den Unterschied der beiden »Modelle« zu begreifen, muß man ihre Ursprünge in Betracht ziehen. In beiden Fällen gab es Berge von Toten, doch nur zur Bekämpfung des Nationalsozialismus haben sich die westlichen Demokratien zusammengeschlossen, zur Bekämpfung des Kommunismus haben sie sich nicht mit den Nationalsozialismus zusammengetan.

Der Bolschewismus entstand mit der Beendigung des Krieges, für den Nationalsozialismus hingegen ist der Krieg ein erklärtes Mittel, um seine Ziele zu erreichen. Der Nationalsozialismus löste einen Rassenkonflikt aus, der Kommunismus einen Bürgerkrieg. Und jeder Bürgerkrieg hat tödliche Konsequenzen. Aus diesem Grund kommen alle diejenigen, die einst vom Kommunismus begeistert waren, angesichts dieser Zahlen in Verlegenheit und sehen sich gezwungen, die kommunistische »Mentalität« aufzugeben.

Es ist offensichtlich, daß nicht wenige Intellektuelle vom kommunistischen Ideal angetan waren. Doch für den nationalsozialistischen Entwurf waren nur wenige Vertreter der geistigen Elite, nur wenige Garanten moralischer Integrität zu begeistern. Die kommunistische Utopie schuf einen inneren Konflikt, und den trug man als Opfer oder als Komplize aus.

In welcher Richtung sollte ihrer Meinung nach die historische Forschung über den Kommunismus nach der Veröffentlichung des Schwarzbuchs *weitergehen?*

Objektivität und historische Wahrheit sind nur über eine uneingeschränkte Öffnung der Archive zu erreichen. Dafür ist unbedingt zu kämpfen. Wenn dies gegeben ist, wird man vielleicht entdecken, daß manche Zahlen überhöht waren und andere – die Opferzahlen des Gulag beispielsweise – wiederum allzu sehr beschönigt. Doch ganz gleich, wie hoch die Zahlen sind, die Barbarei verliert dadurch nichts von ihrem Schrecken. Erst wenn wir die ganze Wahrheit wissen, können wir dieses Kapitel unseres Jahrhunderts richtig beurteilen. Und ich möchte noch einmal ausdrücklich davor warnen, die Sache politisch ausschlachten zu wollen. Was mich schockiert, ist die Tatsache, daß man die Revolution von 1917 als eine Randerscheinung abtut und als Putsch einer Gruppe von Lenin-Anhängern hinstellt. Es ist eine billige Art, diese Revolution in ihrer Bedeutung zu schmälern. Würde man das mit dem Sturm der Bastille genauso machen? Man sollte doch zumindest konsequent sein.

Das Gespräch führte Jean-Luc Douin.

Jean-Louis Margolin, Mitautor des *Schwarzbuchs*: »Historiker oder in der Politik engagierter Interessenvertreter?«

Was für eine Bedeutung hat die Polemik, die zwischen den einzelnen Autoren des Schwarzbuchs *geführt wird?*

Handelt es sich bei diesem Buch um eine seriöse und wohlbedachte Historikerarbeit mit sauber belegten Informationen oder eher um eine Arbeit von in der Politik engagierten Interessenvertretern, die im Dienst irgendeiner Sache Details sammeln, in diesem Falle mit dem Ziel, den Kommunismus weltweit als kriminelles Phänomen zu brandmarken? Die Titelfrage hatte zu einem ersten Streit zwischen den Mitautoren geführt. Nicolas Werth und ich hatten für den Fall, daß Stéphane Courtois seinen Titelvorschlag durchsetzte, mit dem Rückzug unserer Beiträge gedroht. »Das Buch der kommunistischen Verbrechen« war Courtois' Vorschlag gewesen. Die Frage ist nicht, ob es Verbrechen gegeben hat oder nicht. Darüber ist sich nämlich alle Welt einig: Es hat Verbrechen gegeben, schwere und ungeheuerliche sogar. Doch im Gegensatz zu uns hält Stéphane Courtois diese gegen die Masse gerichteten Verbrechen für das entscheidende Markenzeichen des Kommunismus. Wir hingegen halten sie für eine einzelne Dimension der verschiedenen Repressionsstrategien. Kann man die zwei Millionen Toten, die es innerhalb von vier Jahren in Kambodscha gegeben hat, mit den drei Millionen vergleichen, die in einem Zeitraum von vierzig Jahren in der Tschechoslowakei ihr Leben lassen mußten? Gibt es keinen Unterschied zwischen der kommunistischen Doktrin und den repressiven Praktiken? Mir fällt auf, daß Courtois sich in seinem Vorwort widersprüchlich zu diesem komplexen Problem äußert.

Inwieweit sind die Verbrechen des Nationalsozialismus mit denen des Kommunismus vergleichbar?

Ich bin mit Courtois' allzu voreiligem Vergleich zwischen dem Kommunismus und dem Nationalsozialismus nicht einverstanden. Man darf die Opferzahlen nicht darauf reduzieren. Im übrigen ist klar, daß die Gründe, deretwegen man sich dem Kommunismus angeschlossen hat, mit denen, die zu einem Anschluß an den Nationalsozialismus führten, nicht vergleichbar sind. Ebenfalls klar ist, daß die kommunistischen Intellektuellen die gegen die Masse gerichtete Kriminalität wiederholt angefochten haben (Chrustschow, Dubček, Deng Xiaping), hingegen warte ich immer noch darauf, daß man mir Personen nennt, die sich im faschistischen Italien oder NS-Deutschland gegen den Holocaust ausgesprochen haben. Eine formelle Gegenüberstellung der Opferzahlen reicht nicht aus. Erinnern wir uns bitte daran, daß es das viktorianische England war, daß während des Burenkrieges zum ersten Mal Konzentrationslager eingerichtet hat.

In welcher Richtung sollten die Historiker weiterforschen?

Wir wollen mit dem Buch zu neuen Überlegungen anregen. Der Kommunismus bleibt das große Rätsel dieses Jahrhunderts. Selbst für die Russen ist er nach wie vor ein dunkler Punkt. Nur ein Teil der Archive ist für die Öffentlichkeit zugänglich. Die Bilanz ist noch zu ziehen. Dazu sollte man sich um eine stärkere Berücksichtigung der Parallelen und Unterschiede zwischen den verschiedenen Regimes bemühen.

Nicolas Werth und ich würden es bedauern, wenn die Debatte sich auf das Vorwort beschränken würde. Nachdem die verschiedenen Standpunkte deutlich geworden sind, fordern wir den Leser auf, über die Seite 41 hinauszulesen und sich mit einer nuancierten, aber erschütternden Bilanz, die den Kommunismus in all seinen Erscheinungsformen beachtet, auseinanderzusetzen

Das Gespräch führte Jean-Luc Douin

Die Geschichte des Kommunismus wird zu einer politischen Streitfrage

Das *Manuel d'histoire*, das auf das Jahr 1964 zurückgehende offizielle Geschichtsmagazin der Kommunistischen Partei Frankreichs, gibt es nicht mehr, auch wenn es nach wie vor in den Köpfen vieler Anhänger – ja sogar mancher Historiker – stark präsent ist. Die Kluft zwischen kommunistischen und nicht kommunistischen Universitätsdozenten wird allmählich kleiner. Man muß bis zum 200. Jahrestag der Französischen Revolution zurückgehen: Das Streitgespräch zwischen Michel Vovelle und François Furet war das letzte klassische Duell.

Seit Anfang 1997 führte jedoch das Erscheinen verschiedener Titel über den Kommunismus oder kommunistische Persönlichkeiten zu einer Reihe von Auseinandersetzungen, in denen sich die Historiker in zwei Lagern gegenüberstehen. Es geht um die globale Bedeutung des Kommunismus und die Bilanz, die daraus für dieses Jahrhundert zu ziehen ist.

Der erste Schwerpunkt liegt bei der 1995 verstorbenen Annie Kriegel. Mit der 1964 erschienen Doktorarbeit »Zu den Ursprüngen des französischen Kommunismus« der einst zum kommunistischen Parteikader gehörenden Kriegel, die sich jedoch nach 1956 von der PCF distanziert hat, erfährt die Geschichte des Kommunismus eine angemessene Würdigung. Frei von der Politikverdrossenheit der Schule der *Annales* oder der Rückwärtsgewandtheit der Traditionalisten beschreibt sie in dieser Studie eine PCF, die zwar ein »Propfreis« des russischen Kommunismus sei, aber mit der französischen Arbeiterbewegung gebrochen hat. In *Les Communistes français* liefert sie anschließend die »Ethnographie« dieser Anti-Gesellschaft.

Im Redaktionsausschuß der von ihr 1981 zusammen mit Stéphane Courtois gegründeten Zeitung *Communisme* sitzen ihre Schüler Marc Lazar und Philippe Buton, die beide an der Vorrangstellung der Internationalen, aber auch an der »teleologischen und gesellschaftlichen« Verbindung zwischen der PCF und Frankreich festhalten. Als Annie Kriegel, die aus ihrem rechten Engagement keinen Hehl macht, den dritten Band von Philippe Robrieux' *Inoffizieller Geschichte der Kommunistischen Partei* scharf kritisiert, kommt es sofort zu Spannungen. Zehn Jahre später stellen Claude Pennetier, Denis Peschanski und Michel Dreyfus mit dem Hinweis auf die veränderte politische Orientierung ihrer Mitarbeit ein. Für andere wiederum ist der Kommunismus fest in der französischen Erde verwurzelt. Beispielsweise für die Kommunisten Roger Martelli, Serge Wolikow und Roger Bourderon, der die Marxistische Bibliothek in Paris leitet. Weitere Gleichgesinnte findet man im Umkreis von Jean Maitron, der bis zu seinem Tode im Jahre 1987 die Arbeiten an dem riesigen, nämlich 43bändigen *Biographischen Wörterbuch der französischen Arbeiterbewegung* geleitet hat. Dazu zählen einige von der Sozialgeschichte faszinierte Historiker: Jacques Girault, der Pionier der »Implantation«, Bernard Pudal, Claude Pennetier und Marie-Claire Lavabre.

In den achtziger Jahren zeigte der Kommunismus eine rückläufige Tendenz. Die von Georges Marchais geführte Partei mußte bei den Wahlen Einbußen hinnehmen, und schließlich kam es zum Fall der Berliner Mauer. »Die meisten Universitätsdozenten hielten die Sache für überholt. Daraus ergaben sich schwerwiegende Folgen für die Forschungsarbeit, den Nachwuchs und die Veröffentlichungen«, berichtet Marc Lazar. Michel Verret oder Jean-Paul Molinari beispielsweise fanden keinen großen Verlag, der bereit war, ihre Doktorarbeiten herauszugeben.

François Furets *Ende der Illusion*, die Ende 1995 erschienene *Studie über die kommunistische Idee im 20. Jahrhundert*, wurde zum Symbol einer Kehrtwendung. Mit der Öffnung der Archive (1992 in Moskau und 1993 in Frankreich) kam Licht in die noch dunklen Teilbereiche. Für die Geschichtsschreibung war das eine Revolution. »Die Geschichte des Kommunismus steht an der Schwelle zum wissenschaftlichen Zeitalter«, sagte damals Annie Kriegel und nahm mit Stéphane Courtois die Arbeit an der vor Jahren auf die Seite gelegten Biographie über Eugen Fried, der grauen Eminenz von Maurice Thorez, wieder auf. Je schwieriger sich der demokratische Übergang im Osten gestaltete, desto tiefgründiger wurden die Forschungsarbeiten. »Die Studenten interessieren sich wieder für unsere Themen«, erklärt Marc Lazar, der vor zwei Jahren an der politologischen Fakultät einen Kurs über die Historiographie des Kommunismus gehalten hat.

Besonders François Furet hat eine neue Grundsatzdiskussion eröffnet. Was verbindet man heute mit dem Kommunismus: die Repression oder sogar den Totalitarismus oder eher den Antifaschismus? Was für eine Rolle spielte der französische Parteikader im einzelnen? Welche Bedeutung besaß die UdSSR in der Vorstellungswelt der aktiven Parteigenossen? Ist der Kommunismus von Natur aus kriminell und – wenn ja – ist er also mit dem Nationalsozialismus vergleichbar? Würden erneut Historiker auftreten, die die PCF und die anderen Kommunisten »retten« wollen? Auch bei den Redakteuren der *Communisme* ist die Einmütigkeit dahin: Karel Bartosek und Nicolas Werth haben den Redaktionsausschuß verlassen, denn für sie geht der Streit nicht mehr um »wissenschaftliche, sondern um ideologische« Gesichtspunkte.

Ariane Chemin

Die PCF und der Stalinismus: Allgemein gehaltene Verurteilungen

Seit 1994 befindet sich die Französische Kommunistische Partei in einem von ihrem neuen Generalsekretär eingeleiteten »Veränderungsprozeß« und tut sich mit ihrer Geschichte schwer. In ihrem Bemühen um ein neues Image und einen festen Platz in der französischen Politik muß sie zwei gegensätzlichen Ansprüchen gerecht werden: Zum einen darf sie das, was ihre kommunistische Identität ausgemacht hat, nicht leugnen, muß aber andererseits zu einer Vergangenheit, die allzusehr an die internationale Dimension erinnern würde, auf Distanz gehen. Robert Hué brachte dies am Freitag, den 7. November, in einer ausgesprochen vieldeutigen Formulierung zum Ausdruck: »Die tiefen Wurzeln des neuen Zeitalters des Kommunismus«.

Im vergangenen Jahr ist dieser Zwiespalt mehrmals offenkundig geworden. Hin- und hergerissen zwischen Gedenkfeiern und »Gegen-Gedenkfeiern« feierte die Pariser PCF-Zentrale im Juli mit großem Pomp den 100. Geburtstag des stalinistischen, aber doch recht französischen Intellektuellen Louis Aragon. Der 80. Jahrestag der Oktoberrevolution wurde jedoch mit keiner offiziellen Feier gewürdigt. Man wollte damit zeigen, daß die PCF in erster Linie eine französische Partei ist.

Stark beeinflußt von den Arbeiten des Historikers Roger Martelli, erinnert Robert Hué nachdrücklich an die »französische Wirklichkeit« der roten Fahne, der Internationalen und des Kommunismus-Begriffs. »Es gibt eine erfreuliche Tatsache (...), dieses Land und dieses Volk besitzen eine kommunistische Partei und nicht nur einen ›nationalen‹ Dezimalanteil an einem sowjetischen Ganzen.« Mit diesen Worten beschreibt er in der Zeitung *Communisme* die Veränderung (Stock, 1995). »Der sich für den Arbeiter engagierende französische Kommunismus ist mit Minimalspuren des sowjetischen Realismus belastet«, erläutert Roger Martinelli in *Le Rouge et le Bleu* (Verlag Atelier, 1995).

Robert Hué gibt zwar zu, daß »in der Praxis der PCF Elemente eines französischen Stalinismus« zu finden waren, läßt sich jedoch nur ungern weiter auf dieses Thema ein. Der ursprünglich nur in der Lokalpolitik aktive junge Mann, der vor dem Fall der Berliner Mauer nicht zur Parteiführung gehörte, bemüht sich um Distanz zu Georges Marchais und betont wiederholt, daß er weder die russische Sprache noch die Sowjetunion kenne. Als Antwort auf die von den *Schwarzbuch*-Autoren aufgestellte niederschmetternde Bilanz hat er am Freitagabend die Einladung von Bernard Pivot zu einem Fernsehinterview ausgeschlagen und statt dessen den neuerdings zu seinen Vertrauten zählenden Roland Leroy, den ehemaligen Chef der Kommunistenzeitung *L'Humanité*, ins Rennen geschickt.

Verspricht sich Robert Hué so wenig von einer solchen Selbstkritik? In den Debatten über eine mögliche Mitschuld der PCF vermeidet er persönliche Stellungnahmen so gut er kann. Und selbst Aktionen stark symbolischen Charakters – wie etwa die »bedingungslose Verurteilung« der Tatsache, daß der ehemalige kommunistische Widerstandskämpfer Maurice Kriegel-Valrimont Ende der fünfziger

Jahre wiederholt aus der PCF ausgeschlossen worden war, – haben offensichtlich mit der jüngsten Parteigeschichte nichts zu tun.

»Auch wenn wir den Stalinismus und seine Verbrechen unmißverständlich verurteilen, kann dies nicht darüber hinwegtäuschen, daß der Kommunismus eben zur gleichen Zeit ein Ideal darstellte. Heute empfinden Millionen von Männern und Frauen, die an den Entwurf des Kommunismus geglaubt haben, einen gewissen Schmerz«, erklärte Herr Hué letzten Freitag bei einer Podiumsdiskussion im »Espace Regards« und wehrte sich gegen Stéphane Courtois, »der den Kommunismus mit dem niederträchtigsten Regime aller Zeiten – dem Nationalsozialismus – in einen Topf wirft«.

Ferner meint Herr Hué, daß es »wünschenswert« gewesen wäre, wenn die PCF »mit dem Denkmodell, das sie seit der Chruschtschow-Rede an einen starren Staatsglauben band, gebrochen hätte«, und beruft sich erneut auf die These des »historischen Rückstandes«, in den man »seit 1956« verfallen sei. Nichts Neues also im Hinblick auf eine Analyse des Terrors und Totalitarismus oder in bezug auf die Komplizenschaft zwischen der PCF und den stalinistischen Parteibonzen in Moskau. Die PCF begnügt sich mit allgemein gehaltenen Verurteilungen und braucht somit die Geschichte des französischen oder internationalen Kommunismus nicht in verschiedene »Perioden« zu unterteilen.

Unter den 150 Personen, die am 7. November in Aubervilliers (Seine-Saint Denis) an dem auf eine Initiative der kommunistischen Linken zurückgehenden Diskussionstreffen zum Thema Oktoberrevolution teilgenommen haben, gab es niemanden, der dem *Schwarzbuch des Kommunismus* etwas Positives hätte abgewinnen können. Es bestand große Einmütigkeit zwischen den Kommunisten und Trotzkisten: Man verurteilte den Stalinismus und begrüßte die Beteiligung kommunistischer Minister an der »bürgerlichen« Regierung von Lionel Jospin. »Sie haben mit Stalin einen Sündenbock gefunden und vergessen ganz, daß sie ihn jahrelang unterstützt haben. Man glaubt sich in einer feierlichen Messe, mit der die Linke den Revisionismus beschwören will«, erklärt ein stark libertär gesinnter Gast von nebenan. Ein Parteimitglied schätzt sich glücklich über den endlich wiederhergestellten Dialog zwischen den Kommunisten und Trotzkisten und fordert die letzteren auf, »sich wieder der PCF anzuschließen, um gemeinsam weiterzumarschieren«.

Ariane Chemin

»Henker und Opfer zugleich«

Unter den Gästen der am Freitag, den 7. November, im Zweiten Französischen Fernsehen ausgestrahlten Kultursendung »Bouillon de culture« befanden sich Stéphane Courtois, der Chefautor des Schwarzbuchs des Kommunismus, *und Roger Martinelli, Kommunist der »Neugründungs«-Generation, Mitglied des Nationalkomitees der PCF und Autor mehrerer Bücher über den französischen Kommunismus und den Arbeiterkampf. Außerdem Roland Leroy.*

Roger Martinelli: Für mich besteht die von Stéphane Courtois zusammengestellte Veröffentlichung aus mehreren Büchern. Zum einen hat es der Leser mit einer Reihe wissenschaftlicher Studien zu tun, die sich alle auf jüngere Forschungsarbeiten stützen und kritisch Bilanz ziehen. Dabei handelt es sich durchweg um seriöse Texte. Andererseits wird man mit einer Einführung und einer abschließenden Zusammenfassung konfrontiert, die beide über die historische Interpretation hinausgehen und politisches Engagement verraten. Stéphane Courtois vertritt eine These: Für den Kommunismus ist ein Nürnberger Prozeß notwendig. Für ihn verkörpert der Gulag das Wesen des Kommunismus.

Stéphane Courtois: Ich, einen Nürnberger Prozeß für den Kommunismus? Ich bin völlig überrascht. Das ist nicht unsere Rolle. Wir sind weder Richter noch Staatsanwälte. In welchem Namen sollten denn französische Historiker über die Russen zu Gericht sitzen?

R. M.: Ich bestätige noch einmal ausdrücklich, daß Stéphane Courtois in seinem Buch die Frage stellt: »Warum hat es für den Kommunismus kein Nürnberg gegeben?«

S. C.: Wie beurteilen Sie denn diese Verbrechen?

R. M.: Ich kann den Ausdruck »Nürnberg« nicht akzeptieren. Der Völkermord ist ein Bestandteil des Nationalsozialismus. Im Hinblick auf den Kommunismus lehne ich ein solches Denkschema ab. Ähnliche Methoden bedeuten noch keine Ähnlichkeit der Systeme.

S. C.: Niemand hat in diesem Buch behauptet, daß ein kommunistisches Regime mit dem nationalsozialistischen Regime gleichzusetzen ist. Ich habe lediglich gesagt, daß die beiden Regimes einander vergleichbar sind (...).

R. M.: Für Stéphane Courtois ist der Stalinismus das wahre Gesicht des Kommunismus. Dieser Behauptung widerspreche ich. Der Stalinismus ist ein Teil davon, aber nicht sein wahres Gesicht.

Der Kommunismus ist Henker und Opfer zugleich. Es hat kommunistische Stalingegner gegeben, aber keine nationalsozialistischen Hitlergegner. Die Bolschewisten waren vom Bild der Französischen Revolution gefangen und haben die Risiken der terroristischen Gewaltspirale unterschätzt.

Roland Leroy: Am Anfang des Nationalsozialismus steht der Menschenhaß. Am Anfang des Kommunismus steht die Menschenliebe.

S. C.: Ja, Platon, Thomas Morus und Babeuf waren Kommunisten!

Quelle: Le Monde, 9./10. November 1997

THIERRY CHERVEL

Lenins Leichen. Über den neuen französischen Historikerstreit

Drei Jahre lang leistete eine Mannschaft von zehn Historikern Sisyphos-Arbeit, erschloß zum Teil neue Quellen, zog eine finstere Bilanz des Jahrhunderts – und zerstritt sich am Ende. In den letzten Monaten vor Erscheinen ihres Werks, so kolportiert die französische Presse, wurden die Debatten immer gereizter. Die Autoren drohten einander mit Rechtsanwälten und kommunizierten nurmehr über Einschreiben, der Verlag schickte Gerichtsvollzieher, um Manuskripte einzutreiben. Aber dann kam das Buch doch noch pünktlich. Am letzten Donnerstag, einen Tag vor dem achtzigsten Jahrestag der Oktoberrevolution, ist es erschienen. Selbst der Titel war umstritten. Der Herausgeber, Stéphane Courtois, hatte für »Das Buch der kommunistischen Verbrechen« plädiert. Heraus kam es unter dem Titel *Das Schwarzbuch des Kommunismus. Verbrechen, Terror, Repression* (Editions Laffont, die deutsche Übersetzung erschien im Piper Verlag).

Das *Schwarzbuch* will ein erstes vollständiges Kompendium über die Verbrechen aller kommunistischen Regimes liefern, die je regierten oder noch regieren – 848 Seiten über 85 – oder 100? – Millionen Tote. »Eine Bibel«, sagt Verleger Bernard Fixot. Seit François Furets *Das Ende der Illusion* von 1995 ist über kein Buch in der französischen Presse ausführlicher berichtet worden. Bernard Pivot, der französische Literaturpapst, widmete seine Büchersendung »Bouillon de culture« am Freitag allein dem *Schwarzbuch.*

Für Empörung sorgt das Vorwort, das ursprünglich der im Juli gestorbene Furet schreiben sollte, das dann aber Courtois selbst übernahm. Courtois baut darin auf der These Furets auf, der in *Das Ende der Illusion* Kommunismus und Nationalsozialismus als zwei feindlich-verwandte Ausgeburten des Ersten Weltkriegs und des bürgerlichen Selbsthasses darstellte. Nazis und Kommunisten hätten einander nicht konträr gegenübergestanden, wie sie selber glauben mochten, sondern komplementär. Diese These von der »konfliktuellen Komplizenschaft« bereitet der weithin traditionalistischen Linken in Frankreich bis heute große Schmerzen. Furet erläuterte sie ein letztes Mal in einem Briefwechsel mit Ernst Nolte, der in der Herbstnummer der Pariser Literaturzeitschrift *Commentaire* erschien.

Courtois untermauert Furets Parallele im Vorwort des *Schwarzbuchs*, indem er Begriffe, die aus der juristischen und historischen Bewältigung des Nationalsozialismus stammen, auf die Verbrechen des Kommunismus anwendet. Drei Stufen hat Courtois' Argumentation, die ihn mit einem Teil seines Teams entzweite. Zunächst schilderte er das Verbrechen als einen – wenn nicht den – Hauptwesenszug des Kommunismus: »Die kommunistischen Regimes haben das Massenverbrechen zu einem wahrhaften Regierungssystem erhoben, um ihre Macht zu begründen.« Viele dieser Massenverbrechen, so Courtois weiter, entsprechen allen Kriterien der »Verbrechen gegen die Menschlichkeit«, wie sie für die Nürnberger Prozesse formuliert wurden. Ganze soziale Gruppen wurden um ihrer bloßen Existenz willen umgebracht – inklusive Frauen, Kindern und Alten, wie es für Courtois vor allem die von Stalin bewußt in Kauf genommene Hungersnot in der Ukraine beweist (sechs Millionen Tote in den Jahren 1932/33). Daraus schließt Courtois in seinem dritten Schritt, »daß hier der ›Klassengenozid‹ dem ›Rassengenozid‹ gleichkommt. Der Tod eines ukrainischen Kulakenkindes, das vom stalinistischen Regime vorsätzlich dem Hunger überlassen wurde, ›gilt soviel‹ wie der Hungertod eines Kindes im Warschauer Getto. Damit wird die ›Einzigartigkeit von Auschwitz‹ nicht in Frage gestellt ...«

In den vielen Anführungszeichen seiner zentralen Sätze importiert Courtois endgültig den deutschen Historikerstreit nach Frankreich. Allerdings handelt es sich um einen umgekehrten Historikerstreit: Courtois stellt die so akademische und doch so quälende Frage der Vergleichbarkeit von Auschwitz als Linker und aus der Perspektive der Erforschung des Kommunismus. Der Vergleich rührt in Frankreich noch an andere Tabus als in der Bundesrepublik zur Zeit des deutschen Historikerstreits: Die Kommunisten und ihre Weggenossen, lange Zeit etwa ein Viertel der französischen Gesellschaft, erscheinen durch ihn als Sympathisanten eines Systems, das genauso teuflisch war wie das der Nazis. Auch ihr heroischer und opferreicher Widerstand gegen die Deutschen verliert an Prestige – sie hätten gegen das eine Böse im Namen des anderen gekämpft. Die Kommunisten protestieren: »Der Vergleich ist zutiefst verletzend für den Sohn eines Widerstandskämpfers aus der Region von Toulouse, wie ich es bin«, ruft Claude Cabanes, Chefredakteur von *L'Humanité*.

Zu den Autoren des *Schwarzbuchs*, die sich wegen des Vorworts von Courtois abwandten, gehören Nicolas Werth und Jean-Louis Margolin, die Verfasser der Kapitel über die Sowjetunion und China. Sie scheuen vor Courtois' Konsequenzen zurück und wehren sich brüsk gegen die These der Vergleichbarkeit, vielleicht auch, weil sie sich durch solche Verallgemeinerungen um die Besonderheiten ihrer Forschungsgebiete gebracht sehen. Aber wer ihre Texte liest, wird die Frage der Vergleichbarkeit ohnehin abstrakt finden: Vielleicht waren die Nazis schlimmer, aber die Kommunisten waren ganz bestimmt nicht besser.

Niederschmetternd zumal Werths 250 Seiten über die Sowjetunion. Gewiß, er erzählt nichts Neues, aber die Geschichte des Terrors wirkt bei ihm wie frisch ausgepackt, denn er kann zum ersten Mal lange geheimgehaltene Quellen und jüngste Arbeiten russischer Historiker nutzen. Er kann Opfer und Täter zitieren und die Befehlswege nachzeichnen, die fast immer ganz oben beginnen.

Am heftigsten trifft es Lenin. Bei Werth kann man zusehen, wie Lenin und Trotzki die Tscheka fördern und hätscheln, die bereits im Herbst 1918, zwei Monate nach der offiziellen Lancierung des Terrors, 10 bis 15000 politische Hinrichtungen auf dem Gewissen hat – doppelt soviel wie das Zarenregime in den Jahren von 1825 bis 1906. Unter Lenin wächst die Lagerbevölkerung auf 120000 Personen. Lenin läßt den Klerus verfolgen: 8000 Tote. Lenin begrüßt die Hinrichtungen der Bourgeois auf der Krim: 50000 Tote in sechs Wochen. Lenin ist mitverantwortlich für die Hungersnot von 1921/22: fünf Millionen Tote. Werths kühl erzählter Text verbaut den französischen Restkommunisten die letzte Rückzugslinie. Wer ihn liest, kann nicht mehr den Stalinismus beklagen und sich dann auf den ursprünglich guten Lenin zurückziehen.

Es wird interessant sein zu sehen, ob und wie die Debatte um das *Schwarzbuch* gerade in den bisher sehr regierungsfreundlichen linkeren Medien weitergeführt wird. Gestern brachte *Libération* noch einmal vier Seiten zum Thema. Den Kommunisten, die in Jospins Kabinett drei Minister stellen, wird das kaum gefallen.

Quelle: Süddeutsche Zeitung, 12. November 1997

FRANÇOIS DUFAY

Kommunismus. Im Angesicht der Wahrheit

Wer nicht boshaft sein will, schiebt es auf den übervollen Terminkalender. Lionel Jospin ist durch seine Aufgaben als Premierminister stark in Anspruch genommen und hat deshalb wahrscheinlich nicht die Zeit, um einen Blick in das soeben von einer Gruppe französischer Historiker veröffentlichte *Schwarzbuch des Kommunismus* zu werfen. Sonst wäre er bei dem Gedanken an das, was er letzten Mittwoch vor der Nationalversammlung gesagt hat, rot geworden. »Die Französische Kommunistische Partei«, so sprach er, »steht im festen Einklang mit dem Linkskartell, sie war ein unerschütterlicher Bestandteil der Front populaire und des Widerstandes gegen die NS-Besatzung [...], und hat selbst nie irgendwelche Freiheiten beeinträchtigt. Auch wenn sie sich nicht früh genug vom Stalinismus distanzierte, hat sie doch die Lehren aus ihrer Geschichte gezogen. Sie ist in meiner Regierung vertreten und darauf bin ich stolz.«

Eine stark beschönigte (und – was das Linkskartell angeht – auch regelrecht falsche) Darstellung der Geschichte, weshalb François Bayrou und ein Teil der UDF-Abgeordneten laut ihrer Empörung Ausdruck gebend das Parlament verließen. Sie sahen darin einen Affront gegenüber den mindestens 85 Millionen Opfern, die der Kommunismus weltweit auf dem Gewissen hat. So viele nämlich wurden jahrzehntelang in der UdSSR, in China, in Kambodscha und weiteren Ländern im Namen von Marx und Lenin unschuldig massakriert, wenn man den Autoren des *Schwarzbuch* glauben darf. Mit diesem Buch steht die kriminelle Dimension des Kommunismus für alle Zeiten fest. Die umfangreiche Arbeit zeichnet auf rund 800 Seiten mit grundlegenden, jedes Land einzeln behandelnden Studien, mit Karten des russischen Archipel Gulag und chinesischen Laogai und grauenhaften Fotos von dicht an dicht liegenden, mit Folterspuren übersäten Leichen ein bestürzendes Bild und stützt sich dabei auf die inzwischen offen zugänglichen Archive des Ostens. Nie zuvor waren die Verbrechen an der Masse so lückenlos aufgelistet worden, angefangen bei der sowjetischen Entkulakisierung über die chinesische Kulturrevolution bis hin zum Völkermord in Kambodscha. Seit Kronstadt und Katyn weiß man, daß es unzählige Massaker gegeben hat. Hat man bisher von den Gulags nur gehört, so kann man jetzt die Fotos von den Massengräbern sehen. Hunderte von Konzentrationslagern, absichtlich ausgelöste Hungersnöte, ganze Völker, die verschleppt wurden, Scheinprozesse und politische Gegner, die gefoltert, aufgehängt, erschossen oder einfach nur mit einem Genickschuß hingerichtet wurden ... Eine Märtyrerliste für den Fortschritt und das Wohl der Menschheit, begleitet von den Jubelrufen der Kommunistischen Partei Frankreichs, auf deren Beteiligung an der Regierung Lionel Jospin so stolz ist. Die Geschichte hielt die französischen Kommunisten – gegen deren Willen – immer fern von der Macht und gab ihnen so keine Gelegenheit, sich die Hände schmutzig zu machen. Doch ihre moralische Unterstützung war den Henkern stets willkommen: »Die trotzkistischen Verräter der POUM sind verurteilt worden. In zahlreichen Telegrammen wurde Präsident Negrin von den französischen Arbeitern für seine entschlossene Haltung gelobt.« So lautete ein Zeitungstitel der *L'Humanité* aus dem Jahre 1937. Es ist einer der Presseausschnitte, die nun im *Schwarzbuch* neu herausgegeben wurden. Auch Aragon wünschte sich bei seiner Schwärmerei für die GPU sehnlichst die Schaffung einer vergleichbaren politischen Polizei in Frankreich ...

Nach wenigen Tagen war die erste Auflage (25000 Exemplare) des *Schwarzbuchs* bereits vergriffen. Mit Recht darf man sich über den Schock, den dieses Buch in der Öffentlichkeit auslöste, wundern. War die kriminelle Dimension des Kommunismus denn so wenig bekannt, daß eine Arbeit dieser Art ein solches Aufsehen erregen konnte! Eigentlich erfährt man in diesem Buch nichts, was nicht schon seit langem durch Solschenizyn (für Rußland), Jean Pasqualini (für China) oder Pin Yathay (für Kambodscha) aufgezeigt worden wäre. Die Archive des Ostens und die Zahlenbilanzen liefern nur die Bestätigung und den Kontext für das, was jene wichtigen Zeugen schon längst berichtet haben. Damals allerdings hat die westliche Intelligenzia diese Zeugen verunglimpft.

Auch das im *Schwarzbuch* gezeichnete kritische Bild der Figur Lenins stellt nichts aufregend Neues dar. Man brauchte nicht gerade einen siebten Sinn, um zu begreifen, daß die Errichtung der »Diktatur des Proletariats« schon lange vor Stalin direkten Weges zum Terror führte. Mit einer gründlichen, sich auf bisher nicht offen zugängliche Archive stützenden Studie des Historikers Nicolas Werth wird im *Schwarzbuch* bestätigt, was bereits offensichtlich war. Man ist sprachlos beim Lesen der von Lenin verkündeten Mordaufrufe, die von Dserschinskis unheilvoller Tscheka (später GPU, NKWD und schließlich KGB) in die Tat umgesetzt wurden. Nach der Oktoberrevolution sind Zehntausende von Geiseln erschossen, Hunderttausende von rebellierenden Bauern massakriert und fünf Millionen dem Hungertod preisgegeben worden. Die Kosaken vom Don wurden umgebracht oder als geschlossene Bevölkerungsgruppe verschleppt. Bereits 1918 wurden die ersten Konzentrationslager errichtet. Vor diesem Hintergrund ist die Fiktion vom reinen, nichts Böses wollenden Bolschewismus, der erst durch den üblen Stalin »pervertiert« wurde, nicht aufrechtzuerhalten.

Glaubt man denn wirklich, daß die so peinlich genau dargelegten Fakten und die so seriös begründete Forschungsarbeit die Polemik ausgelöst hat? Natürlich hat die Kommunistische Partei Frankreichs alles versucht, um den durch das *Schwarzbuch* verursachten Schaden zu begrenzen. Robert Hué versucht, seine ehemals stalinistischen Hilfsdienste herunterzuspielen und zu retten, was zu retten ist. Er bemüht sich sogar, die Sache zu seinem Vorteil auszuschlachten, und gibt zu, daß die 85 Millionen Tote »ein menschliches Drama« darstellen, »eine grauenvolle Angelegenheit, die er klar verurteilt«. Empfindet der Generalsekretär der PCF etwa Reue? Mitnichten, denn er fügt sogleich hinzu, wie »lächerlich und grotesk es wäre, »dies alles auf eine makabre Zahlenbilanz zu reduzieren«. Keine Spur also von einer tiefergehenden Gewissenserforschung. Ein weiteres Mal tut man mit Lionel Jospins Zustimmung so, als ob sich das Problem auf den Stalinismus beschränke. Eine grundsätzlich kriminelle Dimension des Kommunismus kann es nicht geben, und die 85 Millionen Tote bleiben – alles in allem – ein bedauerlicher Unfall.

Es war vorauszusehen, daß die PCF so reagieren würde. Was jedoch erstaunt, ist die Tatsache, daß es auch zwischen den Autoren des *Schwarzbuches* zu Meinungsverschiedenheiten kam. Bereits vor dem Erscheinungstermin protestierten drei der sechs maßgeblichen Autoren gegen Stéphane Courtois, den Chefautor. Sie warfen ihm vor, die Tatsachen zu verdrehen und sich »nicht mehr von wissenschaftlichen, sondern von ideologischen Gesichtspunkten« leiten zu lassen. Gegen den von Courtois in seinem Vorwort verwendeten Begriff »Klassengenozid« wehrte sich vor allem Jean-Louis Margolin: »Der Klassenfeind wurde vernichtet, aber nicht Einzelpersonen oder ganze soziale Schichten.« Nicolas Werth und Karel Bartosek sind aus dem Redaktionsausschuß der von Courtois ins Leben gerufenen Zeitschrift *Communisme* ausgetreten. Offensichtlich bekamen sie letztlich Angst vor ihrer eigenen Courage und wagten es nicht, aus ihren Arbeiten selbst die entscheidenen Schlüsse zu ziehen. Die Autoren kommen nämlich alle vom Marxismus her und sind deshalb durch ihre persönliche Geschichte eng mit den Tatsachen, die sie aufdecken, verbunden. Mit der kritischen Bilanz des Kommunismus waren die Autoren gezwungen, sich selbst zu hinterfragen, und sahen sich teilweise sogar genötigt, mit ihrer Familientradition zu brechen. Der tschechische Dissident Karel Bartosek beispielsweise saß zwar in der Tschechoslowakei in Haft, war aber trotzdem einst ein überzeugter Kommunist und enger Vertrauter von Artur London. Und Nicolas Werth ist der Sohn des Journalisten Alexander Werth, der in Stalingrad als Kriegsberichterstatter gearbeitet hat und dem sowjetischen Regime sehr nahe stand.

Ein weiterer Grund für die Meinungsverschiedenheit ist auch die Ungeschicklichkeit, mit welcher Stéphane Courtois in seiner Einführung den Vergleich zwischen Kommunismus und Nationalsozialismus darstellt. Dieses heikle Thema ist der entscheidende Punkt der *Schwarzbuch*-Polemik und lenkt leider sehr von den eigentlichen Werten des Buches ab. François Furet, der vor zwei Jahren in seiner Veröffentlichung *Das Ende der Illusion* das gleiche Thema behandelte, hat die Schwierigkeiten bravourös gemeistert. Denn der inzwischen verstorbene Historiker ging zunächst auf die Unterschiede und dann erst auf die Gemeinsamkeiten der beiden totalitären Systeme ein: Beide entwickelten sich im Hexenkessel des Ersten Weltkrieges, haben die Ablehnung der »bürgerlichen« Demokratie als gemeinsames Merkmal und wollen mit allen Mitteln einen »neuen Menschen« schaffen. Niemand hat damals gegen Furets Ausführungen protestiert.

Wenn man jedoch – wie Courtois – lediglich die Opferzahlen vergleicht, kann dies zu einer irreführenden Asymmetrie führen. Denn bei der makabren Methode der doppelten Buchführung wiegt die Seite des Nationalsozialismus tatsächlich entschieden weniger schwer (den 85 bis 100 Millionen Toten stehen lediglich 25 Millionen gegenüber). Dieses Ungleichgewicht erklärt sich ganz einfach aus der Tatsache heraus, daß dem Nationalsozialismus wesentlich früher ein Ende bereitet wurde. Sicherlich hat Courtois recht, wenn er schreibt, daß »der Tod eines absichtlich der Hungersnot ausgesetzten ukrainischen Kulakenkindes dem Tod eines vom NS-Regime der Hungersnot preisgegebenen Judenkindes im Warschauer Ghetto ›gleichkommt‹«, und kann sich in dieser Hinsicht auf den russischen Schriftsteller Wassilij Grossman berufen, der ein »Schwarzbuch« mit Bezug auf den Holocaust geschrieben hat. Nach Wassilij war der Kulak für den geisteskranken Stalin als Mensch genausowenig wert wie der Jude für Hitler. Beide galten als Außenseiter, die erbarmungslos auszurotten waren. Und genau das haben Stalin und Hitler getan.

Was hat es für einen Sinn, wenn Courtois im Zusammenhang mit den kommunistischen Verbrechen die geringe Opferzahl des italienischen Faschismus unterstreicht? In diesem Punkt ist Zurückhaltung angesagt; nicht zuletzt deshalb, weil die Rechtsradikalen nur darauf warten, die Nazi-Verbrechen verharmlosen zu können. Bei einem Treffen in der Mutualité, dem Pariser Bürgersaal, versäumte es der für die Front National im Europäischen Parlament sitzende Bernard Antony nicht, einen »Nürnberger Prozeß« für den Kommunismus zu fordern. Und was die politische Gegenseite betrifft, so konnten sich die Kommunisten und ihre modernen Weggefährten mit Recht über den Vergleich mit dem Nationalsozialismus aufregen und so die Frage ihrer eigenen historischen Verantwortung geschickt umgehen. Schließlich brauchte nur noch der Sohn eines verschleppten Kommunisten Courtois öffentlich in einer Fernsehsendung anzugreifen, und die Sache war geritzt. »Niederträchtig« ist also derjenige, der es wagt, kommunistische Verbrechen anzuprangern, und nicht derjenige, der sich mit einer kriminellen Ideologie solidarisch erklärt.

Wie dem auch sei, das *Schwarzbuch* ist trotz seiner Mängel ein wichtiger Meilenstein der Geschichtsschreibung. Mit der Öffnung der Archive und der historischen Wiederaufarbeitung betreibt das ausgehende Jahrhundert seine Gewissenserforschung. Frankreich ist eines der letzten Länder im Westen, in denen die kommunistische Partei nach wie vor stark ist. Dank der *Schwarzbuch*-Autoren geht von diesem Land jedoch auch ein die wahre Natur des Kommunismus schonungslos beleuchtendes Licht aus, und darauf kann es stolz sein.

Quelle: Le Point, 15. November 1997

JEAN-FRANÇOIS REVEL

Kommunismus. 85 Millionen Tote!

Der Veröffentlichung des umfangreichen *Schwarzbuches des Kommunismus* ging ein Streit zwischen dem Chefautor Stéphane Courtois und zwei der maßgeblichen Mitautoren dieses großen Gemeinschaftswerkes voraus. Ganz offensichtlich wollte man das Werk bereits im voraus in Mißkredit bringen, denn das schlechte Gerede über die historische Arbeit war übertrieben aufgebauscht worden.

Nicolas Werth und vor allem Jean-Louis Margolin protestierten im letzten Moment gegen bestimmte Formulierungen, die Courtois in seiner Einführung gebraucht. Dies ist eine Tatsache. Tatsache ist jedoch auch, daß diese Einführung den beiden schon zu einem früheren Zeitpunkt vorgelegt worden war. Doch der terminologische oder ideologische Streit ändert nichts am entscheidenden Punkt: der dokumentarischen Vielfalt des *Schwarzbuches*. Im übrigen sind es gerade die von Werth und Margolin stammenden (meisterhaft geschriebenen) Teile des Gemeinschaftswerkes – ersterer über die UdSSR, letzterer über China, Vietnam und Kambodscha –, die Courtois' Gesamtbild und historische Interpretation am nachhaltigsten untermauern. Worauf sich ihr später Protest stützt, weiß ich nicht; in ihren Forschungsarbeiten ist er jedenfalls nicht zu erkennen. Über die zum Teil noch nicht völlig geklärten Zahlen läßt sich streiten. Es ist ungewiß, ob Mao 60, 70 oder 65 Millionen Menschen umgebracht hat. Man kann auch durchaus der Meinung sein, daß – im Gegensatz zu Kambodscha – es trotz Repression und gefälschter Gerichtsprozesse in der Tschechoslowakei nicht zu einem Völkermord gekommen ist. Solche Erwägungen sind rein wissenschaftlicher Natur. Am moralischen Skandal ändert sich dadurch nichts. Als man um 1950 sagte »Die Nazis haben sechs Millionen Juden umgebracht«, so kam damals von bestimmten Leuten die Antwort: »Nein, sie haben nur vier Millionen umgebracht.« An der an sich kriminellen Logik des Kommunismus oder Nationalsozialismus ändern diese deplazierten Haarspaltereien nichts.

Ich würde auf diese schäbigen Streitereien überhaupt nicht näher eingehen, wenn sie nicht in gewisser Weise zum Thema des hier zu erörternden Buches gehörten. Sie stehen nämlich für das nach wie vor große Einschüchterungsvermögen der rückständigen und rückwärtsgewandten Anhänger des Kommunismus. Als politisches Phänomen ist das Ungeheuer inzwischen tot, doch als kulturelles Phänomen ist es immer noch lebendig. Auch wenn die Berliner Mauer inzwischen gefallen ist, in den Köpfen ist sie noch vorhanden. Den Kommunismus in seiner Realität zu beschreiben, bleibt ein gesellschaftsfeindlicher Akt.

In Frankreich konnte man das am 7. November in der Fernsehsendung »Bouillon de culture« erleben. Ich hatte soeben Steven Spielbergs letzten Film über die Dinosaurier gesehen und hatte deshalb keine Schwierigkeiten, mich auf die Fernsehdiskussion über das *Schwarzbuch* einzustellen. Die eingeladenen Kommunisten schafften es regelrecht, die Historiker wie gefährliche Dinosaurier unter Sicherheitskontrolle zu bringen. Einer von ihnen ging sogar soweit, Stéphane Courtois als Antisemiten zu bezeichnen! Auf diese Weise haben sie ihr Ziel, die Information zu zensieren, zum Teil erreicht, denn der Fernsehzuschauer konnte so gut wie nichts über den Inhalt des Buches erfahren. Mit ihrer Verschleierungstaktik haben diejenigen, die bei diesen Verbrechen als Komplizen fungierten, es einmal mehr geschafft, eben diese Verbrechen zu leugnen und mit der Hand auf dem Herzen und mit weinerlicher Stimme zu betonen, daß solche Untaten nichts mit dem Wesen des Kommunismus gemein hätten. Warum ist es ein erklärtes Delikt, wenn man die Verbrechen der Nazis in Abrede stellt, nicht aber, wenn man die Verbrechen der Kommunisten abstreitet? Es gibt – mit den Augen der Linken betrachtet – immer noch gute und schlechte Henker. Die sozialistischen Abgeordneten des Europäischen Parlamentes haben Tibet die Anerkennung als »besetztes Land« verweigert.

Die Weigerung der Linken, die kommunistischen Völkermorde nicht wie diejenigen der Nazis als Verbrechen gegen die Menschlichkeit einzustufen, ist weder vom geschichtswissenschaftlichen noch vom juristischen Standpunkt aus gerechtfertigt. François de Menthon, der französische Generalstaatsanwalt bei den Nürnberger Prozessen, unterstrich die ideologische Motivation der NS-Verbrechen: »Wir haben es hier nicht mit einer Zufalls- oder Gelegenheitskriminalität zu tun, sondern mit einer direkt und zwingend von einer

Doktrin abgeleiteten, systematischen Kriminalität.« Diese Beschreibung der braunen Kriminalität paßt ebenfalls haargenau auf die rote Kriminalität. Auch das 1992 verabschiedete neue französische Strafgesetzbuch stimmt völlig damit überein. Denn es bezeichnet als Verbrechen gegen die Menschlichkeit auch »das Verschleppen, das Versklaven, die systematisch und in massiver Form durchgeführten Hinrichtungen ohne ordentliches Gerichtsverfahren, das Entführen von Personen, die daraufhin spurlos verschwinden, die Folter und unmenschlichen Handlungen, die aus politischen, philosophischen, rassischen oder religiösen Motiven heraus und gezielt gegen bestimmte Gruppen der Zivilbevölkerung durchgeführt werden«. Die ganze Geschichte des Kommunismus ist geprägt von sozialen oder ethnischen Gruppen, die nicht für das, was sie tun, sondern für das, was sie sind, massakriert und systematisch verschleppt werden.

Die 20 Millionen Toten (ohne die Kriegstoten) in der UdSSR, die 65 Millionen in China (Mao steht als größter Menschenschlächter aller Zeiten unangefochten auf Platz eins), die zwei Millionen Toten in Kambodscha (bei 7,8 Millionen Einwohnern) oder Nordkorea gehen alle auf eine planmäßige Ausrottungspolitik zurück. Solange die Linke nicht zugibt, daß ihre Kriminalität nicht die Folge einer unwahrscheinlichen Verkettung zufälliger Verfehlungen ist, wird es keine seriöse Analyse des Kommunismus geben. Der im Juli diesen Jahres überraschend verstorbene François Furet sollte ursprünglich die Einführung zum *Schwarzbuch* schreiben. Im Zusammenhang mit dem Terror von 1793/94 bezeichnete Furet es als die erbärmlichste aller Ausreden, wenn ein Historiker etwas durch die Umstände zu erklären versucht. Der wahre Grund – der einzige, der wirklich alle Tatsachen berücksichtigt, es sei denn, man geht davon aus, daß alles auf Zufällen basiert –, liegt in der Logik eines Systems, das aus ideologischen Motiven die physische Vernichtung vorschreibt.

Es hat also durchaus seine Berechtigung, wenn man dem Kommunismus einen zur Kriminalität hin tendierenden Wesenszug zuschreibt. Denn allzuoft hat er unter den unterschiedlichsten Umständen und bis zu seinen entferntesten Metastasen hin, auf allen Breitengraden und in Gesellschaften mit den unterschiedlichsten Kulturen völlig konforme Kopien erzeugt: in Kuba, in Äthiopien, in Angola, in Afghanistan, in Mozambique, in Laos und in Kambodscha. Bei Courtois' – vorsichtiger – Schätzung von 85 Millionen Toten handelt es sich sehr wohl um Verbrechen gegen die Menschlichkeit, die »planmäßig« und »im Namen eines eine Politik ideologischer Hegemonie betreibenden Staates« durchgeführt werden und »nationale, ethnische, rassische, religiöse oder durch jedes andere willkürlich gewählte Kriterium gekennzeichnete Gruppen ganz oder teilweise vernichten wollen« (französisches Strafgesetzbuch).

Hitler hat nicht nur rassistische Verbrechen begangen. Er hat auch – ohne nach der Rasse oder Religion zu unterscheiden – Völker, die sich gegen die Besatzung auflehnten, oder sich passiv verhaltende Geiseln getötet, beispielsweise in Oradour. Außerdem hat er wie Stalin – aber bereits vor Stalin – in der Nacht der langen Messer seine eigenen Mitstreiter umbringen lassen. Umgekehrt zählen zu den kommunistischen Verbrechen auch rassistische Straftaten, die gegen ganze Volksgruppen gerichtet waren: gegen die Polen, Balten, Tataren, Moldawier, Ukrainer und Tschetschenen, die entweder auf der Stelle massakriert oder nach Sibirien verschleppt wurden, wo sie verhungerten oder erfroren. Die Politik, die China seit seiner Invasion von 1950 in Tibet betreibt, kann man nur als einen mit Methode durchgeführten Völkermord bezeichnen.

Die sowjetische GPU, die Vorgängerin des KGB, arbeitete hingegen mit Quoten. Jede Region sollte einen bestimmten Prozentsatz der Angehörigen einer sozialen Schicht oder ideologischen beziehungsweise ethnischen Gruppe verhaften, verschleppen oder erschießen. Nicht das Individuum oder seine eventuelle persönliche Schuld (in bezug auf was eigentlich?), sondern die Zugehörigkeit zu einer bestimmten Gruppe war entscheidend.

Die Leichenberge inspirierten Louis Aragon 1931 zu einem Gedicht, in dem er von der Gründung einer französischen GPU träumte:

»Ich singe von der GPU, die sich im Augenblick in Frankreich formiert.
Ich singe von der GPU, die Frankreich braucht.
Fordert eine GPU.
Ihr braucht eine GPU.
Es lebe die GPU, das dialektische Symbol des Heldentums.«

Dieser ekelerregende Auswurf macht deutlich, wie selbst Trötentöne der billigsten Machart als Mordaufruf dienen können.

Das soeben und somit genau im richtigen Moment erschienene

Le manuel du goulag (dt: Das Gulag-Handbuch) von Jacques Rossi, der selbst 19 Jahre lang »Ferienfreuden« dieser Art genießen durfte, erklärt eindeutig die untrennbare Verbindung zwischen Gulag und Kommunismus. Denn »der Gulag diente dem Sowjetregime als Geheimlabor, in dem es eine ideale – nämlich durch gegenseitige Überwachung und Einheitsdenken charakterisierte – Gesellschaft schaffen wollte«.

Im übrigen ist der Gulag für ein Regierungssystem, das mit seinen schwachsinnigen Wirtschaftstheorien von vorneherein zum Bankrott verdammt ist, eine Möglichkeit, sich durch die Versklavung von Millionen von Menschen kostenlose Arbeitskräfte zu verschaffen. Wie bereits erwähnt, ist die Verschleppung mit dem Ziel der Versklavung im juristischen Sinne ein Verbrechen gegen die Menschlichkeit. Deshalb – so argumentiert Rossi – »nützt es wenig, danach zu fragen, welches von den beiden totalitären Systemen unseres Jahrhunderts das barbarischere gewesen ist. Denn beide haben ein Einheitsdenken verordnet und Berge von Leichen hinterlassen«.

Dagegen argumentiert die Linke immer wieder mit dem gleichen Klischee: Der Nationalsozialismus verkündete von Anfang an ein Vernichtungsprogramm, der Kommunismus hingegen verstand sich grundsätzlich als eine Befreiungsdoktrin. Dies kann man ganz und gar nicht als Entschuldigung hinnehmen. Im Gegenteil! Der Nationalsozialismus kann wenigstens für sich in Anspruch nehmen, mit offenen Karten gespielt zu haben. Der Kommunismus dagegen hat im Namen der Gerechtigkeit und Freiheit Milliarden von Menschen betrogen, denn seine Taten waren stets das pure Gegenteil. Natürlich hat man uns in der »Bouillon de culture«-Sendung auch den längst abgedroschenen Gemeinplatz präsentiert, daß in der Vernichtung von Menschen nicht das Wesen, sondern die »Perversion« des Kommunismus zum Ausdruck käme. Wirklich? Was ist das also für ein wunderbares System, daß nirgendwo etwas anderes als seine Perversion in dic Tat umgesetzt hat? Und wo – um alles in der Welt – haben wir die Praxis, meine Damen und Herren Marxisten?

Das Neue und Hochinteressante an der von Stéphane Courtois und seinen Mitautoren realisierten historischen Studie ist die Tatsache, daß uns zum erstenmal ein vollständiges internationales Panorama des Kommunismus – und zwar in seinem gesamten geographischen und chronologischen Ausmaß – in einem einzigen Band präsentiert wird. Bei den Elementen dieser Gesamtstudie handelt es sich nicht um Meinungen, sondern um Tatsachen, und diejenigen, die diese Katastrophe des 20. Jahrhunderts hartnäckig verteidigen, werden uns wohl auf einleuchtende Weise erklären müssen, warum ihrer Meinung nach die Wahrheit über den Kommunismus nicht durch diese Tatsachen zum Ausdruck kam, sondern durch eine Geschichte, die niemals existiert hat. Weil sie jedoch in ihrem tiefen Inneren genau wissen, daß sie dies nie erklären können, sind sie voller Groll gegen dieses Buch, denn mit seinem Erscheinen ist jeder Erklärungsversuch für immer hinfällig geworden.

Quelle: Le Point, 15. November 1997

NICOLAS WEILL

Ein Massengrab, so groß wie die Erde

Im Grunde genommen ist es gut, wenn ein so umfangreiches Buch wie das *Schwarzbuch des Kommunismus* eine so heftige Kontroverse entfacht, daß selbst im Gebäude der Pariser Nationalversammlung oder im Justizpalast von Bordeaux die Wände davon widerhallen. In jenem Justizpalast sitzt nämlich Jean-Marc Varaut, der als Verteidiger von Maurice Papon verlangt hat, daß das *Schwarzbuch* in die Akten aufgenommen wird. Leider hat die Polemik den abartigen Umstand zur Folge, daß sich die Aufmerksamkeit und das Interesse an diesem Buch auf die rund 30 Seiten der Einleitung und auf das Schlußkapitel beschränken. Beide Texte stammen von der Hand Stéphane Courtois' und drängen einen Großteil des Werkes in den Hintergrund, nämlich den Teil, der das die ganze Welt umfassende Ausmaß der Tragödie beschreibt. Dennoch werden die weltweite Bedeutung des kommunistischen Phänomens und die verheerenden Auswirkungen der damit einhergehenden Repression nirgends deutlicher als in der Studie, die sich mit der asiatischen Entwicklung des Phänomens beschäftigt. Aus Asien nämlich kommen die hohen Opferzahlen dieser grauenvollen Bilanz. Und die Tragödien, die sich dort abgespielt haben, sind wesentlich weniger bekannt als die von Europa. Dank sei Jean-Louis Margolin von der Université de Provence, der die Kapitel über China, Vietnam und Kambodscha geschrieben hat. Bedauerlich ist jedoch – ganz nebenbei bemerkt –, daß Georges Boudarel, einer der Akteure in diesem Stück, als eine für Vietnam zuständige wissenschaftliche Referenz zitiert wird, als ob sein Fall nicht selbst eine heftige Polemik ausgelöst hätte. Ebenfalls bedauerlich ist, daß Serge Thion im Zusammenhang mit Kambodscha erwähnt wird, ohne auf einen der aktivsten französischen Negationisten einzugehen.

Für den asiatischen Raum eine Geschichte des Kommunismus zu schreiben ist wahrlich nicht leicht. Denn bis auf Kambodscha sind die Archive nach wie vor nicht frei zugänglich. Außerdem sind die Ereignisse wesentlich jünger als der sowjetische große Terror von 1937/38. Der Völkermord von Kambodscha (mit vielleicht zwei Millionen Toten, doch endgültige Zahlen stehen noch aus) liegt gerade einmal zwanzig Jahre zurück. Chinas »großer Sprung nach vorn« der Jahre 1959 bis 1961, der nach den seit 1988 vorgelegten quasi offiziellen Schätzungen 20 Millionen Menschen das Leben gekostet haben soll (andere geben eine – auch den Kannibalismus berücksichtigende – Zahl von 43 Millionen an), fand zur gleichen Zeit wie die ersten Raumflüge statt. Erst seit den achtziger Jahren gibt es erste Studien über die katastrophalen Folgen der bis heute größten Hungersnot der Menschheitsgeschichte. Sie ist weitgehend auf eine unrealistische Zahlen anstrebende Zwangskollektivierung und auf Beschlagnahmung mit unmenschlicher Härte zurückzuführen.

Selbstverständlich wurden die Zahlen aus Asien noch nicht mit der gleichen historiographischen Genauigkeit ermittelt wie diejenigen aus der ehemaligen UdSSR oder aus Osteuropa. Aber bereits an der enormen Bandbreite und den hohen Mindestzahlen wird das unglaublich große Ausmaß der Repression und der Massaker deutlich. Auch wenn der Gulag in seinen Spitzenzeiten 2753000 »Spezialsiedler« zählte, ist sein chinesisches Pendant, der Lagerarchipel Laogai, wo man durch Arbeit »umerzogen« wurde, »das meistbevölkerte Kerkersystem aller Zeiten«. »Die strahlende Sonne des Maoismus«, schreibt Jean-Louis Margolin, »ließ Dutzende von Millionen Menschen verschwinden, bis zur Mitte der achtziger Jahre insgesamt 50 Millionen (...), die Zahl ist nur eine Größenangabe (...), etwa 20 Millionen Chinesen starben während der Haft.«

Abgesehen von dieser Bilanz mit ihren schockierenden, weil bisher unbekannten Zahlen, deckt das *Schwarzbuch* eine ganze Reihe von geheimgehaltenen Massakern auf. Während die Roten Khmer Ende der siebziger Jahre ihre Schreckenstaten begehen, machen sich im Westen die letzten Symptome einer Haltung bemerkbar, die bestenfalls als Unwissenheit und langjährige Blindheit gegenüber dem »realen Sozialismus« bezeichnet werden kann. Als Symbol für diese Blindheit führt Stéphane Courtois einen wenig vorzeigbaren Aragon an (unter anderem sein seltsames Gedicht aus dem Jahre 1931 zum Ruhm der GPU, der politischen Polizei der UdSSR). Die im *Schwarzbuch* aufgelisteten Vorfälle, die bisher nicht wirklich von der Weltöffentlichkeit zur Kenntnis genommen wurden, lassen sich nicht zählen: Polens »eiserner Sozialismus« der Jahre 1948 bis 1956 (84200

Personen wanderten in die Arbeitslager – so der Historiker Andrzej Paczowski, hinzu kamen 8700 Oppositionelle, die zwischen 1944 und 1947 in einem Bürgerkrieg, den man nicht als solchen zu bezeichnen wagte, umgebracht wurden); ferner wurden 200000 Tschechoslowaken zwischen 1948 und 1954 durch die Lager geschleust, und Karel Bartosek zählt für die Jahre 1946 bis 1956 110000 Bulgaren, die das gleiche Schicksal erlitten; nicht zu vergessen die Opfer (etwa eine Million) der großen chinesischen Kulturrevolution, deren Folklore eine Zeitlang in Frankreich so beliebt gewesen ist, usw.

Einige der *Schwarzbuch*-Autoren distanzieren sich heute von Stéphane Courtois wegen der Parallele, die dieser zwischen dem Nationalsozialismus und dem Kommunismus zieht. Dieser Vergleich hat heftige Reaktionen ausgelöst, auch Vorwürfe, beispielsweise den von Jean-Louis Margolin, zu »voreilig« gewesen zu sein. Die skandalöse Vorstellung einer erblichen Klassenzugehörigkeit, die von zahlreichen Regimes der UdSSR und Asiens mit den entsprechenden strafrechtlichen und für die Betroffenen oft tödlichen Konsequenzen umgesetzt worden ist, hat – ob man will oder nicht – einige Gemeinsamkeiten mit einem Rassismus, der die Leute für das, was sie sind, und nicht für das, was sie tun, ausrotten will. Wenn ein Mädchen in der maoistischen Volksrepublik China die restliche Strafe ihres im Laogai umgekommenen Vaters verbüßen muß, wenn im »demokratischen Kampuchea« die Kinder eines »Knechts des Imperialismus« mit ihrem für »schuldig« befundenden Erzeuger inhaftiert, gefoltert und umgebracht werden oder wenn die Gesellschaft in Kategorien eingeteilt wird, die zuweilen sogar einen Untermenschen – halb Sklave, halb Arbeitstier – kennen (das »neue« und das »frühere« Volk von Kambodscha, die »Schwarzen« und »Roten« der chinesischen Kulturrevolution), so führt das zweifelsohne zu einem solchen Vergleich ...

Nach einer Lektüre des *Schwarzbuchs* kann man die Ursprünge des Terrors nicht mehr in einer auf lokale oder internationale Konflikte (Bürgerkrieg in der UdSSR, amerikanische Bombardierung in Indochina usw.) zurückgehenden Brutalisierung suchen, auch nicht in einer angeblich traditionsbedingten Form asiatischer Gewalt und Unterwürfigkeit, die schon lange vor der Machtübernahme durch die Kommunisten existiert habe. Die Unnachgiebigkeit und Härte der Kommunisten ist von einer ganz eigenen Art. Nach Jean-Louis Margolin hatten eine ganze Reihe von Anführern der Roten Khmer – angefangen bei Pol Pot selbst – in den fünfziger Jahren Gelegenheit, sich diese anzueignen. Damals gehörten sie nämlich zu den Zellen der PCF, wo man von Robespierre schwärmte. Dennoch gesteht Margolin ein, daß die späteren Herren von Kambodscha in ihrer Ausbildung mehr dem chinesisch-vietnamesischen Modell als dem französischen Kommunismus verpflichtet sind.

Betrachtet man jedoch die »Pausen«, so steht der Vergleich zwischen dem Nationalsozialismus und Kommunismus auf schwachen Füßen. Die kurze – nämlich zwölf Jahre währende – Existenz des Dritten Reiches war sehr wohl durch einen Prozeß »zunehmender Radikalisierung« geprägt. Für die Geschichte des Kommunismus trifft dies aber nicht zu. Wie wären sonst die langen Phasen des politischen »Tauwetters«, die Perestroika oder der Teilübergang des postmaoistischen Chinas zur Marktwirtschaft zu analysieren? Natürlich kann man das Nachlassen der staatlichen Unterdrückung auch damit erklären, daß bereits »die Erinnerung an die Repression« die gewünschte Wirkung bringt. Es ist jedoch zu vermerken, daß einige osteuropäische Regimes auch über andere Mittel als den politischen Terror eine bestimmte Form von Folgsamkeit erreichen konnten. Im Rumänien Ceausescus war es der Nationalismus, bei bestimmten Gesellschaftsschichten in der Tschechoslowakei der soziale Aufstieg, und in Asien war es die Teilliberalisierung der Wirtschaft, die immer mehr Menschen dem staatlichen Zugriff entzog.

Die Folgsamkeit gegenüber dem eigentlichen Terror ist nach wie vor eines der größten Geheimnisse dieser dunklen Geschichte.

Quelle: Le Monde, 21. November 1997

JENS PETERSEN

Die Verwandlung des Gartens in eine Kaserne. Lösungen eines Bannes: Der Begriff des Totalitarismus kehrt in sein Ursprungsland Italien zurück

Je weiter sich das zwanzigste Jahrhundert seinem Ende nähert, desto stärker tritt im Bewußtsein auch der italienischen Kultur der Gewaltcharakter dieser Epoche zutage. Der Stadtrat von Turin hat vor einiger Zeit mit linker Mehrheit die Einrichtung eines »Museums der Deportation« beschlossen. Es soll der Erinnerung an die jüdischen Italiener und Widerstandskämpfer aus der Region Piemont gewidmet sein, die nach der im September 1943 erfolgten Besetzung Nord- und Mittelitaliens durch deutsche Truppen in das Territorium des Deutschen Reichs deportiert wurden und von denen die meisten nicht zurückkehrten. Die Biographie und das Œuvre von Primo Levi stehen im Zentrum dieses Projekts. Die Mitte-Rechts-Opposition hatte statt dessen die Errichtung eines »Museums der Sowjetlager« vorgeschlagen.

Der zum Imperium des Medienzaren Silvio Berlusconi gehörige Verlag Mondadori wird demnächst eine Übersetzung des beim Pariser Verlag Laffont erschienenen *Schwarzbuch des Kommunismus. Verbrechen, Terror, Unterdrückung* herausbringen. Der Turiner Verlag Bollati Boringhieri hat vor kurzem die vergleichende Geschichte der Konzentrationslager von Andrzej Kamiński herausgebracht (auf deutsch zuerst 1982). Der aus Polen stammende und zuletzt an der Universität Wuppertal lehrende Zeithistoriker vertritt darin die These, das prägende Charakteristikum dieser Epoche der Gewalt sei das »Konzentrationslager« gewesen in seinen vielfältigen Ausprägungen und seinen schrecklichsten Realisierungen, dem nationalsozialistischen KZ und dem sowjetischen GULag. Die weitgehend positive Aufnahme dieses Werkes in der italienischen Presse zeigt, daß die Vorstellung eines »totalitären« Zeitalters und der Vergleichbarkeit der Diktaturen Hitlers und Stalins inzwischen weitgehend akzeptiert wird. Der vielleicht beste italienische Kenner russischer Literatur und Kultur, Vittorio Strada, schrieb Anfang September 1997 im *Corriere della Sera*: »Der Archipel GULag ist die andere Seite des Holocaust«, beide seien »organischer Teil der totalitären Systeme«.

Ende Oktober 1997 hat eine Gruppe linker, der Resistenza-Geschichtsschreibung nahestehender Zeithistoriker in Siena eine Tagung über das Thema »Die totalitäre Erfahrung im zwanzigsten Jahrhundert« veranstaltet. Es war kein Zufall, daß innerhalb der italienischen Presse die linkskommunistische Tageszeitung *Il Manifesto* dieser Tagung den breitesten Raum gewährte. Sie druckte den Beitrag von Zygmunt Bauman ab, der im Anschluß an Hannah Arendt die Konstruktion des »objektiven Feindes« als das eigentlich auslösende Moment institutionalisierter Gewalt beschrieb. Die Turiner *Stampa* konstatierte kürzlich, der Antikommunismus werde hoffähig, es handle sich um »das Ende eines Tabus« auch auf der Linken. Lange geächtete »antitotalitäre«, sowohl antifaschistische wie antikommunistische Figuren der italienischen Kultur wie Gustaw Herling, Ignazio Silone, Nicola Chiaromonte, Ernesto Rossi, Gaetano Salvemini oder Edgardo Sogno erfahren eine Neubewertung oder werden gar erst in ihrer historischen Bedeutung entdeckt.

In einer im eigentlichen Sinne »merkwürdigen« Parabel kehrt so das Totalitarismuskonzept nach Italien zurück, von wo es Anfang der zwanziger Jahre seinen Ausgang genommen hatte. Die begriffsgeschichtliche Entwicklung des Neologismus ist in ihren groben Umrissen erforscht. Der Begriff wurde im Umfeld der antifaschistischen Oppositionsgruppen geboren, die vor der Schwierigkeit standen, die entstehende neuartige, auf Gewalt und Massenkonsens gegründete Diktatur Mussolinis auf den Begriff zu bringen. Ausgehend von einer Neuaufnahme traditionaler Begriffe wie Tyrannis, Diktatur und Absolutismus, bildete sich 1923/24 im intransigenten Liberalismus, im Linkskatholizismus, bei den Republikanern und bei den Sozialdemokraten der Begriff der »Totalitären« heraus.

Der Geist der Intoleranz und des Machtwillens auf seiten der Faschisten zeigte sich zum Beispiel auf dem Gebiet der Kommunalpolitik. Die Faschisten zwangen allenthalben die Kommunalvertretungen zum Rücktritt. Bei den folgenden Neuwahlen stellten die Faschisten nach gewaltsamer Ausschaltung der Opposition sowohl die

Mehrheits- wie die Minderheitslisten. Giovanni Amendola, der spätere Führer der antifaschistischen Opposition des Aventin 1924/25, nannte dieses Vorgehen in einem Artikel vom 23. Mai 1923 im Gegensatz zum *sistema maggioritario* und *sistema minoritario* ein *sistema totalitario*, ein totalitäres System, »das die absolute und unkontrollierte Herrschaft im kommunalen Bereich versprach«. Dieses ist ein gewissermaßen »technischer« Gebrauch des neuen Begriffs. Zugleich aber deutete er auf etwas fundamental Neues. Demokratie lebt von der Anerkennung von Mehrheitsentscheidungen und dem Schutz von Minderheitsrechten. Der Faschismus war nicht bereit, diese Basisregeln zu akzeptieren.

Schnell breitete sich der neue Begriff ab 1923/24 in der italienischen Presse aus, bezeichnenderweise auch im dissidenten Faschismus. So sagte am 29. Mai 1923 Alfredo Misuri, einer der innerparteilichen Opponenten Mussolinis, im Parlament, Italien sei dabei, sich von einem Garten in eine Kaserne zu verwandeln. »So werden wir leider bald auch die faschistischen Kommunalvertretungen erschöpft sehen, die mit einem System geschaffen worden sind, das man scharfsinnigerweise als ›totalitär‹ bezeichnet hat. Das ist ein Vorgeschmack für das, was eine totalitäre Kammer sein könnte.« Am Abend dieser Rede wurde Misuri von einem faschistischen Schlägertrupp überfallen und fast zu Tode geprügelt. Ende 1923 äußerte Giovanni Amendola, »das bedeutsamste Charakteristikum der faschistischen Bewegung« werde für künftige Historiker ihr »totalitärer Geist« sein. Am 2. Januar 1925 schrieb der junge Sozialist Lelio Basso in der Zeitschrift *La Rivoluzione Liberale*, der Faschismus setze sich mit der Nation gleich, »jede Opposition gegen ihn ist Verrat, jedes Verbrechen rechtfertigt sich durch seine nationalen Zwecke … Eine einzige Partei macht sich zum Interpreten des Volkswillens, das heißt des unterschiedslosen Totalitarismus.« Hier erscheint, soweit bekannt, der Begriff des Totalitären erstmals in substantivischer Form. Nahezu gleichzeitig übernahm Mussolini in seiner berühmt-berüchtigten Rede vom 3. Januar 1925 »die politische, moralische, historische Verantwortung für alles, was geschehen ist«. Das bedeutete den Übergang zur offenen Diktatur und die Unterdrückung aller Opposition.

In seinen letzten öffentlichen Äußerungen im Juni 1925 sah Giovanni Amendola zwei das liberale System gleichermaßen bedrohende Konzeptionen, die »die mehr als hundertjährigen Grundlagen des modernen politischen Lebens umzustürzen drohen, Kommunismus und Faschismus, beide eine totalitäre Reaktion auf Liberalismus und Demokratie«. Eine Woche nachdem Amendola den Faschismus als »schreckliche Krankheit der modernen Welt« charakterisiert hatte, nahm Mussolini den Kampfbegriff auf und sprach von »jenem Ziel, das als unser unerbittlicher totalitärer Wille definiert wird« und das der Faschismus »mit noch größerer Unerbittlichkeit« weiterverfolgen werde: die hundertprozentige Faschisierung der Nation. In diesem Augenblick überschnitten sich die beiden begriffsgeschichtlichen Linien: Der vom intransigenten Antifaschismus geprägte Begriff des Totalitären als Ausdruck für »das politische Phänomen des zwanzigsten Jahrhunderts« (G. Leibholz) wurde vom angehenden Diktator zum Banner seines triumphierenden Missionsprogramms gemacht.

Seit der diktatorialen Wendung vom Frühjahr 1925 gibt es so innerhalb und außerhalb Italiens eine doppelte Begriffsgeschichte des Totalitären, als positive Selbstcharakteristik des faschistischen Regimes und als antifaschistischer Kampfbegriff. Letzterer fand dank der antifaschistischen Emigration und ihrer publizistischen Präsenz in den großen europäischen Sprachen auch außerhalb Italiens Gehör. Deutsche Übertragungen sprachen anfangs von »Totalismus« oder von »Totalitätssystem«. In der *Frankfurter Zeitung* taucht der Begriff des »Totalitarismus« erstmals im Herbst 1925 auf. Die doppelte Entwicklung des Begriffs in der katholischen, republikanischen oder auch sozialdemokratischen Opposition ließe sich in Texten von Luigi Sturzo, Alcide De Gasperi, Carlo Rosselli, Filippo Turati oder Pietro Nenni nachzeichnen.

Nach 1933 hielt das Theorem des Totalitarismus Einzug in die große Politik. Es tauchte in der Sprache der Diplomatie, der internationalen Presse und der politologischen Forschung auf, und zwar sowohl in der kritischen wie in der programmatischen Version. In diesem semantischen Krieg verlor die positiv gemeinte Selbstdarstellung des Faschismus zunehmend an Boden. Luigi Sturzo, der geistige Kopf der katholischen Emigration, veröffentlichte 1935 auf spanisch seine Schrift *El Estado Totalitario*, in der er sich mit den Diktaturen Mussolinis, Hitlers und Stalins auseinandersetzte. Bereits in diesem Text sind fast alle Elemente der späteren Totalitarismus-Theorie präsent. Etwa zur gleichen Zeit schrieb der Gründer der radikaldemokratischen Gruppe »Giustizia e Libertà«, Carlo Rosselli: »Die Ablehnung des starken Staates, der Antitotalitarismus ist heute das Kampfeszeichen der unterdrückten Gesellschaft. Freiheit gegen Diktatur, Recht gegen Privileg und die Immanenz des Menschen gegen jede Transzendenz.« Auch in der ersten Erklärung des europäischen Föderalismus, dem von Ernesto Rossi und Altiero Spinelli 1941 in faschistischer Haft ausgearbeiteten *Manifest von Ventotene*, steht der »totalitäre« Staat Orwellscher Prägung im Zentrum der Analyse.

Trotz dieser langen Vorgeschichte hat der Begriff des Totalitarismus in der italienischen Kultur der Nachkriegszeit kaum eine Rolle gespielt. Zu den bestimmenden Faktoren der Situation Italiens in den Jahren 1944/45 zählte zunächst, daß seit dem Juni 1944 eine starke Koalition antifaschistischer Parteien die Regierung in Rom stellten; sodann, daß an der »Resistenza«, der stärksten Widerstandsbewegung Westeuropas, die Kommunisten in führender Position beteiligt waren; und drittens, daß die liberalen und demokratischen Gruppierungen aus einer Position der relativen Schwäche heraus agierten.

Unter diesen Umständen hatte das Totalitarismus-Theorem kaum große Rezeptionschancen. Alle wichtigen europäischen und amerikanischen Beiträge zur Totalitarismus-Debatte wurden in Italien sehr spät oder überhaupt nicht übersetzt. Noch Ende der sechziger Jahre gruppierte der Zeithistoriker Renzo De Felice in seinem Werk »Die Interpretationen des Faschismus« die Totalitarismus-Theorie in der Restkategorie der »kleineren Interpretationen« ein und konzedierte ihr nur wenige Seiten. Die der kommunistischen Partei nahestehenden Intellektuellen geißelten sie als schlimmste Form des Antikommunismus. Palmiro Togliatti publizierte in der Parteipresse Brandartikel gegen den Begriff des Totalitarismus als anglo-amerikanische semantische Invasion. Einer der prominentesten kommunistischen Historiker, Delio Cantimori, schrieb 1946: »Es ist nicht sehr seriös, die neuen Begriffe ›totalitär‹ und ›Totalitarismus‹ zu benutzen. Dies ist ein Begriff, den man bei Lippmann, Chamberlain und anderen berühmten amerikanischen und englischen Autoren finden kann, die sich mit Politik beschäftigen. Der Zweck bei der Benutzung des Konzepts im Journalismus ist klar; es ist eine sehr clevere propagandistische Methode, den politischen Gegner zu beschuldigen, ein ›Feind der Freiheit‹ zu sein. So findet er sich in der gleichen Gesellschaft wieder wie der Faschist und der Nationalsozialist.«

Der größere Teil der italienischen Kultur nach 1945 ist durch eine Phase der Zugehörigkeit oder der Nähe zum Kommunismus hindurchgegangen. Selbst Renzo de Felice war bis 1956 Mitglied der Kommunistischen Partei Italiens. So erwies sich die Strategie der begrifflichen Immunisierung als sehr erfolgreich. Das Konzept des Totalitären blieb bis in die siebziger Jahre weitgehend tabuisiert. Das ließe sich zum Beispiel an der Rezeptionsgeschichte von Solschenizyn zeigen, dessen *Archipel GULag* nur ein geringes Echo fand, oder auch an Person und Werk von Hannah Arendt, die in Italien erst in den achtziger Jahren wirklich rezipiert wurde. Über diese Blockierung und Tabuisierung schreibt François Furet in seinem Buch *Das Ende der Illusion* (1996): »In einem Land wie Italien, wo die Ideologie des Antifaschismus die größte Verbreitung fand, konnte das Konzept des Totalitarismus niemals heimisch werden. Dieses Theorem wurde ignoriert und quasi mit Verbot belegt – und das in einem Land, wo das Wort ursprünglich entstanden war.«

Die beginnende Totalitarismus-Diskussion betrifft nicht nur die historische Gesamtwahrnehmung der Sowjetunion und des Weltkommunismus. Sie betrifft auch das Bild der Kommunistischen Partei Italiens. Die parteinahen Historiker hatten seit den siebziger Jahren die »liberalen« Züge der KPI-Geschichte betont, ihre nationalbetonten Positionen in der Resistenza-Zeit, ihre Kompromißbereitschaft in der Suche nach einem eigenen »nationalen« Weg, ihren »Realismus« und ihre Unabhängigkeit von Moskauer Direktiven. Alle diese Interpretationen werden jetzt massiv in Frage gestellt durch die erstmals zugänglichen Dokumente in den Moskauer Archiven.

Vor einigen Wochen erschien eine Darstellung von Elena Aga Rossi und Victor Zaslavsky *Il Pci e la politica estera italiana negli archivi di Mosca* (Verlag Il Mulino), aus der hervorgeht, wie stark und kontinuierlich die Moskauer Kontrolle war. Der sowjetische Botschafter in Rom, Michael Kostylew, wirkte nach 1944, wie seine fast täglichen Kontakte mit führenden Funktionären der italienischen Kommunisten und seine wöchentlichen Berichte nach Moskau zeigen, als eine Art Prokonsul Stalins auf italienischem Boden. Bei vielen Fragen, so bei der berühmten »Wende von Salerno« im März 1944, bei der Triest-Politik oder der Mitarbeit an den Regierungen De Gasperis zeigt sich die direkte Abhängigkeit der KPI von den Moskauer Ratschlägen und Weisungen. Diese Erkenntnisse sind historiographisch wie politisch von hohem Interesse. Der *Corriere della Sera* spricht von einer der wichtigsten Neuerscheinungen der letzten Jahre. »Jeder wohldenkende Leser wird berechtigterweise erleichtert aufatmen bei dem Gedanken, welcher Gefahr Italien damals entgangen ist.«

Quelle: Frankfurter Allgemeine Zeitung, 7. Januar 1998

JENS PETERSEN

Abschied von einer Illusion. Das *Schwarzbuch* des Kommunismus und Italiens Kultur

Auf blutrotem Untergrund prangen schwarz Hammer und Sichel. Das *Schwarzbuch des Kommunismus. Verbrechen, Terror, Unterdrükkung* kam in Italien Ende Februar auf den Markt und eroberte schon in den ersten Tagen die Spitze der Bestsellerliste. Der Verlag Mondadori brachte den 800-Seiten-Wälzer zu dem Taschenbuchpreis von umgerechnet 32 Mark heraus. Der Absatz rechtfertigte diesen Lock- und Kampfpreis. Mehr als 100000 Exemplare wurden in den ersten zwei Wochen verkauft. Kaum je in der Nachkriegszeit hat ein »Sachbuch« einen solchen Absatzerfolg erzielt. Kaum je aber auch hat eine Neuerscheinung ein solches Echo ausgelöst.

Der Herausgeber Stéphane Courtois bereiste Italien als Star von Pressekonferenzen und Buchvorstellungen. Die Presse publizierte ein Dutzend Interviews, in denen er betonte, die Oktoberrevolution habe man »als ein rein negatives historisches Phänomen zu betrachten. Und zwar von Anfang an«. Diese Botschaft trifft auf eine Gesellschaft, die mehr als vier Jahrzehnte im Zeichen des Antifaschismus und der Resistenza im Umkreis einer kulturellen Hegemonie der Kommunisten gelebt hatte und für die mehrheitlich der Antikommunismus der Koestler, Silone und Solschenizyn eine Sünde wider den wahren Geist repräsentiert hatte. Wie immer in Italien mischen sich bei wichtigen zeitgeschichtlichen Kontroversen historiographisches und politisches Interesse. Während der Präsident der »Nationalallianz« Gianfranco Fini auf dem Parteitag in Verona Ende Februar die Frage »Kommunismus« für historisch erledigt erklärte, ließ der »Forza Italia«-Chef Silvio Berlusconi unter den Delegierten einige hundert Exemplare des noch druckfrischen, in *seinem* Verlag Mondadori erschienenen *Schwarzbuches* verteilen – als Beweis für die fortdauernde Aktualität der kommunistischen Gefahr.

Weniger ein Beitrag zur Erforschung einer der großen Ideologien dieses Jahrhunderts, ist die Rezeption dieses Buches vielmehr ein Lackmustest auf die geistigen Veränderungen der italienischen Gesellschaft. War der Weltkommunismus ein bei aller Vielfalt in seinem Kern einheitliches und auf Gewalt aufgebautes System? Läßt sich sein wesentlicher Charakter auf »Verbrechen, Terror und Unterdrükkung« zurückführen? Hat man die direkten Opfer der kommunistischen Regime in einer Größenordnung von 90 bis 100 Millionen Toten zu sehen, wie die Autoren des Schwarzbuches behaupten? Dies sind tief verstörende Fragen für alle diejenigen Italiener, die sich früher einmal Kommunisten nannten oder auch heute noch nennen.

Bei den Europa-Wahlen 1984 wählte mehr als ein Drittel KPI. Italien verfügte nach 1945 über die größte kommunistische Partei der westlichen Welt. Die Utopie der egalitären Gesellschaft übte eine große Faszination aus. Der Schriftsteller Ignazio Silone, selbst früher Kommunist, sprach resigniert davon, der Endkampf werde zwischen Kommunisten und Exkommunisten stattfinden. Parteiführer Enrico Berlinguer sprach zwar Anfang der achtziger Jahre davon, die »vorwärtstreibende Kraft« der Oktoberrevolution sei erschöpft, aber die Loslösung der KPI aus den Bindungen des realen Sozialismus verlief quälend langsam. Noch in den achtziger Jahren erhielt die Partei Subventionen aus Moskau. Aus Furcht vor einem Staatsstreich nach chilenischem Muster bewahrte man noch damals die KPI-Archive in der sowjetischen Hauptstadt auf. Diese Vergangenheit bildet für die heutigen, mit der Regierung Prodi an die Macht gekommenen Linksdemokraten ein schwieriges Erbe und eine Flanke großer Verwundbarkeit.

Parteichef Massimo D'Alema versuchte deshalb, die Brisanz des mit Erscheinungstermin März angekündigten *Schwarzbuchs* präventiv zu entschärfen. Am 18. Januar dieses Jahres publizierte er in der *Unità* einen zweigleisigen Beitrag »Ideen für eine Linke im Jahre 2000«, in dem er abschließend auch auf die Frage des Weltkommunismus zu sprechen kam. »Es steht außer Zweifel, daß es sich um eine Tragödie handelt, die unser Leben und unser Selbtverständnis tief berührt. Die kommunistische Bewegung, die mit dem Ziel der Befreiung des Menschen angetreten war, hat sich überall dort, wo sie die Macht eroberte, rasch in eine Gewalt der Unterdrückung verwandelt. Es bildete sich so ein Totalitarismus, der sich enormer Verbrechen schuldig gemacht hat.« Und weiter: »Unter den Fahnen des Kommunismus entstand nicht der neue Mensch, sondern eine hassenswerte und schreckliche Form der Unterdrückung des Menschen durch den Menschen.« In den »dunklen Jahren des Stalinismus« habe die KPI Togliattis eine »Mitverantwortung« zu tragen. Die Loslösung von Moskau sei »voller Widersprüche gewesen und geprägt durch Schweigezonen und Unentschlossenheiten«. Nichtkommunstische Linke, Sozialisten, Demokraten und Linkskatholiken hätten die wahre Natur des Kommunismus früher und präziser erkannt. In diesen Worten findet »der lange Abschied von der KPI« (so der Titel eines vor kurzem erschienenen Buches von Nello Ajello) quasi einen Abschluß.

Welche Aufnahme hat das *Schwarzbuch* in der italienischen Kultur gefunden? Das Echo reicht von begeisterter und kritikloser Zustimmung auf der postfaschistischen Rechten (»Wir haben es ja immer gewußt und gesagt«) bis zu radikaler Ablehnung bei den orthodoxen Kommunisten von »Rifondazione Comunista«. Die konservative römische Tageszeitung *Il Tempo* forderte, das *Schwarzbuch* müsse als Pflichtlektüre in den Oberschulen eingeführt werden. Luciano Canfora dagegen spricht in der Tageszeitung *Liberazione* von einem finsteren Pamphlet mit makabren Zahlenspielereien. Hier werde mit »frei erfundenen oder bewußt gefälschten Daten« gearbeitet, um die Erinnerung an die Sowjetunion und den Weltkommunismus in den Schmutz zu ziehen.

Differenziertere Analysen brachte die Tageszeitung *Il Manifesto*. Sie widmete diesem Thema ein halbes Dutzend Beiträge, unter anderen von P. Ingrao, D. Bidussa, L. Pintor. Rossana Rossanda nannte in ihrem Aufsatz *Ein Jahrhundert auf dem Scheiterhaufen* das Schwarzbuch »zusammengeschustert und parteilich«. Trotzdem verdiene es eine aufmerksame Lektüre. Die Feststellung sei unumgänglich: »Wo immer die Kommunisten an die Macht gekommen sind, ist das staatliche Monopol der Gewaltanwendung intensiver und dauerhafter ausgeübt worden als in irgendeiner Demokratie.« Die Kommunisten haben weder vor noch nach 1989 eine Bilanz des realen Sozialismus gezogen. Noch weniger haben sie analysiert, warum die Repression ein bestimmendes Strukturmerkmal geworden war. Diese schmerzende Untersuchung hat man den Gegnern überlassen. »Die Frucht war überreif und beschmutzt uns jetzt mit ihren Spritzern.«

Der bedeutendste Beitrag der ganzen Diskussion erschien Anfang April. »Nein, es hat niemals einen gerechten Kommunismus gegeben ... Wo immer er regierte, herrschte der Terror«, unter diesem (wenige Jahre zuvor noch völlig undenkbaren) Titel publizierte die Tageszeitung der Linksdemokraten *L'Unità* am 3. April ein zweiseitiges Interview mit Norberto Bobbio, dem hochangesehenen Nestor der politischen Philosophie in Italien. Bobbio akzeptierte jetzt die Hauptthese des *Schwarzbuchs*, »die unlösbare Beziehung zwischen Kommunismus und Gewalt, zwischen Marxismus und Despotismus«. »Der Kommunismus hat ein Terrorregiment installiert, wo immer er an die Macht kam.« »Die Mechanismen der terroristischen Gewaltausübung, die Quantität und die Qualität der Opfer können sich ändern, aber identisch ist überall die Rücksichtslosigkeit, die Willkür und das enorme Ausmaß der Gewalt bei der Machtbehauptung.«

Läßt sich zwischen der Gewalt des Nationalsozialismus und der des Kommunismus unterscheiden? Bobbio hat bis vor kurzem, wenn auch mit nachlassender Überzeugung, diese Unterscheidung aufrechterhalten. Jetzt übt er Selbstkritik. Es gibt bei dem Vergleich keine Hierarchien des Schreckens. Die kommunistische Herrschaft »war ebenso totalitär wie die nazistische«. Noch in seiner Ende 1997 erschienenen *Autobiographie* hatte er von den existenzprägenden Erfahrungen des Widerstands 1943 bis 1945 gesprochen. Sein Leben sei eingebettet in die Kultur des Antifaschismus und der Resistenza. Entscheidend war das Verhältnis zum Kommunismus.

Eine kürzliche Aufsatzsammlung Bobbios trägt den Titel *Weder mit noch gegen Marx*. Abgewandelt könnte man sagen »weder mit noch gegen die Kommunisten«. Ihm – wie vielen anderen zeitgenössischen Intellektuellen – erschien das Bündnis der beiden Diktatoren Mussolini und Hitler als die Weltgefahr Nummer eins. Die Sowjetunion Stalins besaß das enorme Verdienst, einen entscheidenden Beitrag zum Sieg über Hitler-Deutschland geliefert zu haben. »Unsere Generation war besessen von der Gefahr von rechts«, schrieb Bobbio 1997. Totalitarismustheoretisch Faschismus und Kommunismus auf eine Stufe zu stellen wäre ihm noch vor kurzem als Sakrileg erschienen. Das hat sich jetzt geändert. Das Interview Bobbios hat ein breites Echo in der italienischen Presse gefunden. Daß der vielleicht bedeutendste geistige Mentor der nichtkommunistischen Linken die Hauptaussagen der Totalitarismuskonzeption übernimmt, signalisiert den nach 1989 eingetretenen Wandel des geistigen Klimas in Italien.

Quelle: Frankfurter Allgemeine Zeitung, 29. April 1998

RUDOLF WALTHER

Das Schwarzbuch des Kommunismus

Genaugenommen handelt es sich nicht um ein Buch, sondern um mehrere Bücher von unterschiedlicher Qualität. Sechs Autoren sind für die Hauptbeiträge verantwortlich, in denen die Geschichte der kommunistischen Herrschaft in der Sowjetunion, in China, Kambodscha, Vietnam sowie in den europäischen »Volksdemokratien« untersucht wird. Hinzu kommen fünf weitere Mitarbeiter, die die kommunistischen Regimes in der Dritten Welt beschreiben. Für die deutsche Ausgabe haben Ehrhart Neubert und Joachim Gauck das SED-Regime analysiert. Eingerahmt wird das über 966 Seiten starke Buch von einem Vor- und einem Nachwort des Herausgebers.

Es war indes nicht das kaum gelesene Buch, das für Debatten sorgte, sondern sein französischer Untertitel *Verbrechen, Terror, Unterdrückung* und dessen Zuspitzung zur Gleichung »Kommunismus = 100 Millionen Tote« durch den Herausgeber Stéphane Courtois. Nach dieser plakativen Vorabetikettierung distanzierten sich die wissenschaftlich seriösen Mitarbeiter öffentlich vom Herausgeber.

Der wichtigste und fast ein Drittel des Buches beanspruchende Beitrag stammt von Nicolas Werth und behandelt die Geschichte der Repression und des Terrors in der Sowjetunion. Lenin baute den Terror früh als Mittel der Herrschaft in seine Doktrin ein, und Werth zeigt, wie nach der Gründung der Geheimpolizei Tscheka (20. 12. 1917) der Terror zur »Regierungsmaxime« wurde. Ihr fielen nacheinander Streikende, Sozialrevolutionäre, Sozialdemokraten, Liberale, Anarchisten und die alten Eliten zum Opfer. Das ist nicht neu, nur besser belegt als bislang. Stalin installierte den Terror als »revolutionäre Gesetzlichkeit«, ließ ihn generalstabsmäßig planen und durchführen. Wo es an Planung fehlte, wie zeitweise bei der Deportation der Kulaken, wuchsen die Zahlen der Opfer im allgemeinen Chaos.

Werth rekonstruiert aus neu erschlossenen Archivbeständen die Terror- und Deportationswellen, mit denen Lenin das Land von Fall zu Fall, Stalin dann systematisch überzogen. Sein Ergebnis: Der »Kommunismus an der Macht« regierte immer »antidemokratisch und repressiv«, aber »weder überall noch permanent mörderisch«. Er kommt für die Zeit von 1917 bis zu Stalins Tod (1953) auf eine Gesamtzahl von 15 Millionen Opfern. Im Jahresdurchschnitt faßten die Lager 2 bis 2,7 Millionen Häftlinge (etwa viermal weniger als bislang angenommen), aber die Haftbedingungen, die Haftdauer und die Überlebenschancen waren für die verschiedenen Kategorien von Häftlingen sehr unterschiedlich. Das gilt auch für die Präzision der Daten. In der Ukraine starben Werth zufolge 1932/33 etwa sechs Millionen Menschen an Hunger. Für die ganze Zeit der »großen Säuberung« (1937/38) kann er dagegen genau 681 692 Erschießungen nachweisen – ein Fünftel so viele, wie von der Forschung bisher vermutet wurde.

Der Historiker will damit nichts verharmlosen. An der Grausamkeit der Diktatur läßt er keinen Zweifel, aber Werth besteht auf der Differenz zu deutschen Vernichtungslagern und unterscheidet präziser als alle bisherigen Studien zwischen Opfern des Bürgerkriegs, der Hungersnot (als Folge von Zwangsrequisition und Zwangskollektivierung der Landwirtschaft), der Arbeitslager, der Spezialgefangenenlager, der Umsiedlungen und des Kampfes gegen die »Konterrevolution«. Der Archipel Gulag war kein System fabrikmäßig organisierter Vernichtung. Seine wirtschaftliche Funktion bei der Modernisierung des Landes ist noch unklar (aber nach der Aktenlage wahrscheinlich). Trotz vieler neuer Erkenntnisse räumt Werth ein, daß noch manches im dunkeln liegt, nicht nur die Zahl der Opfer, sondern auch die Basis der Repression sowie deren staatliche Träger- und Täterschaft.

Jean-Louis Margolin untersuchte die chinesischen Verhältnisse und stieß dabei – was Quellen und Archivalien betrifft – auf sehr viel größere Schwierigkeiten als Werth. Seit den dreißiger Jahren und verstärkt nach dem Langen Marsch richtete sich der »rote Terror« in China gegen »Abweichler« und »Verräter« in den eigenen Reihen wie gegen »Klassenfeinde«: reiche Bauern, Händler, hohe Beamte. Nach dem Sieg von Maos Armee über Tschiang Kai-schek und nach der Staatsgründung von 1949 errichtete die chinesische Führung die berüchtigten »Umerziehungslager« für jene, die den »Erziehungskampagnen« trotzten. Aus Mangel an verläßlichen Zahlen ist Margolin weitgehend auf Hochrechnungen und Schätzungen angewiesen.

Unter der Annahme, daß jeder zwanzigste Häftling während und wegen der Haft starb oder umgebracht wurde, gelangt der Autor zur Zahl von 10 bis 20 Millionen Toten. Für die Zeit von 1949 bis zu Maos Tod (1976) rechnet Margolin mit der horrenden Zahl von 44 bis 72 Millionen Opfern, von denen mehr als die Hälfte in der Zeit der Hungersnot starben, also mittelbar an den Folgen der Politik des »Großen Sprungs nach vorn« (1959–62).

Andrzei Paczkowskis Darstellung der kommunistischen Herrschaft in Polen ist beispielhaft für den Anspruch vieler Beiträge des Buches, nicht eine verallgemeinernde Synthese zu bieten, sondern eine nüchterne Bestandsaufnahme dessen, was man jetzt gesichert weiß. Dies gelingt im Fall Polens, weil sich der Autor bewußt ist, daß »man riskiert, das kommunistische System auf verzerrte Weise wahrzunehmen, wenn man die Vergangenheit einzig unter dem Gesichtspunkt der Repression betrachtet«.

Verglichen mit dem stalinistischen Terror nehmen sich die Wellen staatlicher Repression im Nachkriegspolen moderat aus, obwohl allein im Bürgerkrieg von 1947 1486 Partisanen und 136 Soldaten starben. Die daran anschließende Systematisierung der Unterdrückung steigerte deren Effizienz und abschreckende Wirkung und verkleinerte damit die Zahl der Opfer.

Vor allem die »Außerordentliche Kommission für den Kampf gegen Mißbrauch und Sabotage« sorgte für Furcht und Schrecken: Bis 1954 wurden 84200 Menschen verurteilt und in Arbeitslager eingewiesen. Nach dem 20. Parteitag der KPdSU und dem Beginn der Phase der sogenannten Entstalinisierung kam es nur noch in der Folge der periodischen Streiks (1968, 1970, 1976, 1980) zu großen Verhaftungs- und Verurteilungswellen. Das repressiv-polizeistaatlich, aber nicht mehr terroristisch agierende Regime manövrierte sich selbst so in die Enge, daß General Jaruzelski im Dezember 1981 – angesichts der wachsenden Opposition – nur noch der Griff nach dem Kriegsrecht blieb (Bilanz: 14 Tote, 4000 Verhaftete, 5000 in »Isolationszentren« Internierte).

Von gleicher informativer Prägnanz ist die Darstellung der Verhältnisse in den mittel- und südosteuropäischen Staaten durch den gebürtigen Tschechen Karel Bartosek. Viel prekärer erscheint dagegen die Informationslage in den Kapiteln über Nordvietnam, Kambodscha, Laos, Afghanistan, Äthiopien, Angola, Moçambique und Kuba. Pascal Fontaines »Analyse« der kubanischen Repressionspolitik kommt ganz ohne Belege aus und bleibt wissenschaftlich wertlos.

Das gilt ebenfalls für das ideologisch vernagelte Vor- und Nachwort des Herausgebers sowie den Beitrag von Ehrhart Neubert über die DDR. Er versucht allen Ernstes, den unleugbaren Kurswechsel von Terror, moderater Unterdrückung und Tauwettern zu einer »kommunistischen Herrschaft ... aus einem Guß« (»von 1917 bis 1991«!) auszuwalzen.

Quelle: Tages-Anzeiger (Zürich), 29. Mai 1998

STEFAN KARNER

Die zum Opfer fielen

»Suchen Sie bei den Ermittlungen nicht nach Dokumenten oder Beweisen für das, was der Angeklagte getan hat. Die erste Frage lautet, welcher Klasse er angehört, was seine Herkunft, sein Bildungsstand, seine Schulbildung, sein Beruf ist«, befahl Lazis, einer der ersten Chefs der Geheimpolizei Tscheka. Und über Iwan Grigorjewitsch sagte man: »Er blieb nur immer der, der er von Geburt an war – ein Mensch.« Genau deshalb war er aber ein Opfer des kommunistischen Terrors geworden.

An die 100 Millionen Tote listet das *Schwarzbuch des Kommunismus* auf: 65 Millionen in China, 20 Millionen in der Sowjetunion, je zwei Millionen in Nordkorea, Kambodscha (rund ein Viertel der Bevölkerung in dreieinhalb Jahren), 1,7 Millionen in Afrika, 1,5 Millionen in Afghanistan, je eine Million in Vietnam und in den osteuropäischen Staaten. Wenn die Zahlen im einzelnen auch ungenau sein mögen, geben sie doch eine Größenordnung für die kommunistischen Verbrechen auf vier Erdteilen in dem »kurzen« 20. Jahrhundert (Eric Hobsbawm) an.

Das Buch definiert die dargestellten Verbrechen nicht nach der inneren Gesetzgebung der kommunistischen Diktaturen, sondern nach den nicht schriftlich niedergelegten natürlichen Rechten des Menschen. Der Terror war – so wird mit zahlreichen Beispielen belegt – von Beginn an Wesensmerkmal der kommunistischen Systeme an der Macht. Die französischen Autoren sprechen von Verbrechen des Kommunismus wider den Geist, gegen die universalen und die nationalen Kulturen, gegen Personen und Völker.

Der internationale Militärgerichtshof in Nürnberg, der über die NS-Verbrecher zu Gericht saß, hat nach dem Zweiten Weltkrieg erstmals die von einem Staat begangenen Verbrechen unter juristischen Gesichtspunkten behandelt und drei Hauptverbrechen aufgelistet: Verbrechen gegen den Frieden, Kriegsverbrechen und Verbrechen gegen die Menschlichkeit.

Hier werden der Kürze wegen nur einige sowjetische aufgelistet.

»Verbrechen gegen den Frieden«, als nach dem Pakt mit Hitler die Teilung Polens, die Annexionen baltischer Staaten, der Nordbukowina und Bessarabiens folgten oder der Angriff auf Finnland 1939. Der Einmarsch in Ungarn oder der Tschechoslowakei, die Militärintervention in Afghanistan.

»Kriegsverbrechen« etwa durch die Liquidierung eines Teils der polnischen Offiziere und der bürgerlichen Intelligenz des Landes in Katyn 1940. Der Tod von über einer halben Million gefangener Soldaten der Deutschen Wehrmacht und mit ihr verbündeter Armeen im Archipel Gupwi, der vielfach auf Hunger und menschenverachtende Zustände in den Lagern zurückzuführen war.

»Verbrechen gegen die Menschlichkeit« durch die Indienststellung der Macht des Staates für eine verbrecherische Politik und Praxis: Deportationen, systematische Hinrichtungen ohne Gerichtsverfahren, Menschenraub oder Massenfolterungen aus politischen, ideologischen, rassischen oder religiösen Gründen. Millionen Unschuldige wurden von kommunistischen Systemen umgebracht, denen nichts vorzuwerfen war, außer daß sie Adelige, Bürger, Kulaken, Ukrainer, Juden, Intelligenzler oder KP-Mitglieder waren.

Seit 1920 wurden etwa die Kosaken verfolgt und in einem streng umrissenen Gebiet ausgelöscht. Männer wurden erschossen, Frauen, Kinder und Alte deportiert, die Dörfer dem Erdboden gleichgemacht oder Umsiedlern übergeben. Millionen Kulaken wurden zwar nicht an Ort und Stelle erschlagen, doch die Zwangsarbeit (*katorga*) in den unwirtlichsten Gebieten des Riesenreiches ließ ihnen kaum eine Überlebenschance: ein Tod auf Raten. Die inszenierte »Hungersnot« in der Ukraine raffte 1932/33 binnen weniger Monate sechs Millionen Menschen dahin.

Die Frage des Vergleichs von Kommunismus und Nationalsozialismus – der Möglichkeiten und Risiken eines solchen Vergleichs – bleibt, oft unausgesprochen, auf den gesamten mehr als 900 Seiten des Buches präsent: die vielfältigen Integrationsmuster in beiden Systemen, der Enthusiasmus der Massen, der Glaube an eine historische Mission, die Ideologie des »neuen Menschen«, die »Verführungskraft des Totalitären« (Henke) oder der imperiale Bann (»Lichterdome«, Stalin-»Kathedralen«), die Lagergesellschaften, die Massenrepressionen aus politischen, rassischen, religiösen und ideologischen Gründen. Ende der zwanziger Jahre etwa führte die politische Verwaltung (GPU) in der UdSSR das Quotensystem ein: Aus jedem Gebiet und jedem Rayon mußte ein bestimmter Prozentsatz von Personen, die vermeintlichen »feindlichen« Gesellschaftsschichten angehörten, verhaftet, deportiert oder erschossen werden. Die Prozentsätze wurden am »grünen« Tisch in Moskau festgelegt.

Die Autoren artikulieren selbst die Frage, die auch ein erkenntnistheoretisches Problem ist: Darf ein Historiker in seiner Darstellung und Interpretation von Fakten die Termini »Verbrechen gegen die Menschlichkeit« und »Genozid« gebrauchen, die aus dem juristischen Bereich stammen, die zeitgebunden im Zusammenhang mit den Nazis und außerdem überfrachtet mit Wertungen sind, die eine Objektivität der historischen Analyse beeinträchtigen könnten. Die Autoren des Buches bejahen dies für die kommunistischen Systeme.

Und zwar, weil sich die Praxis der Massenvernichtung und Massenrepression durch Staaten oder Staatsparteien nicht auf die Nazis beschränkte. Weil führende Historiker zu Recht NS-Verbrechen als »Verbrechen gegen die Menschlichkeit« qualifizieren und daher bestimmte, unter kommunistischen Regimen begangene, ähnliche oder gleichartige Verbrechen mit demselben Terminus zu charakterisieren sind. Drittens, weil die kommunistischen Regime weltweit an die 100 Millionen Opfer gekostet haben. Viertens, weil eine Anlehnung an Zwangarbeitsmaßnahmen der Kommunisten in der UdSSR durch NS-Konzentrationslager vorlag. Im Bericht an den Auschwitz-Kommandanten Höß über die Gulag-Lager wurde »besonders hervorgehoben, daß die Russen durch die großen Zwangarbeitsmaßnahmen ganze Völkerschaften vernichteten«.

Mitten im Krieg, 1943/44, ließ Stalin Tausende von Zügen von der Front abziehen, um kaukasische Völker der Sowjetunion binnen weniger Tage zu deportieren. Schließlich, um die Kulaken zu töten, mußte man erklären: Kulaken sind keine Menschen.

Die Frage der Mitschuld und Mitschuldigen wird ebenso zu stellen sein, gegenüber dem Ausland, den »unabhängigen Kommentatoren« (Journalisten, Schriftstellern, Intellektuellen), den Kommunisten (den »Wissenden«). Dabei werden die Wirkungsweisen des Totalitarismus sichtbar. Vielleicht ist es heute möglich, jene zeitgenössischen Positionen, die Stalins Gewaltpolitik akzeptierten, kritisch zu ergründen, zu verurteilen; viel schwieriger, ja unmöglich ist es jedoch, den Anhängern dieser Positionen vorzuwerfen, diese Verbrechen nicht verhindert zu haben oder nicht in den Widerstand gegangen zu sein. Widerstand hätte im totalitären System keine Chance auf eine nennenswerte Unterstützung der Masse gehabt. Tzwetan Todorow: »Der Totalitarismus (ist) eine Maschinerie von fürchterlicher Effizienz. Die kommunistische Ideologie zeigt uns ein Bild einer besseren Gesellschaft und fordert uns auf, diese anzustreben. Außerdem beraubt die kommunistische Gesellschaft den einzelnen seiner Verantwortung: Es sind immer ›sie‹, die entscheiden. Verantwortung ist oft eine schwere Bürde. Die Anziehungskraft des totalitären Systems, die unbewußt sehr viele Menschen erfahren, ergibt sich aus einer gewissen Angst vor der Freiheit und der Verantwortung.« Das erklärt auch die Popularität autoritärer Regime (Erich Fromm).

Warum wußte und weiß man – trotz der Arbeiten von Solschenizyn, der Maschke-Kommission oder des Instituts für Kriegsfolgenforschung – so wenig über die Verbrechen des Kommunismus? Warum beschäftigt sich die Wissenschaft erst am Ende des 20. Jahrhunderts mit diesem Thema?

Mehrere Erklärungen können dafür angegeben werden. Sie sind zugleich auch ein Vergleich der Rezeption der beiden totalitären Systeme.

Erstens. Die Verschleierung durch die Täter selbst, auch durch Nikita Chruschtschow, der bei seiner Abrechnung mit Stalin 1956 (»Geheimrede«) nur so weit ging, daß seine eigenen Verbrechen als KP-Führer in der Ukraine davon nicht betroffen waren. Oder Stalins Schattenmann, Lazar Kaganowitsch, der erst vor kurzem in Moskau verstorben ist: »Wenn Verbrechen begangen wurden, dann wollte Kaganowitsch sichergehen, daß seine eigenen Spuren verwischt waren.« Ganz zu schweigen von Berija, der nach Stalins Tod mit politischen Amnestien die Flucht nach vorne antreten wollte.

Zweitens. Die Unzugänglichkeit der politischen und polizeilichen Archive in den kommunistischen Staaten, die sich erst seit der Wende zu öffnen beginnen. Von den ehemaligen relevanten Archiven der UdSSR, so schätzt man, kann derzeit erst ein Bruchteil der wichtigen Dokumente eingesehen werden.

Drittens. Die Kontrolle der veröffentlichten Meinung durch die kommunistischen Parteien, ihre Propagandaabteilungen und politischen Büros. Kein Foto kam vor Gorbatschow aus den Archiven der Sowjetunion ohne Sanktionierung durch die Propagandaabteilung des ZK der KPdSU.

Viertens. Der gleichzeitige Kampf der kommunistischen Systeme gegen Menschen, die objektiv zu informieren suchten. In einem systematischen Vorgehen boten die Machthaber das ganze Arsenal der Möglichkeiten moderner Staaten auf, bis zur weltweiten Intervention und zur politischen Psychiatrie im Inneren des Landes, wie dies jüngst erst A. Prokopenko dargestellt hat.

Fünftens. Durch die nachdrückliche Einschüchterung und Verschleierung zögerten die noch lebenden Opfer, an die Öffentlichkeit zu treten. Gleichzeitig waren viele Opfer zeitweilig selbst zu Tätern geworden.

Sechstens. Das System der Lager, das zu einem Werk der Umerziehung wurde. Die Lagerhäftlinge sollten an ein System glauben lernen, das sie versklavte und aller Rechte beraubte. »Besserungsarbeitslager« nannte man die Gulag-Lager, »Arbeitserziehungslager« jene Kategorie der NS-Konzentrationslager. Eine Studie des Boltzmann-Instituts für Kriegsfolgenforschung hat für das österreichische Innenministerium 1996 den Nachweis der ungeheuren Ähnlichkeit beider Lagertypen erbracht.

Siebtens. Der besiegte Nationalsozialismus wurde von den Alliierten zum absoluten Bösen erklärt. So geriet der Kommunismus, auch durch die psychologische Stärke Stalins in den Konferenzen der »Großen Drei«, fast automatisch in das Lager der Guten. In Nürnberg traten die Sowjets als Ankläger und Richter auf. Geschehnisse wie Katyn oder der Hitler-Stalin-Pakt mußten heruntergespielt, der Sieg über den Nationalsozialismus als Beweis für die – auch moralische – Überlegenheit des Kommunismus benützt werden.

Achtens. Die Kommunisten erkannten bald den Vorteil, den sie aus der Anerkennung der Besonderheit für die regelmäßige Mobilisierung des Antifaschismus ziehen konnten.

Neuntens. Sollte es vorstellbar sein, daß jene, die mit ihrem Sieg zur Zerstörung des genozidalen NS-Systems beigetragen haben, selbst solche Methoden anwandten? Nikita Petrow, ein Kenner des sowjetischen Repressionsapparats, sprach den sowjetischen Richtern das moralische Recht ab, über andere zu Gericht zu sitzen, weil sie selbst ein Unrechtsregime verkörperten.

Die Kommunisten wußten, daß sie fortgesetzt Unrecht taten und zuließen. Chruschtschow konfrontierte seine Parteispitze selbst mit der rhetorischen Frage: »Was tun wir mit all denen, die verhaftet wurden? Wir wissen heute, daß sie unschuldig waren. Wir haben unwiderlegbare Beweise, daß sie, weit davon entfernt, Feinde des Volkes zu sein, ehrliche Männer und Frauen des Volkes waren, der Partei ergeben, der Revolution ergeben. Früher oder später werden die Leute aus den Gefängnissen kommen. Sie werden allen erzählen, was passiert ist.« Es gab keinen Widerspruch zum Inhalt, aber auch keine Umkehr. Unter Breschnjew hat die KP zur Herrschaftssicherung weiterhin Massenrepressionen durchgeführt. Die entsetzlichsten Verbrechen von Pol Pot, in Afghanistan, in Peking oder in Afrika standen noch bevor.

Das vorliegende Buch ist – obwohl es in einigen Bereichen dem internationalen Forschungsstand nachhinkt – zum Denkmal geworden: für die Opfer selbst, für die Kommunismus-Forschung, für die vergleichenden Forschungen zum Totalitarismus und für das 20. Jahrhundert.

Quelle: Die Presse (Wien), 30. Mai 1998

JUTTA SCHERRER

»Laßt die Toten ihre Toten begraben.« Warum Rußland von den sowjetischen Massenverbrechen nichts wissen will

Als ich neulich im Moskauer Institut für Allgemeine Geschichte der russischen Akademie der Wissenschaften das *Schwarzbuch des Kommunismus* erwähnte, entgegnete mir der Direktor, dies bereite hier keine Freude. Ob es denn eine Debatte darüber gebe? Oder sollten wir, fragte ich, zusammen mit den Franzosen und Russen eine Veranstaltung zu diesem Thema organisieren, da es die Geschichte unserer Länder so belastet? Besser nicht, hieß die verlegene Antwort. Dafür sei die Zeit noch nicht gekommen.

Im vergangenen Sommer hatte ich zwei politische Seminare für junge Abgeordnete der Staatsduma und der regionalen Parlamente in der Umgebung von Moskau und in Rostow am Don zum Anlaß genommen, um die politische Elite nach ihrer Einstellung zu den Lasten der sowjetischen Vergangenheit zu befragen. Als Gast aus dem Westen wurde ich mit größter Zuvorkommenheit behandelt, doch zu hören bekam ich immer dasselbe: Wir haben genug von diesem Problem, wir sind seiner müde. Während der Perestrojka sei die Öffentlichkeit über sämtliche Verbrechen informiert worden. Das Thema sei erledigt, der Gegenstand erschöpft. »Laßt die Toten ihre Toten begraben.« Das Bibelzitat ist in jedermanns Munde, gilt es hier doch als alte russische Redensart. Heute gehe es darum, die Zukunft aufzubauen. »Die Vergangenheit liegt hinter uns.«

So argumentiert nicht nur die politische Elite, auch Freunde im vertrauten Gespräch, nachts in der Küche weisen das Thema von sich. Es sei noch zu schwierig, hierüber zu sprechen, oder: Man habe gegenwärtig andere Sorgen. Als ich diese Einstellung der russischen Intelligenz in Bremen in einer Debatte über das *Schwarzbuch des Kommunismus* erwähnte, fragte mich der ehemalige Bürgerrechtler Ehrhart Neubert besorgt: »Frau Scherrer – welches sind Ihre

Freunde in Rußland?« – »Menschen wie du und ich«, konnte ich nur sagen: Kollegen, Historiker und Sozialwissenschaftler, Philosophen und Künstler, Pensionäre und Studenten, auch ein Priester ist darunter. Sie würden sich als Liberale oder Demokraten bezeichnen, wenn diese Begriffe im heutigen Rußland noch etwas bedeuteten.

Einer von ihnen, ein jüngerer Historiker, der mit gleichaltrigen Kollegen in Moskau verschiedene Quellenbände zum Stalinismus ediert hat, erklärt mir dies, daß der Schock über die kommunistischen Verbrechen während der Perestrojka durch die ganze Gesellschaft gegangen sei. Doch der romantische Aufbruch in ein besseres Morgen, in eine demokratische Zukunft, den die Perestrojka verheißen hatte, habe Revanche-Gelüste gegenüber der Nomenklatura erst gar nicht aufkommen lassen. Sie sei schließlich selbst von den Enthüllungen getroffen worden. Erst als das erwartete Wunder der Reformen ausblieb, als sich die Umgestaltung der Sowjetunion als viel komplizierter und langwieriger als ursprünglich angenommen erwies, als 1993 die Demokraten das Weiße Haus stürmten und ein Jahr später den Krieg gegen Tschetschenien begannen, da sei vielen klargeworden, daß es keine wirkliche Alternative zur Vergangenheit geben würde. Deswegen, so meint der Historiker Gennadij Bordjugow, sei die Gesellschaft heute in ihrer Einstellung zur Vergangenheit geteilt. Eine Auseinandersetzung mit der Vergangenheit finde nicht statt, solange man selber in der Misere lebe. Die meisten Russen, die ich auf die russische Vergangenheit ansprach, verstehen sich als Opfer. In ihren Augen haben sie selbst, die russische Nation, das größte Opfer gebracht, verglichen mit den anderen Nationalitäten und Volksgruppen des Sowjetreichs. Auch für Angehörige der ehemaligen Sowjetrepubliken wie die Ukrainer oder Balten ist die Schuldfrage ebenso eindeutig: Die Verantwortlichen für das System waren die Russen, sie selbst die Opfer. Schuld hatten immer die anderen. Die Frage nach dem anderen in mir selbst wird nicht gestellt.

Kollektive Haftung für den mentalen und kulturellen Kontext, in dem die Massenverbrechen möglich wurden, gibt es in Rußland nicht. Man empfindet sich nicht als Erben des Geschehenen. »In die Geschichte zurückkehren« lautet deshalb seit 1992 Alexander Jakowlews Devise. Gorbatschows langjähriger Berater für ideologische Fragen – Jakowlew war Mitglied des Politbüros – meint, daß der sowjetische Kommunismus keine Geschichte gehabt habe und keine Geschichte gewesen sei. Jakowlew selbst würde daher wohl am liebsten zu den Idealen der sozialistischen Internationale zurückkehren und dort neu ansetzen, wo diese, durch Krieg und Revolution, von einem kompromißlosen Herrschaftssystem überrollt wurden – einer Gewaltherrschaft, die die Bezeichnung Geschichte nicht verdiene.

»Wir sind aus der Geschichte herausgefallen« – lamentieren auch prominente Angehörige der Intelligenzija, womit sie sich von jeder Verantwortung reinwaschen. Die sowjetische Periode wird gleichsam aufgehoben – denn abschaffen, rückgängig machen kann sie keiner. Auch wenn der von Jakowlew geleitete Demokratische Fonds einige Dokumentenbände zur sowjetischen Geschichte herausbringt (Kronstadt, Katyn, GPU-NKWD), findet die Auseinandersetzung nicht statt. So hielten es die Gründer der neuen, vom Staat unabhängigen Europäischen Universität in St. Petersburg nicht für nötig, in den Lehrplan für das Studium der russischen Geschichte auch die Periode nach dem Oktober 1917 miteinzubeziehen. Es bedurfte westlicher Stimmen im Verwaltungsrat, die dem sonst so vorbildlichen Unternehmen die sowjetische Geschichte als Lehrfach geradezu aufdrängten.

Kollektive Schuld, kollektive Schande gibt es in Rußland nicht. Eine Öffnung der sowjetischen Geheimdienstakten, sagt der Moskauer Historiker Jakow Drabkin, hätte nur zu neuen »Säuberungen« geführt. Andere Gesprächspartner erinnern an den Bürgerkrieg, falls jemand damit beginnen sollte, in den Akten nach Schuldigen zu suchen. Man müsse die Denunzianten nicht kennen, höre ich von jungen Parlamentariern. Freilich hatten sie fast alle, die heute wichtige Positionen im nationalen Parlament in Moskau oder in den regionalen Dumas einnehmen, ihre Karrieren im Komsomol, in der Gewerkschaft oder in der Partei begonnen. Der fast nahtlose Übergang in ihre neue Verantwortung als Demokraten stellt für sie kein Problem dar, weder ein politisches noch ein moralisches. Schon gar kein existentielles.

Wer in der Perestrojka in der Öffentlichkeit das stalinistische System mit demjenigen Hitlers verglich, der brauchte dafür ungeheuer viel Mut. Bezeichnenderweise waren es Literaten, Publizisten und Ökonomen, die als erster hierüber sprachen und schrieben. Die vom Staat angestellten Fachhistoriker hielten sich lange zurück. Als dann vor kaum zehn Jahren die Archive, wenigstens teilweise, geöffnet wurden, konnte die wissenschaftliche Auseinandersetzung mit dem Stalinismus und dem Terrorsystem beginnen. Das vor allem von westlichen Historikern und russischen Dissidenten wie Roy Medwedew oder Alexander Solschenizyn zusammengetragene Wissen konnte endlich mit den Quellen verglichen werden. Der Prozeß der Wahrheitsfindung fordert vor allem russische Historiker heraus. In kurzer Zeit haben sie Quellen zutage gefördert, die neue und entscheidende Erkenntnisse über das System der Straflager und die Deportationen (V. N. Zemskow, N. Burgaj), über den Krieg gegen die Bauern durch Zwangskollektivierung und gesteuerte Hungersnot (V. Danilow), über die Zwangsarbeit und den inneren, für die Repressionen verantwortlichen Führungskreis (O. Chlewnjuk) beibringen. Hierzu gehören auch neue, präzisere Zahlenangaben über die Verhafteten, Deportierten und Umgebrachten. Nicolas Werths zentraler Beitrag im französischen *Schwarzbuch des Kommunismus* über die Politik der Verbrechen in der Sowjetunion hätte ohne diese Quellen nicht geschrieben werden können.

Was geht in einem Forscher vor angesichts der Ungeheuerlichkeit der Opferzahlen? Vorerst, so scheint mir, gehen die jungen Forscher mit dem Elan von Profis an ihre Arbeit: Sie wollen neue Dokumente »entdecken«. Diese werden historisch ediert, quellenkritisch kommentiert und im spezifischen Kontext interpretiert. Das alles muß schnell geschehen, denn niemand kann sagen, ob die Archive auf Dauer zur Verfügung stehen. Der Umgang mit den neuen Quellen ist daher vorwiegend technischer Art, weder »metaphysisch« noch metahistorisch. Das bleibt anderen überlassen, vielleicht erst der nächsten Generation.

Wenig weiß man über die Formen von Gewalt und Terror. Wer waren die Täter? Wann wird von einer Gesellschaft die Rede sein dürfen, die nicht nur Opfer war? Vorerst fühlt sich der Großteil der Gesellschaft als Opfer; damit lebt es sich allemal besser, zumal alle von der »Zeit der Wirren« (*Smuta*) ermüdet sind. Auch die historische Analogie zum Zerfall des Moskauer Rußlands am Beginn des 17. Jahrhunderts bemüht man gern. Und überall ist der Ruf nach Stabilität und Ordnung vernehmbar; Stalin erscheint in der Erinnerung weniger als Verbrecher denn als jemand, der das Land zusammengehalten und für Ordnung gesorgt hat. Man beruft sich auf die Liebe zu »einem Rußland in Ordnung«, und so entsteht eine Erinnerungskultur, die der zaristischen Autokraten gedenkt, weil sie doch einmal den starken Staat verkörpert haben. Gewiß, Jelzin hat jetzt öffentliche Reue bekundet und für den 17. Juli einen Staatsakt angeordnet. Doch dieser gilt nicht den anonymen Opfern der kommunistischen Gewaltherrschaft, sondern dem Massaker an dem letzten Zaren und seiner Familie. Für die Reue über den Gulag ist es offenbar noch zu früh.

Zur Reue – *pokajanie* – wird die postsowjetische Gesellschaft auch von der orthodoxen Kirche aufgerufen – obwohl diese selbst niemals öffentliche Reue bezeugt und ihre Zusammenarbeit mit dem KGB eingestanden hat. Die Gesellschaft »Memorial« ist die einzige Institution, die seit zehn Jahren die Opfer der Verfolgungen von den zwanziger Jahren an namentlich zu erfassen sucht, Archivmaterialien zusammenträgt, ihnen Denkmäler setzt. Sie wird jedoch vom Staat kaum unterstützt, und ihre finanziellen Mittel sind bescheiden. Auch wenn »Memorial« derzeit von inneren Zwistigkeiten aufgerieben wird, ermöglicht sie, unterstützt von Lehrern, Ärzten, Ingenieuren und Heimatkundlern, wertvolle Forschungen über die Opfer des Bürgerkriegs, der Hungersnot, der Entkulakisierung, der Lager.

Nein, der Zeitpunkt ist noch nicht gekommen, daß sich die Gesellschaft nach ihrer Mittäterschaft fragt. Und vielleicht wird dieser Zeitpunkt auch nie kommen. Rußland lebt unter anderen Vorzeichen als Deutschland nach 1945 und wird nicht, wie seinerzeit Deutschland, von Siegermächten in Demokratie eingeübt. Während der ersten Hälfte der mehr als siebzigjährigen Geschichte der Sowjetunion, bis zu Stalins Tod, gehörten Terror und Repressionen zur Tagesordnung. Und auch nach 1953 herrschte Unterdrückung, wenn auch in modifizierter Form. Diese »lange Zeit«, die die Mentalitäten von Generationen prägte, läßt sich nicht mit den zwölf Jahren nationalsozialistischer Diktatur in Deutschland vergleichen. Im Unterschied zu Deutschland 1945 hat Rußland 1991 keinen Krieg verloren. Im Unterschied zu Deutschland 1989 hat Rußland seine ehemaligen Führungs-Eliten beibehalten, und erst nach und nach sollen neue Kräfte nachwachsen.

Sollte Deutschland für Rußland wirklich ein Beispiel sein für die Überwindung der Diktatur durch die Demokratie, wie eine Gruppe deutscher Professoren an einem Moskauer Kolloquium meinte? Man darf nicht vergessen, wie lange es dauerte, bis die nationalsozialistischen Verbrechen der westdeutschen Gesellschaft zu Bewußtsein kamen. Das Moskauer Kolloquium über Totalitarismus in Rußland und Deutschland machte übrigens deutlich, daß sich die gemeinsamen Erfahrungen totalitärer Herrschaft im Stalinismus und Nationalsozialismus sehr wohl erörtern, aber mangels Material- und Methodenkunde kaum vergleichen lassen. Aber nicht für alle Russen sind Totalitarismus und Kommunismus identisch. Deshalb wird es noch lange dauern, bis sich der Kommunismus in Rußland auf die Opferzahlen reduzieren läßt, wie es der Herausgeber des *Schwarzbuchs* will. Der postsowjetische Mensch ist nicht der postkommunistische Mensch.

Quelle: Die Zeit, 2. Juli 1998

WACLAW DLUGOBORSKI

Da war noch mehr als die Toten. Auch die Lebenden wollen sich wiederfinden: Das *Schwarzbuch des Kommunismus* weist aus osteuropäischer Sicht Lücken auf

Als kürzlich die Angehörigen Wiktor Abakumows, des ehemaligen Stellvertreters des sowjetischen Geheimdienstschefs Beria, vierundvierzig Jahre nach dessen Hinrichtung seine Rehabilitierung durch das Moskauer Militärgericht erreicht hatten, waren die Meinungen selbst unter ausgesprochen antikommunistisch eingestellten Historikern und Publizisten in Rußland geteilt – zumal auch die Familien von Jeschow und Beria selbst und ihrer Mitarbeiter ähnliche Anträge eingereicht haben. Nikita Petrow von der Vereinigung »Memorial«, die sich um die Aufdeckung kommunistischer Verbechen verdient gemacht hat, sieht in der Rehabilitierung der NKWD-Spitze einen Beweis für die russische Rechtsstaatlichkeit; die Geheimdienstleiter waren aufgrund gefälschter Beweise verurteilt worden. Für die unrechtmäßigen Hinrichtungen, Massenexekutionen und -deportationen, die Beria und seine Leute zuvor verfügt hatten, habe ihnen nach den damaligen sowjetischen Gesetzen als »Amtsmißbrauch« nur Gefängnisstrafe gedroht. Es sei zu beklagen – so weiter Petrow –, daß die Akten der Prozesse gegen die NKWD-Spitze nicht einmal dem für die Rehabilitierung zuständigen Militärgerichtshof zugänglich sind. Deshalb scheint ein heutiges Gerichtsverfahren um die von der Geheimdienstleitung begangenen Verbrechen aussichtslos zu sein.

Jurij Samodurow vom Moskauer Sacharow-Zentrum ist anderer Ansicht. Auch ohne Aufhebung der gesetzwidrigen Urteile gegen Jeschow, Beria und ihre Leute solle man möglichst schnell mit einem Prozeß wegen der von ihnen begangenen Verbrechen gegen die Menschlichkeit, einem »russischen Nürnberg«, beginnen, solange noch jene Generation am Leben sei, deren Eltern und Großeltern Opfer der kommunistischen Repressionen geworden sind. Ein ähnlicher Prozeß war schon nach dem Juli-Putsch von 1991 angestrengt worden, als man die Kommunistische Partei der Sowjetunion aufgelöst hatte und die Putschisten um Janajew als reformfeindlichen Flügel der Partei zur Verantwortung ziehen wollte. Der ehemalige Dissident Wladimir Bukowski hatte damals dafür plädiert, diese Verhandlung in ein Tribunal gegen die Verbrechen des Kommunismus zu verwandeln, ohne jedoch bei den Anhängern des siegreichen Jelzin Unterstützung zu finden.

Unabhängig davon, ob es den Russen gelingen sollte, das kommunistische System, seine Institutionen und Funktionsträger wegen ihrer Verbrechen gegen die Menschlichkeit anzuklagen, muß man an den internationalen Charakter dieser Vergehen erinnern. Ähnlich wie die Nürnberger Prozesse müßte also auch ein etwaiges Verfahren gegen die früheren sowjetischen Machthaber vor einem internationalen Tribunal stattfinden – und auch die kommunistischen Führer in den einstigen Satellitenstaaten umfassen. Sonst bliebe ein tragisches Mißverhältnis zwischen 86000 wegen Kriegs- und Verbrechen gegen die Menschlichkeit verurteilten Naziverbrechern und vielleicht einem Dutzend verurteilter Kommunisten in Rußland. Leider scheint es dafür aber kaum Hoffnung zu geben. Die polnische Generalstaatsanwaltschaft versuchte zum Beispiel mehrfach, eine Voruntersuchung wegen der in Polen begangenen sowjetischen Verbrechen einzuleiten, doch die russische Seite verweigerte ihr die gewünschte Rechtshilfe.

Das für einen solchen Prozeß notwendige Beweismaterial liegt jetzt als Buch bereit, auch wenn dessen Titel *Das Schwarzbuch des Kommunismus* wenig juristisch klingt. Sein Herausgeber Stéphane Courtois hat die Bedeutung der darin errechneten Opferzahl hervorgehoben, die einerseits das unfaßbare Ausmaß der kommunistischen Verbrechen deutlich mache, andererseits angesichts der niedrigeren Opferzahl des Nationalsozialismus einen Vergleich beider totalitärer Systeme ermöglichen solle. Es scheint aber zweifelhaft, ob das die richtige Vergleichsebene ist. Das eine System war ein halbes Jahrhundert an der Macht, das andere nur zwölf Jahre.

Sinnvoller ist ein Vergleich der von beiden Regimen angewandten Methoden der Massenvernichtung, der meiner Ansicht nach die These von der Singularität des Holocausts betätigen würde. Denn kein Jude, in manchen besetzten Gebieten auch kein Roma, sollte am Leben bleiben. Im Fall der sowjetischen Massenmorde in Polen, auch der spektakulärsten wie etwa der von Katyn, konnten Gefangene ihr Leben retten, wenn sie sich bei den Verhören als sowjetfreundlich deklarierten und dazu bereit waren, nach ihrer Freilassung nicht »nach Hause«, das heißt in den deutsch besetzten Teil von Polen zurückzukehren, sondern in der Sowjetunion zu bleiben und in die Rote Armee einzutreten. Dem Holocaust dagegen fielen auch jene Juden zum Opfer, die für die Nazis Polizei- oder sogar Spitzeldienste geleistet hatten.

Es ist peinlich, die Grausamkeiten einzelner Vernichtungsaktionen vergleichen zu müssen. In manchen Fällen ist es aber notwendig, um nicht den gleichen Maßstab an nur scheinbar ähnliche Ereignisse anzulegen. Vorsicht sei auch beim Umgang mit Zahlen empfohlen, insbesondere mit Schätzungen. Vor dem »Feilschen« um die Zahl der Opfer in den Konzentrationslagern warnte Adorno schon vor mehr als dreißig Jahren. Und die amerikanische Roma und Historikerin Debra Kaufmann bezeichnet die Auseinandersetzungen um die Zahl der Toten ihres Volks als »makabres Zahlenspiel«. Die Schätzungen schwanken hier von 100000 bis zu einer halben Million.

Die Blamage bei der Ermittlung der Zahl der Ermordeten von Auschwitz hätte Warnung genug sein sollen. Kurz nach Kriegsende wurde sie von einer sowjetischen Untersuchungskommission ohne weitere Nachforschungen auf vier Millionen festgelegt. Obwohl von Anfang an Zweifel an der Richtigkeit der Schätzung bestanden, wurde sie zum Dogma. Bis 1989 galt in Osteuropa ein Verbot, die Zahl von vier Millionen Getöteten anzuzweifeln; in der Gedenkstätte von Auschwitz drohte man Angestellten, die an der Richtigkeit der Schätzung zweifelten, mit Disziplinarverfahren.

Ebenso fraglich und umstritten schienen mit wenigen Ausnahmen die Schätzungen zur Opferzahl des Kommunismus zu sein. Als Historiker die bis zum Anfang der neunziger Jahre verschlossenen Sowjetarchive auszuwerten begannen, erwiesen sich unter anderem die bisherigen Vermutungen zur Zahl der Insassen des GULags als unhaltbar. Zum Zeitpunkt des Kriegsausbruchs hatten die Experten bislang 2,5, bisweilen 3,5, sogar 5,5 oder gar 15 Millionen Gefangene vermutet. Der russische Historiker W. N. Semskow, der als erster die entsprechenden Akten auswertete, der Deutsche Stephan Merl und der Amerikaner Edwin Bacon korrigierten die Zahl der 1941 im GU-

Lag Inhaftierten dann auf 1,5 Millionen; allerdings ohne die Insassen der sogenannten Arbeitskolonien (eine halbe Million Menschen) zu berücksichtigen, die ebenfalls der GULag-Verwaltung unterstanden. Umstritten ist auch die Zahl der in den Lagern Gestorbenen: Für die Zeitspanne von 1935 bis 1954 schätzt man sie nun auf bis zu 1,1 Millionen (zuvor hatte man zwischen sieben und zehn Millionen Tote vermutet), und ähnlich unterschiedlich fallen die alten und neuen Schätzungen zur Opferzahl der Kulakenverfolgung in den dreißiger Jahren aus.

Auch die Zahl der aus Ostpolen und dem Baltikum von 1939 bis 1941 Deportierten wurde nach unten revidiert: für Ostpolen von fast zwei Millionen auf maximal 600000. Die Ursache dieser Revisionen liegt in der Art der auszuwertenden Quellen: Bis 1989/1990 standen den Forschern fast ausschließlich die Berichte und Schätzungen der Überlebenden zur Verfügung. Auch wenn diese nicht immer zu Übertreibungen neigten, können selbst die umfangreichsten und mannigfaltigsten Erfahrungen und Wahrnehmungen, insbesondere im Hinblick auf Zahlen, weder für das ganze Lagersystem noch für einzelne große Lagerkomplexe als repräsentativ gelten. Sogar diejenigen Angaben, die man – wie im Falle der im Herbst 1941 und zu Anfang 1942 aus sowjetischen Lagern, Arbeiter- und Spezialsiedlungen entlassenen polnischen Staatsbürger – auf Glaubwürdigkeit überprüft und miteinander (nicht aber mit den geheimgehaltenen Transportlisten des NKWD) verglichen hatte, haben sich als fragwürdig erwiesen. Nur bei speziellen Fragen, wie zum Beispiel nach dem Prozentsatz der während der Transporte Umgekommenen, haben sich die von ehemaligen Deportierten genannten Zahlen bewährt. Vieles steht auch noch aus. Es mangelt etwa weiterhin an einer Dokumentation der auf dem Gebiet der ehemaligen Sowjetunion entdeckten Massengräber aus der zweiten Hälfte der dreißiger Jahre.

Deswegen stimme ich Stephan Merl zu, daß »die zum Teil sehr hohen Schätzungen drastisch nach unten korrigiert, die niedrigen (...) etwas angehoben werden müssen«. Die angeblich sechzig Millionen Toten allein in der Sowjetunion, von denen Stéphane Courtois' Einführung zum *Schwarzbuch* spricht, werden aber wohl nicht erreicht werden. Courtois wiederholt lediglich die zweifelhaften hohen Schätzungen aus der Zeit vor 1989. Es ist verwunderlich, daß er weder die neuesten Forschungsergebnisse wahrnimmt noch den Entschluß von Nicolas Werth, des Verfassers des *Schwarzbuch*-Kapitels über die Sowjetunion, beachtet, der auf jeden Versuch einer Gesamtbilanz verzichtet. Genau verifizierbare Einzelangaben, wie zum Beispiel zur »großen Säuberung« von 1937 bis 1938, bei der 1345000 Menschen verurteilt wurden – mehr als die Hälfte zum Tode –, wirken überzeugender als die Spekulationen über Millionen von Opfern ohne ausreichende Quellengrundlage, die Courtois in seiner Einführung präsentiert.

Es gibt bei allen Verdiensten der Publikation noch mehr Einwände gegen das *Schwarzbuch*. Mit der Stabilisierung der kommunistischen Systeme wurde – vielleicht mit Ausnahme Albaniens – der brutale Terror durch andere, elastischere und pragmatische Methoden der Herrschaft abgelöst. In der Sowjetunion und in den meisten Satellitenstaaten wurde nach 1956 ein Regierungsstil entwickelt, der von dem Warschauer Historiker Andrzej Paczkowski als »System der selektiven Repressionen« bezeichnet wird. Massenterror eines Umfangs wie in der Sowjetunion vor 1953 wurde in diesen Staaten nur während der Etablierung des kommunistischen Regimes angewendet – mancherorts (in Polen, Rumänien, Ungarn, Ostdeutschland) mit aktiver Hilfe der Sowjets, vor allem des NKWD als treibender Kraft, anderswo dagegen (in der Tschechoslowakei oder Bulgarien) von einheimischen Kommunisten, denen der NKWD »nur« beratend zur Seite stand. Der Übergang zu selektiven Repressionen bedeutete aber keinesfalls, daß solche Praktiken nicht später wieder massenhaft angewendet werden konnten – so geschehen 1956 in Ungarn, 1968 in der Tschechoslowakei und 1970 in den polnischen Ostseestädten.

Daß die Kommunisten bis zum Ende ihrer Herrschaft jederzeit bereit gewesen sind, politische und soziale Krisen mit Gewalt zu lösen, wird von denjenigen nicht zur Kenntnis genommen, die das letzte Jahrzehnt des Kommunismus samt Perestrojka als dessen »milde« oder »rationale« Phase betrachten, die sich angeblich nicht nur vom Stalinismus, sondern auch von der diesem direkt folgenden Periode so grundsätzlich unterscheide, daß sie eigentlich gar nicht mehr dem kommunistischen System zugerechnet werden könne. Nur oberflächlich, auf kaum vierzehn Seiten, wird etwa im wichtigsten Kapitel des *Schwarzbuchs*, dem über die Sowjetunion, auf das Ende des Stalinismus und dessen Überbleibsel nach 1953 eingegangen. Nicolas Werth bleibt uns eine Erläuterung schuldig, ob und inwieweit sich mit der Abkehr vom Massenterror und der außenpolitischen Entspannung auch das System verändert hat und ob es überhaupt möglich ist, dessen Wesen zu definieren.

Viel ausführlicher wird die Endphase des Kommunismus im Kapitel über die »volksdemokratischen« Regime behandelt. Hier diente den Kommunisten ihre größere Reformwilligkeit vor 1989 – ob nun faktisch oder bloß behauptet – als angeblicher Beweis ihrer Bereitschaft, das in diesen Ländern neu eingeführte demokratisch-parlamentarische System anzuerkennen und sich am politischen Leben nach dessen Regeln zu beteiligen. Deswegen ist es besonders wichtig, daß die Autoren Paczkowski und Bartosek auf die Doppelgleisigkeit der Politik hinweisen, die die »volksdemokratischen« Regime in ihrer Endphase betrieben haben. Die beiden Historiker distanzieren sich von der Legende, nach der sich vor allem in Polen die sogenannten Reformkommunisten bei Zustandekommen des Wandels von 1989 gleiche Verdienste wie die demokratische Opposition erworben haben sollen.

Joachim Gauck hat unlängst daran erinnert, daß der Kommunismus nicht nur Menschen, sondern auch die Politik getötet habe; »durch jahrzehntelange Ohnmacht und Unterdrückung« führte er seine Untertanen in einen »Mentalitätsrückstand«, der die Menschen ihrer Wertsysteme beraubte und sie in willens- und anspruchslose »Homini sovietici« verwandelte. An klägliche, wenn auch gesicherte Leistungen in den »Wohlfahrtsstaaten« des realen Sozialismus gewöhnt, stellen viele davon heute noch die Wählerschaft der Postkommunisten. Insbesondere in Polen, der Tschechoslowakei und Ungarn, wo Lebensstandard und Bruttosozialprodukt vor 1939 höher lagen als in manchen jetzigen EU-Ländern, führte die kommunistische Herrschaft zu einem statistisch nachweisbaren Rückschritt in fast allen Bereichen der wirtschaftlichen und gesellschaftlichen Entwicklung.

Inwieweit die Ausbeutung dieser Länder durch die Sowjetunion und die von Moskau durchgesetzte Kommandowirtschaft als Ursachen dieser Entwicklung betrachtet werden müssen, sollte noch intensiver als bisher erörtert werden. Denn der 1949 gegründete Comecon wurde zum Instrument eines sowjetischen Kolonialismus, dessen Eigenart darin lag, daß im Gegensatz zum traditionellen westlichen Kolonialsystem die kolonisierende Großmacht wirtschaftlich schwächer entwickelt war als manche ihrer Kolonien. Die Vernichtung bestehender soziokultureller und -ökonomischer Strukturen und der daraus resultierende Mangel an technologischem und wirtschaftlichem Fortschritt reichen zur politischen Delegitimierung der kommunistischen Regime völlig aus. Ihre wirtschaftlichen und sozialen Mißerfolge scheinen in den einstigen Satellitenstaaten schwerer und dauerhafter zu wiegen als die menschlichen Verluste.

Auf diese Folgen des Kommunismus wies unlängst der national gesinnte polnische Abgeordnete Stefan Niesiolowski hin, als er mit dem liberalen Publizisten Ernest Skalski über das *Schwarzbuch* debattierte. Skalski besteht auf der Unvergleichbarkeit der sechs Millionen polnischen Opfer unter der NS-Besatzung mit irgendwelchen Schäden – biologischen, materiellen oder geistigen –, die man der russischen Besatzung oder der späteren sowjetischen Hegemonie anlasten kann. Viele Bewohner der betroffenen Staaten sehen das anders. Ähnlich wie in Ungarn, wo die neue Verfassung die Niederschlagung des Aufstandes von 1956 als ein »Verbrechen gegen die Menschlichkeit« bezeichnet, ist 1997 auch in der polnischen Konstitution die kommunistische Herrschaft verurteilt und sogar mit der nazistischen gleichgesetzt worden. Im Artikel 13 heißt es: »Verboten ist die Existenz von solchen politischen Parteien und anderen Organisationen, die in ihren Programmen an die totalitären Methoden und Praktiken des Nazismus, Faschismus und Kommunismus anknüpfen.« Nicht einmal die Postkommunisten erhoben gegen diese Formulierung Einspruch.

Das Verhältnis Stalins zu Polen bietet ein gutes Beispiel dafür, daß im Gegensatz zur verbreiteten und auch an manchen Stellen des *Schwarzbuchs* wiederholten Meinung, der Diktator und seine Nachfolger hätten sich in ihren Entscheidungen vor allem vom klassenmäßigen Standpunkt leiten lassen, auch nationale Aversionen eine bedeutende Rolle gespielt haben. Laut dem weißrussisch-polnischen Historiker Nikolaj Iwanow wurden die Polen zur ersten von der Sowjetunion »bestraften Nation«, der dann weitere folgten: Finnen, Esten, Letten, Krimtataren, Ungarn. Auf Stalins Voreingenommenheit den Polen gegenüber, die zunächst vermutlich in seinen militärischen Mißerfolgen während des polnisch-sowjetischen Krieges von 1920 und dann im Antistalinismus mancher führenden polnischen Kommunisten ihre Ursachen hatte, ist in der Forschung des öfteren hingewiesen worden. Die »Strafen«, denen die Polen ausgesetzt waren, begannen mit der sogenannten Polen-Operation des NKWD von 1937 bis 1938, die die in der UdSSR lebende polnische Volksgruppe

134500 Deportierte und Tote (immerhin zehn Prozent aller Opfer der »großen Säuberung«) kostete. Nach der Besetzung Ostpolens erreichten sie ihren Höhepunkt; bei Paczkowski läßt sich das im *Schwarzbuch* nachlesen.

Große Teile der polnischen Gesellschaft, darunter auch viele Intellektuelle, haben sich danach mit der sowjetischen Dominanz und der Parteidiktatur der Kommunisten abgefunden und nach einem möglichst günstigen Arrangement mit den Machthabern gestrebt. Die Opposition besaß wenig Hoffnung, den Sturz des Systems noch erleben zu können. In dieser Lage halfen seit den siebziger Jahren die ausländischen Sender, vor allem Radio Free Europe, und die nach Polen geschmuggelte Exilpresse dabei, das Wissen über die Verbrechen der Sowjets und ihrer polnischen Helfer lebendig zu halten. Doch erst durch das Engagement der Solidarność-Bewegung wurde die Wahrheit über den Hitler-Stalin-Pakt, Katyn, die Deportationswellen von 1939 bis 1941 und 1944 bis 1945, aber auch über den GULag, die »große Säuberung« oder die Niederwerfung der Arbeiteraufstände in anderen sozialistischen Staaten allgemein bekannt. Die Einführung des Kriegsrechts Ende 1981 verringerte zwar bald die Möglichkeiten zur Verbreitung dieser Fakten, doch seit der Wende von 1989 und der folgenden Aufhebung der Zensur gibt es keine Hindernisse bei der Berichterstattung mehr. Auch die Massenmedien nahmen sich nun des Themas an, und obwohl nach zwei bis drei Jahren das öffentliche Interesse abzuflauen begann, ließ der Strom der »sowjetologischen« Veröffentlichungen nicht nach.

Die polnische Presse hat seit dem Erscheinen der französischen Originalausgabe im Herbst 1997 immer wieder auf die Bedeutung des *Schwarzbuchs* und die Diskussionen hingewiesen, die dessen Publikation in Frankreich, Deutschland und Italien ausgelöst hat. Dennoch ist kaum zu erwarten, daß die für diesen November angekündigte polnische Ausgabe die Gemüter meiner Landsleute in gleichem Maße wie im Westen bewegen wird. Einerseits sind die kommunistischen Verbrechen, so grauenhaft sie auch sein mögen, keine Sensation mehr: Ein Teil der Öffentlichkeit ist heute gerne bereit, die Kommunisten, ähnlich wie früher die Nazis, für alle möglichen Untaten verantwortlich zu machen, andere haben jegliches Interesse an neuen Enthüllungen verloren. Andererseits scheint die Zeit der Abrechnung mit dem kommunistischen Regime und seiner Funktionsträger vorbei zu sein: Der von der stärksten Parlamentsfraktion AWS (Wahlaktion Solidarność) jetzt vorgelegte Entwurf eines Gesetzes zur »Entkommunisierung«, das noch vor wenigen Jahren auf die Zustimmung einer Parlamentsmehrheit wie auch der Öffentlichkeit hätte setzen können, stößt jetzt auf Widerstand nicht nur seitens der postkommunistischen Sozialdemokratie, sondern auch bei der liberalen Freiheitsunion, dem Koalitionspartner der AWS, oder der ihr politisch nahestehenden *Gazeta Wyborcza*, der meistgelesenen polnischen Tageszeitung.

Auch in anderen von sowjetischen beziehungweise einheimischen Kommunisten unterdrückten Nationen wie Esten, Letten, Litauern, Ukrainern, Ungarn sind die Erinnerungen an die einstige Herrschaft und die entsprechende Voreingenommenheit gegenüber den Russen erhalten geblieben. Heute müssen sie sich deshalb häufig dem westlichen Vorwurf stellen, ihre Einstellung sei nationalistisch. Aus ihren Erfahrungen mit dem Sowjetkommunismus könnte aber leicht ein zweites »Schwarzbuch« entstehen. Ein ganzer Länderstreifen, von Estland im Norden bis Bulgarien im Südosten, ist vor sechs Jahrzehnten wie zwischen Amboß und Hammer geraten, zwischen zwei eroberungs- und herrschsüchtige totalitäre Staaten, die von 1939 bis 1941 Ostmitteleuropa gemeinsam eine Neuordnung aufzwingen wollten und danach um die Hegemonie auf dem ganzen Kontinent gegeneinander kämpften. Beide Regime haben in den eroberten Staaten zahlreiche Verbrechen begangen. Ohne auf die Frage einzugehen, welches dabei als Okkupant schlimmer, blutiger und in den Folgen verheerender gewesen ist – diese Frage müßte je nach Land unterschiedlich beantwortet werden –, kann man mit Genugtuung feststellen, daß endlich neben dem nazistischen auch das kommunistische Herrschaftssystem auf wissenschaftlich fundierte Weise, das heißt auf der Basis glaubwürdiger Quellen, und ohne sich von politischen Emotionen leiten zu lassen, analysiert werden kann. Das Erscheinen des *Schwarzbuchs* hilft bei allen Mängeln dabei, die Voreingenommenheiten hinsichtlich dieses Vorhabens auszuräumen.

Quelle: Frankfurter Allgemeine Zeitung, 4. September 1998

II.

Die historische Perspektive

GERD KOENEN

Der verstörende Unterschied – Warum Stalinismus und Nazismus doch nicht über einen Kamm zu scheren sind

Schon jetzt ist absehbar, daß das zum achtzigsten Jahrestag der Oktoberrevolution in Paris veröffentlichte *Schwarzbuch des Kommunismus* trotz der Ungeheuerlichkeit der Tatsachen, die es nach dem letzten Stand der Forschung ausbreitet, kaum jene späte, epochale Erschütterung auslösen wird, auf die es abzielt und die es einklagt. Während in Frankreich die Diskussion, bevor sie ernsthaft begonnen hat, in den Niederungen der Innenpolitik und einer nationalzentrierten Kritik der eigenen Geschichtslegenden zu versanden droht, bewährt sich in Deutschland wieder die Ignoranz gegen alles, was die Aufarbeitung der Vergangenheit (der eigenen natürlich) stören könnte. Die aus dem Historikerstreit vor zehn Jahren als ein neuer verfassungspatriotischer Konsens hervorgegangene Formel der »Singularität« der nationalsozialistischen Massenverbrechen und vor allem des Judenmordes wird dabei als narzißtisches Instrument der Abschirmung mißbraucht. Es ist ja klar: Je einzigartiger die deutschen Verbrechen, um so bedeutender die eigene Läuterung. Und wenn Auschwitz das »absolute Böse« war, dann erscheint alles andere relativ. Das ist allerdings der absurdeste Gebrauch, der sich von dieser Menschheitserfahrung machen läßt.

Leider macht das Pariser *Schwarzbuch* – oder vielmehr das umstrittene Vorwort seines Herausgebers Stéphane Courtois – es den Ignoranten aller Länder und jeglicher Couleur sehr einfach. »Die Fakten zeigen unwiderleglich, daß die kommunistischen Regime rund hundert Millionen Menschen umgebracht haben, während es im Nazismus rund 25 Millionen waren«, schreibt Courtois im Vorwort. Diese »hundert Millionen« sollen wie ein Menetekel und Donnerwort die taube Menschheit aufrütteln. Sie können nur neue Taubheit erzeugen.

Courtois möchte in einer Art publizistischem »Nürnberger Prozeß« post festum noch die »verbrecherische Dimension« des »Kommunismus in seiner Epoche« wissenschaftlich ratifiziert wissen, die Tatsache also, daß überall dort, wo kommunistische Parteien zur Macht kamen, »das Massenverbrechen zum Regierungssystem« gemacht wurde. Er will den stalinistischen »Klassengenozid« dem nazistischen »Rassengenozid« wenigstens zur Seite gestellt sehen. »Die von Lenin erarbeiteten, von Stalin und seinen Schülern systematisierten Methoden lassen an die Methoden der Nazis denken und nehmen sie oftmals voraus.«

Eine solche Strategie der historisch-politischen Annäherung und tendenziellen Gleichstellung von Kommunismus und Nationalsozialismus auf der Ebene der schieren »Verbrechen gegen die Menschlichkeit« mag juristisch gerechtfertigt sein. Mord bleibt schließlich Mord. Aber sie ist sachlich und analytisch kontraproduktiv. Sie verdunkelt nämlich gerade das, was das Besondere, das auf *seine* Weise Singuläre und Beunruhigende der geschichtlichen Erfahrung des Kommunismus ausgemacht hat und noch immer ausmacht.

Diese sollte das eigentliche Thema des *Schwarzbuches* sein: eine vergleichende Zusammenstellung und Bilanz der verschiedenen kommunistischen Umstürze, Staatsgründungen und Gesellschaftsformationen dieses »kurzen Jahrhunderts« von 1917 bis 1991. Ihre katastrophalen Resultate, die sich in einer Statistik der »Opfer«, das heißt der gewaltsam ums Leben Gekommenen, keineswegs zureichend erfassen lassen, haben die kommunistischen Regime dabei großteils völlig unabhängig von der Existenz des Faschismus und Nationalsozialismus erzielt. Anders als ein rückwärts konstruierter legitimatorischer »Antifaschismus« es gerne möchte, waren alle diese Kollektivierungs- und Säuberungskampagnen, Hungersnöte und ökologischen Devastierungen hausgemachte Katastrophen, die den inneren Gesetzen eines totalitären Experimentes folgten. Der russische beziehungsweise sowjetische Kommunismus war der erste in einer Kette von Versuchen, von einem einzigen leitenden Zentrum her Staat, Wirtschaft und Gesellschaft, Kultur und Sozialisation und schließlich selbst das individuelle oder familiäre Leben der einzelnen Bürger, kurzum das »Totum« eines Gemeinwesens zu erfassen und zu gestalten. Die permanente Mobilisierung der Kriegsbereitschaft gegen das feindliche Draußen, den Weltimperialismus und Weltfaschismus, gehörte zu den psychologischen Bedingungen, bestimmte aber keineswegs die Entscheidungen.

Die vorschnelle Gleichsetzung mit dem Nationalsozialismus auf der Ebene der schieren Verbrechen gibt denen, die – aus welchen Gründen auch immer – nicht bereit sind, ins Medusengesicht dieses großen Experimentes des Kommunismus zu sehen, die bequeme Möglichkeit, seinen utopischen, universalistischen und »im Kern humanistischen« Charakter als »Idee« wie eine schützende Folie zwischen sich und die historische Realität zu legen. Dabei müßte man doch gerade sagen: Um so schlimmer! Denn die moralischen Abgründe werden doch nur um so tiefer, je *besser* die Motive waren, in deren Namen Millionen Menschen ermordet, zu Tode geschunden, gefoltert oder auch »nur« ihrer individuellen Lebens- und Entfaltungsrechte beraubt worden sind.

Für Courtois reduziert sich die Geschichte des Kommunismus auf die »Methoden«, die denen der Nazis »stark ähnelten«, sowie auf die Ziele der Exekutoren, die er aus der Ideologie gespeist sieht. So bezeichnet er den Marxismus-Leninismus als eine »kriminogene Ideologie«. Das erinnert in seiner tautologischen Schlichtheit an Daniel Jonah Goldhagen, für den der Judenhaß vom Antisemitismus kam, so wie bei Fritz Reuters Onkel Bräsig die verbreitete Armut von der allgemeinen Powreteh. Auch die Reduktion der historiographischen Darstellung und Analyse auf die Erstellung eines Anklagedossiers für ein postumes Geschichtstribunal ist sehr ähnlich. Und ähnlich ist der Tenor der Anklage: Diese »ganz normalen« Kommunisten des 20. Jahrhunderts begingen Verbrechen, wo sie konnten, sie folgten ihren niederen Instinkten und »kriminogenen« Ideologien, und sie taten es bewußt und gern.

Natürlich ist auch Ernst Noltes geschichtsphilosophische Spekulation vom »kausalen Nexus« nicht weit. Aber wo Nolte den Nationalsozialismus zu einem verkappten (Gegen-)Bolschewismus macht und den Judenmord zur »asiatischen Tat«, da Courtois umgekehrt den Kommunismus zu einer anderen, verkappten Form eines »roten Faschismus« oder Nazismus. Und wie Nolte gerade die Spezifik und Singularität des deutschen Nationalsozialismus verfehlte, so Courtois die Spezifik und Singularität des russischen Bolschewismus und des chinesischen Maoismus, von dem Juche-System eines Kim Il Sung oder dem archaischen Agrarkommunismus eines Pol Pot noch ganz zu schweigen.

Vergleichen ist die grundlegende wissenschaftliche Operation schlechthin. Vor allem ein direkter Vergleich von Nationalsozialismus und Stalinismus ist sinnvoll, da beide im selben historischen Raum und Umfeld spielten. Viel interessanter und erhellender als alle Ähnlichkeiten sind aber die Unterschiede, die sich nicht nur aus ihrer jeweiligen historischen Ausgangssituation ergaben, sondern aus der ganzen Anlage des national- und sozialrevolutionären Projektes, das ihre Aktivkader jeweils vertraten. Man kann sie als zwei parallele, aber fundamental verschiedene *Reaktionen* auf die wirkliche Weltrevolution des Jahrhunderts sehen. Beide waren sie apokalyptische, von endzeitlichen Heils- und Unheilserwartungen bestimmte Reaktionen auf die sich beschleunigenden, überstürzenden Entwicklungen der kapitalistischen Weltwirtschaft, der modernen Wissenschaften und der begleitenden sozialen und kulturellen Umbrüche. Beide waren Versuche einer radikalen »Säuberung« der Welt von allen vermeintlichen Urhebern des Unheils und einer Homogenisierung und Senkung des Komplexitätsgrades der verhaßten bürgerlichen und kommerziell bestimmten Gesellschaften. Beide waren sie darauf aus, als das Substrat dieser neuen Gesellschaft auch einen »neuen Menschen« zu produzieren, das heißt »einen höheren gesellschaftlich-biologischen Typus und, wenn man will – den Übermenschen« (Trotzki). Darin, und nicht im staatlichen Terrorismus als solchem, der ein Mittel zu einem viel weiter greifenden Zweck war, lag der Totalitarismus des einen wie des anderen Unternehmens.

Aber das bolschewistische Projekt unterschied sich von dem der Nazis grundlegend. Die nationalsozialistische Idee und Praxis zielte vor allem auf die radikale Aussonderung, die Selektion. Sie ging von der prinzipiellen Gesundheit und Einheitlichkeit des Volkskörpers aus – von dem lediglich die »artfremden«, »degenerierten« und »kranken« Elemente abgestoßen oder abgetrennt werden müßten. Die eugenischen oder rassischen Grenzlinien, die dabei gezogen wurden, waren so absurd wie schroff; aber sie waren auch restriktiv. Gegenüber den engeren »Volksgenossen« überstieg der Naziterror kaum das Maß einer brutalen Diktatur konventionellen Zuschnitts. 1937/38 saßen in den Konzentrationslagern und Gefängnissen Deutschlands einige zehntausend politische, »sozial schädliche« und rassische Häftlinge. Die Zahl der Ermordeten rechnete nach Hunderten eher als nach Tausenden. Die entsprechenden sowjetischen

Ziffern gingen zur selben Zeit in die Hunderttausende und Millionen – Ausdruck eines organisierten sozialen und politischen Massenterrors, noch mitten im Frieden, der nach jedem Maßstab, den man anlegen könnte, beispiellos war.

Was besagt das indes über den Nationalsozialismus? Eben nur, daß er es nicht *nötig* hatte, das deutsche Volk in seiner Mehrheit terroristisch zu unterdrücken, um es erst einmal gleichzuschalten. Er wurde wahrscheinlich von einer Mehrheit begeistert oder loyal getragen, zumal er auch ökonomisch äußerst erfolgreich schien. Welche totalitären Steigerungen der Nationalsozialismus gegenüber den deutschen »Volksgenossen« selbst genommen hätte, wenn er länger sich hätte entfalten können, was »Härtung« und »Auslese« im weiteren noch bedeutet hätten, ist eine andere Frage. In der geschichtlichen Realität jedenfalls richtete der NS-Totalitarismus seine ganze vernichtende Wucht fast ausschließlich gegen die zu Fremden, Andersrassigen und Untermenschen erklärten Bürger – und im weiteren dann, kunstvoll abgestuft, gegen die zu Objekten sukzessiver äußerer Aggressionen gemachten unterworfenen und versklavten Völker. Das »Judentum« aber war der mythologische innere und äußere Feind schlechthin, die Inkarnation aller abstrakten Mächte der modernen Weltbeherrschung (wie Geld, Information und so weiter), der globale »Überfeind«, in dessen Eliminierung die nationalsozialistische Weltrevolution kulminierte. Der Mord an den Juden Europas ist singulär zu nennen, weil es der radikalste jemals unternommene Versuch war, einen perfekten, möglichst lückenlosen und geräuschlosen Genozid zu vollbringen. Als solcher war er ein Extrem, ein Äußerstes in der Dehumanisierung menschlicher Gemeinschaft überhaupt. Und als solcher hat er sich dem Gedächtnis der Menschheit eingebrannt.

Der stalinistische Terror war dagegen vor allem nach innen gerichtet und ließ keine Klasse und Gruppe der Gesellschaft, weder das Fabrikproletariat noch die Beamtenschaft, weder die Partei noch die Geheimpolizei, aus. Buchstäblich jeder konnte im Frieden wie im Krieg ein »Feind des Volkes« werden. Jede soziale Schicht, jede Berufsgruppe, jede Nationalität, jede religiöse oder sonstige Gemeinschaft, jede einzelne Familie wurde gespalten, atomisiert und radikal umgemodelt oder »liquidiert«. Der stalinistische Totalitarismus war demnach vollkommen intrusiv. Er erfaßte die gesamte Gesellschaft und ließ keine Struktur unberührt. Die »richtige Linie«

der Partei war sowenig wie irgend etwas anderes geeignet, klare Trennungslinien zwischen dem Volk und den »Volksfeinden« zu ziehen. Auch soziologische Kriterien waren im Grunde ohne Belang. »Burshui«, »Kulak«, »Intelligent«, »Spekulant« und so weiter waren populäre Schablonen, deren soziale Bedeutung beliebig ausgedeutet werden konnte. »Arbeiter« war umgekehrt ein völlig leerer Begriff, der keine spezifische Kompetenz, sondern nichts als universelle Verfügbarkeit meinte. Worum es sich handelte, war die Produktion einer neuen, »höheren« Gattung von Sowjetmenschen, auch »Stalinsche Menschen« genannt, aus dem Rohmaterial der Jugend. Eine der letzten ideologischen Ausformungen des Stalinismus, die mit dem Namen Lyssenkos verbunden ist, drehte sich folgerichtig um die Frage, auf welche Weise und in welchem Grade sozial erworbene Eigenschaften ins Erbgut übertragen werden könnten.

Der Nationalsozialismus verfügte über kein theoretisches System, er hatte nicht einmal eine geschlossene Ideologie, sondern nur eine weit auslegbare »Weltanschauung«. Er bedurfte eines diesbezüglichen Aufwandes auch gar nicht, eben weil sich das Gesunde und Richtige im praktischen Lebenskampf zu zeigen und zu bewähren hatte. Der loyale Fachmann, der deutsche Unpolitische und selbst der »innere Emigrant« konnten im großen und ganzen unbehelligt arbeiten und leben. Der Bolschewismus dagegen entfaltete ein nachgerade bizarres Geflecht von Theoremen und Doktrinen über so gut wie alle Fragen des Lebens – eben weil sein Gestaltungsanspruch ungleich weiter reichte. Und er verlangte von allen einzelnen Gliedern der Gesellschaft, daß sie die »richtigen Gedanken« und ihre »revolutionäre Ergebenheit« jederzeit unter Beweis stellten. Er war das eigentlich totalitäre System, eben weil sein Anspruch der universalere war.

Und gerade weil er die höchsten Ziele der Menschheit auf seine Fahnen schrieb, weil er noch das Böseste und Gemeinste, Verrat und Denunziation, zur revolutionären Tugend erhob und die offensichtliche Lüge zur unbestreitbaren Wahrheit, weil er das Gedächtnis der ihm unterworfenen Menschen auslöschte, ihre Geschichte neu erfand, sie von der übrigen Welt isolierte und auf dieser Grundlage schließlich die Realität selbst durch die Fiktion ersetzte – ebendeshalb konnte er seine Subjekte und selbst viele äußere Beobachter oder gutwillige Reisende auf eine im nachhinein erstaunlich anmutende Weise entwaffnen und in seinen Bann ziehen. Ebendeshalb haben ihm so viele große Geister der Zeit gehuldigt, wie er ja überhaupt ein Tempel der Künste war und besonders die Schriftsteller zeitweise in eine fast priesterliche Rolle versetzte. So daß ein Stephan Hermlin noch im Jahre 1986 über seine großen Stalin-Oden trauernd sagen konnte: »Es sind utopische Gedichte, Gedichte, in denen eine Gestalt und ein Name, wenn Sie so wollen, zu Unrecht, als Symbol für eine große Sache stehen.«

Diese »große Sache« schloß große Geister wie einfache Menschen in opferbereiten Kampfbünden und Gesinnungsgemeinschaften zusammen, wie es allenfalls religiöse Erweckungsbewegungen zuzeiten vermochten. Das erzeugte eine Spannung, in der allein solche ungeheuren Dramen spielen konnten, wie sie sich etwa in der großen, »kniefälligen« Rede des Nikolaj Bucharin auf seine eigene, bevorstehende Exekution Ausdruck verschafften. Ein Heiner Müller wußte, warum nur hier noch der »echte« Stoff für shakespearesche Königsdramen zu finden war. Daß hinter den großen Geständnissen sehr einfache Rezepte wie lügnerische Versprechungen und »Schlagen, Schlagen, Schlagen!« standen, das mußte man ja nicht wissen müssen. Und änderte es eigentlich etwas? Jedenfalls hat es Jahrzehnte gedauert, bis sich dieser intellektuelle Bann gelöst hat. Und die in dieser extremen Spannung geschaffenen künstlerischen Produkte sind ja selbst in die Formensprache und den Kernbestand der modernsten Moderne eingegangen. Warum kann die Alte Oper in Frankfurt am Main, dieser Tempel des »Wahren, Schönen, Guten«, in den Vorweihnachtstagen 1997 Sergej Eisensteins »Generallinie« mit großem Orchester vor einem gutbürgerlichen Publikum aufführen, nicht aber Leni Riefenstahls »Triumph des Willens«? Will man in dieser Ehrung Eisensteins als eines Propagandisten des »Soziozids« der Kollektivierungen nicht ein schieres Skandalon sehen (und wer tut das schon?) – dann kommt man nicht umhin, »einen Unterschied« zu machen.

Um wieviel leichter und gründlicher ist man mit den faschistischen Regimen und besonders dem deutschen Nationalsozialismus fertig geworden. Daß der Nationalsozialismus und die verschiedenen Faschismen das Kainszeichen des Bösen, des »sacro egoismo«, der brutalen Durchsetzung des »Lebensrechtes des Stärkeren« und des primitiven Hasses gegen die »anderen« viel sichtbarer auf der

Stirn trugen und ganz ausdrücklich eine Rebarbarisierung des »überzivilisierten« modernen Lebens mit den Mitteln der Gewalt und der Unterwerfung betrieben, gehörte mit zu den Gründen, warum sie nach einer kurzen Phase der Attraktion und Faszination die ganze Welt gegen sich aufbrachten und in epochaler Weise besiegt wurden. Und nur deshalb konnte es auch einen Nürnberger Prozeß geben.

Die kommunistischen Staaten und Parteien sind niemals besiegt worden; sie haben sich in jeder Schlacht behauptet. Zusammengebrochen sind sie nach einer längeren Zeit des Friedens und der Entspannung im wesentlichen von innen heraus, wie die Länder des sowjetischen Blocks und wenig später die Sowjetunion selbst. Oder sie haben sich, wie China, aus eigenem Antrieb in ein halb traditionelles, halb modernes Machtkartell zurückverwandelt, das nun eine entfesselte Marktwirtschaft als Katze benutzen möchte, um Mäuse zu fangen. Was man 1989 wiederum kaum geahnt hätte: In so gut wie allen Ländern des früheren »sozialistischen Lagers« waren und sind es Fraktionen und Kader der früheren kommunistischen Staatsparteien, die einen mehr oder weniger deutlichen und erfolgreichen Übergang auf ein neues geschichtliches Terrain führend mit vorangetrieben haben. Aber gleichzeitig kommen ihre erbittertsten Gegner im Lager der neuen völkisch-chauvinistischen und meist antisemitischen Opposition ebenfalls zum großen Teil aus dem alten kommunistischen Ideologiekader. Offenkundig haben diese Differenzen und Antagonismen innerhalb der Staatsklassen der sozialistischen Länder seit langem koexistiert und gebrütet, bevor sie aufgebrochen sind.

Diese vielfältigen Zusammenbrüche, Übergänge und inneren Differenzierungen haben das Phänomen des historischen »Kommunismus« aber nur noch schwieriger und geheimnisvoller gemacht. So sang- und klanglos, wie die Sowjetunion und der um sie gebildete Block nach 1989–91 zusammengebrochen sind, ist wohl niemals eine Weltmacht in der Geschichte abgetreten. Wie war es dann aber möglich, daß dieses »sozialistische Lager« sich über Jahrzehnte hinweg so siegreich hatte aufbauen, ausdehnen und behaupten können?

Der Kommunismus ist die eigentlich unbegriffene historische Erfahrung und damit das große Änigma des 20. Jahrhunderts. Das Pariser *Schwarzbuch* mit seiner niederschmetternden Bilanz bietet eine wichtige Grundlage eines vertieften Verständnisses und trägt doch nur zu der Beunruhigung bei, die von diesem singulären historischen »Experiment« ausgeht – und zwar gerade dann, wenn man es *nicht*, wie Courtois, in die gewissermaßen vertraute Gestalt seines unterlegenen historischen Rivalen zurückzuverwandeln versucht.

Quelle: Frankfurter Allgemeine Zeitung, 10. Dezember 1997, unter dem Titel »Das absolute Böse und die ganz normalen Täter. Die Vergleichbarkeit des Unvergleichbaren: Warum Stalinismus und Nazismus doch nicht über einen Kamm zu scheren sind«

ECKHARD JESSE

Die einäugigen Vergleicher. Ist der intellektuelle Bann des Kommunismus wirklich gebrochen?

Am 11. Januar dieses Jahres nahmen etwa hunderttausend Menschen an der Gedenkverstanstaltung der PDS für Rosa Luxemburg und Karl Liebknecht teil. Zuletzt waren so viele im Januar 1990 gekommen, als die SED-PDS, wie sie damals noch hieß, mit Hilfe des Antifaschismus ihr Machtmonopol in letzter Minute zu retten suchte und dabei auch vor Provokationen nicht zurückschreckte. Luxemburg und Liebknecht hatten im Januar 1919 einen blutigen Aufstand gegen die ungefestigte junge Demokratie und die sozialdemokratische Regierung Ebert-Scheidemann entfacht. Medien berichten nur spärlich über solche Veranstaltungen, schon gar nicht kritisch kommentierend. Eine Kundgebung für die Gebrüder Strasser dürfte ein ganz anderes Medienecho hervorrufen.

Allerdings hat der Zusammenbruch des Kommunismus der vergleichenden Diktaturforschung Auftrieb verliehen. Die in den siebziger und achtziger Jahren weithin verfemte Totalitarismusforschung ist inzwischen mehr oder weniger rehabilitiert. Die Gründung eines Hannah-Arendt-Instituts für Totalitarismusforschung wäre vor dem Schlüsseljahr 1989 undenkbar gewesen. Erst heute findet der auch von Jürgen Habermas 1994 positiv gebrauchte Begriff des »antitotalitären Konsensus« breite Anerkennung.

Doch das Totalitarismuskonzept wird vielfach nicht konsequent zu Ende gedacht. Das gilt auch für Gerd Koenen (F. A. Z. vom 10. Dezember 1997), dessen Argumentation sich ungeachtet erhellender Befunde durch mangelnde Stringenz und Widersprüchlichkeit auszeichnet.

Im zwanzigsten Jahrhundert, dem »kurzen Jahrhundert« (Eric Hobsbawm) von 1917 bis 1989/1991, zog die totalitäre Herrschaft einerseits Massen in den Bann und verbreitete andererseits Furcht und

Schrecken – paradoxerweise zur selben Zeit. Millionen von Opfern sind ihr anzulasten. Totalitäre Ideologien, Bewegungen und Systeme bestimmten jedenfalls zeitweilig diese Epoche. Dem Kommunismus wie dem Nationalsozialismus waren – vorübergehend – vielfältige Integrationsmechanismen eigen. Der Enthusiasmus der Massen wurzelte in dem Glauben an eine historische Mission, die eine große Zukunft verhieß, in einer Ideologie, die universelle Welterklärung versprach. Die Pseudolegitimierung vollzog sich in Form von Massenaufmärschen, Vertrauensbekundungen und Hundert-Prozent-Akklamationen. Der neue Mensch sollte geschaffen werden – um jeden Preis. Das »System der kollektiven Schizophrenie« (Boris Orlov) machte aus Wahrheit Lüge, aus Lüge eine höhere Form der Wahrheit. Die »Verführungskraft des Totalitären« (Klaus-Dietmar Henke) ist durch Fixierung auf den staatlichen Terrorismus zu wenig beachtet worden, gerade mit Blick auf den Nationalsozialismus – ein Befund, der bei Koenen zu kurz kommt. Es war nicht der Rassismus, der faszinierte und Leidenschaften entfesselte, wohl aber der Glaube an die Gemeinschaft, an die Größe der deutschen Nation, an soziale Gleichheit. Vielleicht übte gar nicht einmal so sehr der jeweilige Inhalt die Faszination aus, sondern die als unwiderstehlich empfundene Art der Vermittlung, heroisch anmutende Bilder etwa, monumentale Bauten, suggestive Reden.

Die Frage nach der Wechselbeziehung von Weltanschauungsdiktaturen wie dem Kommunismus und dem Nationalsozialismus ist lange vernachlässigt worden. Gemäß den strittigen Untersuchungen Ernst Noltes war dieser weitgehend eine Reaktion auf jenen, besteht ein »kausaler Nexus« zwischen beiden. Aber das ist nur die eine Seite. Es gibt einen deutlicheren Zusammenhang zwischen Nationalsozialismus und Kommunismus in umgekehrter Richtung. Warum hat sich dieser so lange behauptet? Gerd Koenen stellt die Frage, ohne sie zu beantworten. Der Wirkungszusammenhang zwischen der Dauerhaftigkeit der sowjetischen Herrschaft und der Existenz des Nationalsozialismus ist evident. Denn ohne den antifaschistischen Mythos wären die Bindekräfte der kommunistischen Herrschaftsausübung eher gebrochen. François Furet hat zu zeigen vermocht, wie gut sich vom »Antifaschismus« zehren ließ. Immer wieder wurde der Leichnam des »Faschismus« exhumiert, sei es aus Furcht, sei es aus Kalkül. Der Antifaschismus war nicht nur in Deutschland beträchtlich lebenskräftiger als der Antikommunismus, obwohl (und zugleich weil) der

Kommunismus weitaus länger an den Schalthebeln der totalitären Macht geblieben ist. Zu Recht würdigt hingegen fast niemand die vehement antikommunistischen Affekte des Nationalsozialismus. Mithin ist nicht die Gefahr einer Antikommunismusfalle gegeben, wohl aber die einer Antifaschismusfalle.

Die These von dem doppelten Wirkungszusammenhang ließ sich auf die Bundesrepublik Deutschland erweitern, auf die Vergangenheitsbewältigung nach 1949 wie nach 1989. Sollte die Existenz des Kommunismus für die zunächst zögerliche Aufarbeitung der Hinterlassenschaft des Nationalsozialismus verantwortlich sein – aus Furcht davor, dem linken Gegner der Demokratie eine Vorlage zu liefern? Und: Sollte die Existenz des Nationalsozialismus für die halbherzige Aufarbeitung des Kommunismus haftbar zu machen sein – aus Angst vor dem Beifall von der falschen Seite? Die Wechselbeziehung geht noch weiter, benötigt doch die eine Variante des Extremismus die andere. Was der Antipode großsprecherisch verkündet, wird vielfach als bare Münze genommen. Man glaubt, auf diese Weise die eigene Legitimität zu erhöhen.

Der Bonus, den der Kommunismus gegenüber dem Nationalsozialismus immer noch genießt, beruht wohl nicht zuletzt darauf, daß er sich wie der demokratische Verfassungsstaat, jedenfalls theoretisch, zu universalistischen Prinzipien bekennt. Gerade dadurch hat das kommunistische »Experiment« – dieser nicht nur von Koenen verwendete problematische Terminus, der niemals für den Nationalsozialismus gebraucht wird, suggeriert Wiederholbarkeit unter besseren Bedingungen – das Schlimmste guten Gewissens möglich gemacht. Beim Kommunismus konnte man von »Deformationen« in der Praxis reden, während beim Nationalsozialismus schon die Idee als »Deformation« galt. Die Begriffe »Stalinismus« und »Nazismus« illustrieren das. Bezeichnenderweise spricht selbst Koenen, der den »beispiellosen« Massenterror in der Sowjetunion herausstreicht, von »Stalinismus«, stellt also auf eine scheinbare Pervertierung ab, läßt die Idee des Kommunismus damit weitgehend ungeschoren. Der kompromißlose und glaubensfeste Revolutionär Lenin, nicht Stalin, hat den Aufbau eines gigantischen Unterdrückungssystems begonnen, das auf dem Opferwillen vieler basierte. Umgekehrt unterschlägt die aus dem antifaschistischen Jargon stammende Wendung »Nazismus« die Anziehungskraft des Dritten Reiches, die auch in der tatsächlichen oder vermeintlichen sozialistischen Komponente der NS-Ideologie bestand.

Im übrigen ist es im Interesse der Aufhebung wissenschaftlicher Selbstblockaden höchste Zeit, die Frage der Wechselwirkungen zwischen den Totalitarismen nicht mehr mit der Schuldfrage zu verquikken und zu verwirren. Ließe sich die These vom Bolschewismus als Vor- und Schreckbild des Nationalsozialismus gegenüber anderen genetischen Theorien empirisch erhärten, so besagt das keineswegs, der Kommunismus sei für den Nationalsozialismus und seine monströsen Verbrechen verantwortlich. Es bedeutete nicht mehr, aber auch nicht weniger, als daß der Nationalsozialismus im wesentlichen eine Reaktion auf den Bolschewismus war. Gleiches gilt für die andere These: Sollte der Nationalsozialismus indirekt verantwortlich dafür gewesen sein, daß sich der Kommunismus in der Sowjetunion, Mittel- und Osteuropa wegen der Schrecken seines totalitären Antipoden derart lange halten konnte, verbietet sich der Schluß, dieser trage die Schuld an der Fortdauer des Kommunismus. Dagegen wird die »Interaktion« der beiden Bewegungen und Herrschaftssysteme im Weltbürgerkrieg einsichtig.

Die Forschung ist durch eine auffallende Asymmetrie gekennzeichnet. Wir wissen weitaus mehr über den Nationalsozialismus als über den – nicht nur sowjetischen – Kommunismus. Insofern ist ein *Schwarzbuch des Kommunismus*, das unnachsichtig dessen Verbrechen registriert, sehr nützlich, für ein Begreifen des totalitären Geschehens jedoch unvollständig. Noch immer kennen wir zu wenig die Herrschaftsmechanismen unter Lenin, unter Stalin, unter ihren Nachfolgern. Was ist von »Lenins und Stalins willigen Vollstreckern« bekannt, den »ganz gewöhnlichen Russen«? Die Antwort muß lauten: so gut wie nichts!

Die Bezugnahme auf die doppelte Wechselwirkung ist für die Forschung heuristisch anregender als Koenens widersprüchlich anmutende These von der doppelten Singularität. Wiederholt schreibt er dem Stalinismus wie dem Nationalsozialismus singuläre Züge zu, unterhöhlt so indirekt die eigene Argumentation, die geradezu nach einer Aufhebung der Singularität im spezifischen Sinne drängt. Wer von einer zweifachen Singularität spricht, sollte konsequenterweise auf den Begriff der Singularität verzichten.

Der »intellektuelle Bann« gegenüber dem Kommunismus habe sich gelöst, wenn auch erst nach Jahrzehnten. Trifft das zu? Wer im gleichen Atemzug den »Unterschied« zwischen dem Nationalsozialismus und dem Kommunismus damit zu erklären sucht, daß die Alte

Oper in Frankfurt Sergej M. Eisensteins »Generallinie« zeigen kann und nicht Leni Riefenstahls »Triumph des Willens«, hat nur die unterschiedliche Perzeption erhellt. Es ist in der Tat ein Skandalon, wenn ein Film des zwei Jahre vor 1900 geborenen russischen Regisseurs ohne Proteste läuft, hingegen nicht ein solcher der zwei Jahre nach 1900 geborenen deutschen Regisseurin, ob in Frankfurt oder St. Petersburg. Beide haben sich – und sei es aus Idealismus – willfährig in den Dienst einer totalitären Macht gestellt. Betört von ihr, haben sie ihrerseits betörend gewirkt. Leni Riefenstahl, die in ihren Memoiren die betäubende Wirkung der Filme Eisensteins rühmt, zitiert die drastische Wendung eines amerikanischen Magazins: »Sie sind ein Regisseur mit Talent, Sie arbeiten für Hitler? Sie sind ein Nazi. Sie arbeiten für Stalin? Sie sind ein Genie.« Unter moralischen Gesichtspunkten sind die Verbrechen dieser Systeme gleichzusetzen. Insofern ist die verbreitete Schieflage in der Einordnung beklagenswert. Der nicht nur zeitliche Abstand sollte, achtzig Jahre nach der »Oktoberrevolution«, 65 Jahre nach der »Machtergreifung«, groß genug sein, um Eisensteins und Riefenstahls Werke betrachten zu können – als Beispiel für die Vereinnahmung und das Sich-Vereinnahmen-Lassen von hochbegabten Künstlern durch totalitäre Mächte.

Er sollte allerdings nicht groß genug sein, um zu übersehen, daß die Versuche der Vereinnahmung in modifizierter Form anhalten. Die von einem »Bündnis linker Schriftsteller, Theologen, Wissenschaftler und Gewerkschafter« am 9. Januar 1997 veröffentlichte »Erfurter Erklärung« ermuntert SPD, Bündnis 90/Die Grünen und PDS, nach der nächsten Bundestagswahl gemeinsam Verantwortung zu übernehmen. Erstaunlicherweise findet sie kaum ein Echo in den Medien, Kritik demzufolge auch nicht.

Quelle: Frankfurter Allgemeine Zeitung, 8. April 1998

FOCUS

Der rote Schrecken. Historikerstreit à la française: Sind die Verbrechen der Kommunisten denen der Nazis vergleichbar?

Das »Ende der sowjetischen Welt«, schrieb der unlängst verstorbene französische Historiker François Furet, werde nicht die »Forderung nach einer anderen Gesellschaft« aus der Welt schaffen; es sei vielmehr wahrscheinlich, daß dem »umfassenden Scheitern« des Kommunismus »in der öffentlichen Meinung weltweit mildernde Umstände zuerkannt werden«.

Das Orakel irrte nicht – wie etwa zahlreiche Reaktionen auf ein soeben in Paris erschienenes Schwarzbuch über die Verbrechen des Kommunismus demonstrieren.

Zum 80. Jahrestag der Oktoberrevolution haben sechs französische Historiker eine Bestandsaufnahme der im Namen der marxistisch-leninistischen Heilslehre begangenen Verbrechen vorgelegt. Demnach sind weltweit zwischen 85 und 100 Millionen Menschen dem bislang mörderischsten Menschheitsmythos zum Opfer gefallen. Folgt man dem Philosophen Hegel, von Marx und seinen Anhängern als Geschichtsdialektiker überaus geschätzt, schlägt Quantität an irgendeinem Punkt in Qualität um. Für die Opfer des Kommunismus scheint dieser dialektische Kniff jedoch nicht zu gelten.

So entzündete sich die Debatte im Mutterland der modernen Revolutionen nicht etwa an den ermittelten Opferzahlen – die kein Gelehrter bezweifelt –, sondern an der vom deutschen Historikerstreit her sattsam bekannten Frage, ob der Blutzoll der Weltrevolution denn mit der Schreckensquote des Nationalsozialismus verglichen werden dürfe.

Anlaß zum Streit bot das Vorwort des Chefherausgebers Stéphane Courtois. »Warum«, fragt darin der Ex-Maoist, dem seine Kontrahenten nun folgerichtig Renegateneifer unterstellen, »mußte bis zum

Ende des Jahrhunderts gewartet werden«, damit die kommunistischen Repressalien »den Status eines wissenschaftlichen Gegenstandes« erlangen konnten? Warum kenne, während die Namen von Himmler und Eichmann weltweit als »Symbole der Barbarei« bekannt seien, fast niemand Dscherschinski, Jagoda oder Jegow? Warum diese Einseitigkeit? Wegen der Gleichgültigkeit und Ignoranz der öffentlichen Meinung, aber auch der heimlichen bis offenen Sympathie der westeuropäischen Linken für das Gesellschaftsexperiment im Osten. Namentlich die französischen Kommunisten seien lange Zeit »Komplizen des Stalinismus« gewesen.

Sehr lange übrigens. 1972 beispielsweise, gerade zu einer Zeit, als Alexander Solschenizyns Buch *Archipel Gulag* in Frankreich mit fast einer Million verkauften Exemplaren einen Riesenerfolg landete, unterzeichnete François Mitterrand, Erster Sekretär der Sozialistischen Partei, ein anti-antikommunistisches »Gemeinsames Regierungsprogramm der Linken« mit den Kommunisten unter Georges Marchais – das »letzte neobolschewistische Programm der universellen Geschichte« (François Furet).

Courtois kritisiert die verbreitete Neigung, »dem Völkermord an den Juden das ›Monopol‹ als Verbrechen gegen die Menschheit zu überlassen«. Nicht nur Auschwitz sei »einzigartig« gewesen, sondern auch der gezielte Einsatz der »Waffe des Hungers« seitens kommunistischer Diktatoren. Und: »Die Kommunisten und nicht die Nationalsozialisten waren es, die den Massenterror als Druckmittel für eine totalitäre Regierung, die sich auf ein Einparteiensystem stützte, einführten.« Auch den kommunistischen Untaten stünde das Verdammungsurteil »Verbrechen gegen die Menschlichkeit« zu.

Solch ketzerische Thesen und bohrende Fragen riefen innerhalb der französischen Linken, zuallererst unter Autoren des *Schwarzbuchs* selbst, die bekannten Reflexe hervor – bis hin zu dem Argument, die Liquidierung der 85 Millionen sei im Gegensatz zu den Nazi-Morden nicht von Anfang an intendiert gewesen.

So hält Nicolas Werth, Verfasser des Kapitels über die Sowjetunion, der kommunistischen Bewegung nach wie vor zugute, sie sei, im Gegensatz zum Nationalsozialismus, eine »Ideologie zur Befreiung der Mehrheit der Menschen« gewesen. Man dürfe, sekundierte Co-Autor Jean-Louis Margolin, die Bilanz nicht auf die Zahl der Toten reduzieren.

Auch die Zeitschrift *Le Monde diplomatique* agitierte gegen »Historiker, die Slogans der extremen Rechten übernehmen und so tun, als würden sie ein ›Nürnberg des Kommunismus‹ veranstalten«. Man könne aber die Realitäten der beiden Systeme nicht »vermischen«, weil sie auf völlig verschiedenen historischen Zielstellungen basierten.

Ob es weniger schlimm sei durch Pol Pot als durch Hitler ermordet zu werden, fragte der Philosoph Jean-François Revel, Mitglied der Académie française, im konservativen *Figaro* zurück. Die Nazis hätten ihre Absichten nie versteckt, die Kommunisten dagegen Ideale vorgetäuscht. Er sei, so Revel, »fast geneigt, das noch schlimmer zu finden, weil zum Verbrechen auch noch die Lüge kam«.

Der Chefredakteur der kommunistischen *Humanité* wehrte sich gegen den »für Kommunisten, die gegen die Nazi-Herrschaft kämpften, menschlich unerträglichen« Vergleich und berief sich auf den Ausspruch des italienischen Schriftstellers und KZ-Häftlings Primo Levi: »Man kann den Nazismus nicht ohne Gaskammern denken, wohl aber den Kommunismus ohne Lager.« Das *Schwarzbuch* freilich besagt in Punkt zwei das Gegenteil.

Der Streit erreichte sogar das Parlament. »Stalins Sowjetunion war, was immer man von ihr halten mochte, unser Alliierter gegenüber Deutschland«, rief Frankreichs Premier Lionel Jospin bei der Sitzung am 12. November in einer in Aufruhr begriffenen Nationalversammlung. Er weigere sich, so der Regierungschef, Nazismus und Kommunismus gleichzusetzen.

Anlaß für den Tumult war die Forderung eines Abgeordneten der liberalkonservativen UDF – mit Anspielung auf die kommunistischen Minister in der Regierung – nach Definition der »Verantwortlichkeit derer, die diese Greueltaten unterstützt haben«.

Nachdem sich Jospin demonstrativ vor seinen Koalitionspartner gestellt hatte, verließen die UDF-Abgeordneten protestierend den Plenarsaal. Die Gaullisten, peinlich daran erinnert, daß in der ersten von Charles de Gaulle geführten Regierungskoalition Kommunisten saßen, blieben auf ihren Bänken sitzen. So endete die politische Debatte um das *Schwarzbuch* vorerst mit einem kuriosen Resultat: die Rechte gespalten, die Linke noch fester geeint.

Quelle: Focus, 48/1997

CHRISTIAN GEULEN

Von der Unmöglichkeit einer historischen Bilanz. Das vieldiskutierte *Schwarzbuch des Kommunismus* nun in deutscher Übersetzung

Zahlen muß man nicht übersetzen: 100 Millionen bleiben 100 Millionen, ob auf französisch oder auf deutsch. Die Zahl bleibt Zahl – monströs und nichtssagend, weil sie zählt statt zu erzählen. Ebenso monströs und nichtssagend erscheint der Unterschied, den sie markieren soll: 100 Millionen Opfer des Kommunismus gegen 25 Millionen Opfer des Nationalsozialismus. Auch dazu bedarf es keiner Übersetzung: eine Differenz von 75 Millionen Toten, ein schier unüberbrückbarer Abstand.

An ihm hat sich im Herbst vergangenen Jahres die Debatte um das *Livre noir du communisme* entzündet. Sie bewegte sich zwischen zwei sehr radikalen, weil nicht mehr vermittelbaren, Thesen: 1. Daß der Kommunismus um vieles tödlicher war als der Nationalsozialismus und das eigentliche Übel des 20. Jahrhunderts. 2. Kommunismus und Nationalsozialismus sind unvergleichbar, sie können und dürfen nicht miteinander verglichen werden.

75 Millionen Tote beweisen das eine so gut wie das andere.

Jetzt ist das *Schwarzbuch des Kommunismus* auf deutsch erschienen. 900 Seiten stark, der komplette Text der französischen Ausgabe, ergänzt um Essays von Ehrhart Neubert und Joachim Gauck über den Kommunismus in seiner DDR-Variante. Endlich. Denn jetzt stehen nicht mehr nur die Zahlen, sondern auch die ausführlichen und meist sorgfältig erarbeiteten Texte einer größeren deutschen Leserschaft zur Verfügung – Einzelstudien zu den Verbrechen der kommunistischen Regime in der Sowjetunion, aber auch in China, Polen, Afghanistan, Kuba, Vietnam, Korea und anderen Ländern.

Nicht die Verbrechen kommunistischer Regime an sich, sondern, die Tatsache, daß die Ideologie, in deren Namen sie ausgeführt wurden, mindestens bis 1991 von so vielen Menschen und nicht zuletzt von vielen Intellektuellen als eine echte, bessere und mögliche Alternative zum westlichen Kapitalismus angesehen wurde – dies ist das eigentliche Problem, dem sich Herausgeber und Autoren des *Schwarzbuchs* – teilweise mit Blick auf ihre eigenen Biographien – stellen möchten. Um dieses Problem als solches überhaupt in den Blick nehmen zu können, müssen sie die völlige Unverhältnismäßigkeit der Verbrechen des Kommunismus betonen. Sie suchen einen externen Ort, von dem aus die Wirklichkeit des Kommunismus als das ganz Andere der menschlichen Zivilisation deutlich wird, müssen aber feststellen, daß dieser Ort bereits besetzt ist und einen Namen hat: Auschwitz.

Auf diese Entdeckung, die den aufklärerischen Impetus des eigenen Projekts tatsächlich untergräbt, reagiert das *Schwarzbuch* mit drei so problematischen wie naheliegenden Kurzschlüssen: Die Berechtigung des Holocausts, Platzhalter des singulären Zivilisationsbruchs zu sein, wird in Frage gestellt; der Gedächtnisort des Holocausts, seine symbolische Repräsentationen und seine sprachlichen Kennzeichnungen werden für das eigene Gedenkprojekt funktionalisiert; und es wird eine neue Einmaligkeit, die Singularität von Auschwitz ersetzend, konstruiert. Aus 6 Millionen werden 100 Millionen, aus dem »Rassengenozid« wird ein »Klassengenozid«, der universalistische Anspruch der kommunistischen Idee gilt als Nachweis der Universal-Negativität ihrer Folgen, und das »Verbrechen gegen die Menschlichkeit« wandelt sich von einem völkerrechtlichen zu einem universalhistorischen Urteilskriterium.

Das Bemerkenswerte daran ist, daß diese erinnerungspolitische Mimesis weit weniger den Holocaust relativiert als vielmehr den anderen Opfern, deren Sprachrohr das *Schwarzbuch* sein will, ihre eigene historische Besonderheit abspricht. Mit Recht ist bereits in den Mahnmaldebatten auf die enthistorisierenden und entpolitisierenden Effekte eines allgemeinen Opfer-Gedenkens hingewiesen worden, das sich seine symbolische Annäherung an das eigentlich Unfaßbare durch eine Gleichschaltung der Opfer erkauft. Im *Schwarzbuch* führt der Versuch, ein universalhistorisches Verbrechen durch ein »noch universaleres« zu übertrumpfen, zu einem ähnlich problematischen Vergessen dessen, was den chinesischen Studenten vom Ostberliner Flüchtling, was den kubanischen Intellektuellen vom ukrainischen Bauern unterscheidet. Ist diese Abstraktion einmal erfolgt, dann ist die Lehre, die das *Schwarzbuch* aus all dem zieht, daß uns nämlich zwischen »Nationalsozialismus« und »Kommunismus« allein »Demokratie« als Zukunft bleibe, nicht mehr als das trockene Ergebnis einer Rechenaufgabe.

Im Gegensatz zu dieser vordergründigen Aufrechnungslogik machen die Einzelstudien, besonders diejenigen über die Sowjetunion und über China, vor allem eines deutlich: Die im Namen des Kommunismus Ermordeten, die Opfer kommunistischer Regime, ihres Terrors, ihrer »Liquidierungen«, ihrer Schikanen machen eine neue Anstrengung historischen Denkens, eine eigene, noch zu entwikkelnde Form vergleichender Geschichtsschreibung erforderlich. Die Begriffe, mit denen sie beschrieben, analysiert und zumindest teilweise verstanden werden können, liegen eben *nicht* vor. Es gibt keine Charakterisierungen, derer man sich angesichts der versammelten Fakten einfach bedienen könnte – auch nicht diejenigen, die bislang den Holocaust zu erfassen suchten. Dessen sind sich trotz der beschriebenen Kurzschlüsse wohl auch Herausgeber und Autoren des *Schwarzbuchs* bewußt.

So widmet sich etwa Stéphane Courtois in seinem Nachwort ganz anderen Fragen als denen, die in seinem umstrittenen Vorwort zur Sprache kommen: Unter dem einfachen Titel *Warum?* macht er zusammenfassend auf Aspekte des Kommunismus aufmerksam, welche die Notwendigkeit neuer Forschungskonzepte unterstreichen und seine Geschichte als eine Aufgabe und nicht als ein bereits Existentes und nur noch zu Beurteilendes erscheinen lassen.

Zu diesen Aspekten gehört unter anderem die Tatsache, daß auch die kommunistischen Regime des 20. Jahrhunderts – in einem weit höheren Maße als bislang wahrgenommen – von jenem wissenschaftlich-technologischen Diskurs der Produzierbarkeit von Fortschritt, Gleichheit und paradiesischen Gesellschaftszuständen bestimmt wurden, der in unterschiedlicher Weise auch die Ideologien des Liberalismus, Kapitalismus oder Nationalsozialismus mit geprägt hat. Als seine zwei wichtigsten Komponenten erwähnt Courtois die Idee der Herstellung »neuer Menschen« und die Grundannahme, daß »Gesellschaftskritik« letztlich immer eine sich in Konkurrenz und Kampf (zwischen Individuen, Gruppen, Klassen oder Rassen) befindende physische Bevölkerung zum Gegenstand habe.

Mit solchen Überlegungen begibt sich Courtois auf eine Ebene historischen Vergleichens, die mit den einfachen Aufrechnungen des Vorworts nichts mehr zu tun hat. Denn hier wird etwas deutlich, das noch viel beunruhigender ist als die Tatsache, daß der Kommunismus mehr Opfer forderte als der Nationalsozialismus: Es wird deutlich, daß beide Ideologien, jenseits der Frage ihrer nachträglichen Vergleichbarkeit oder Nicht-Vergleichbarkeit, bereits einem größeren, vorgängigen historischen Zusammenhang angehören. Die im *Schwarzbuch* ansatzweise dokumentierte Geschichte des Kommunismus zeigt, was auch die Geschichten des Imperialismus, des Nationalismus, des Rassismus und des Nationalsozialismus zeigen und was Foucault als eines der Grundprobleme moderner Geschichte und Geschichtsschreibung bezeichnet hat: Daß in der Moderne eine kritische Analyse von Macht und Unterdrückung nicht ohne eine kritische Analyse von Freiheit und Befreiung auskommt.

Vor diesem Hintergrund ist das Problem, das die Herausgeber und Autoren des *Schwarzbuchs* umtreibt – die verbrecherische Seite einer Ideologie anerkannt zu sehen, die für eine bessere, gerechtere Gesellschaft eintrat –, durch die Publikation und die Voranstellung eines aufrechnenden Vorworts gerade nicht gelöst. Statt dessen markiert das *Schwarzbuch*, einschließlich der Debatte, die es auslöste, das Ende jener zur Zeit beliebten Illusion, man könne die bestimmenden Phänomene und großen Fehler des 20. Jahrhunderts kurzerhand bilanzieren, um befreit ins nächste zu schreiten.

Quelle: Frankfurter Rundschau, 27. Mai 1998

ALBERT C. SELLNER

Karl Marx, der Visionär und Kulturimperialist. Zum *Schwarzbuch des Kommunismus* – ein Essay über die Quellen des großen Hasses

Das Entstehen eines Weltmarkts und die »Globalisierung« waren im Jahre 1848 schon erkennbar. Es lohnt sich eine kleine Zitatenlese aus dem *Kommunistischen Manifest* von Marx und Engels:

»Das Bedürfnis nach einem stets ausgedehnteren Absatz für ihre Produkte jagt die Bourgeoisie über die ganze Erdkugel. (...) Die uralten nationalen Industrien werden verdrängt durch neue Industrien, deren Einführung eine Lebensfrage für alle zivilisierten Nationen wird, durch Industrien, die nicht mehr einheimische Rohstoffe, sondern den entlegensten Zonen angehörige Rohstoffe verarbeiten und deren Fabrikate nicht nur im Lande selbst, sondern in allen Weltteilen zugleich verbraucht werden.«

»Die Bourgeoisie reißt (...) durch die unendlich erleichterte Kommunikation auch die barbarischsten Nationen in die Zivilisation.«

Soweit Marx und Engels. Allerdings wissen wir, daß diese scharfsinnige Analyse Bestandteil eines der repressivsten Systeme der Weltgeschichte wurde. Wo steckt also das Falsche im Richtigen? Welche Munition ist in ihren Texten versteckt, die für den späteren Gebrauch durch linkstotalitäre Ideologien geeignet war?

Auffällig ist die militärische Färbung des Wortschatzes von Marx und Engels. Die Kräfte des Marktes sehen sie als Waffen, mit denen überständige Verhältnisse wie Festungsmauern zerschossen werden. Die Herstellung neuer »Produktionsverhältnisse« verstehen sie als gigantischen Akt der Mobilmachung.

Mit dem Selbstverständnis der »Bourgeoisie« hatte dies gar nichts gemein: Deren Ziel war gerade die Verbannung der Gewalt aus dem öffentlichen Leben, äußerer Friede, das Eindämmen von Militär und Bürokratie, Freiheit von obrigkeitsstaatlicher Gängelung des Geistes. Das entsprach ihren Interessen. Grundlage der Marktverfassung ist der Marktfriede.

Marx und Engels aber zeichnen das Bild eines militärischen Oberkommandos, in dem die einzelnen Wirtschaftszweige als Teilarmeen fungieren. »Arbeitermassen, in der Fabrik zusammengedrängt, werden soldatisch organisiert. Sie werden als Industriesoldaten unter die Aufsicht einer vollständigen Hierarchie von Unteroffizieren und Offizieren gestellt.«

Das hat wenig mit dem tatsächlichen Verlauf der Industriellen Revolution zu tun – dafür drängt sich der Vergleich mit dem Aufbau der sowjetischen Industrie geradezu auf.

Marx und Engels glänzten durch die Denunziation aller Gemäßigten. Die Revolution mußte für sie nach dem Schema der Französischen Revolution ablaufen und am Ende die radikalste Partei – ihre Partei – an die Macht bringen. Mittel dazu war der Vernichtungskrieg gegen konterrevolutionäre Klassen und Völker.

Das qualitativ Neue einer Gesellschaft, die das Recht des Stärkeren ersetzt durch eine Kultur des Tausches und einer diskutierenden Öffentlichkeit, blieb ihnen fremd. Der das ganze 19. Jahrhundert beherrschende Diskurs, wie Gewalt zu bändigen und eine zivile Ordnung herzustellen sei, schien ihnen Heuchelei

Dies kennzeichnet 1848 und 1849 durchgehend die Politik der *Neuen Rheinischen Zeitung (NRZ)*, des »Organs der Demokratie«. Für Marx und Engels, die beiden Chefs, ist klar: Ihre Vorstellung von »Demokratie« wird sich nur in »Weltkriegen« verwirklichen lassen.

Fix- und Angelpunkt ist die leidenschaftliche Propaganda eines revolutionären Kriegs gegen Rußland, dessen Zarentum der Hort der »Reaktion« ist. Man hat in der Dauerpolemik der *NRZ* gegen Rußland und slawische Völker einen heimlichen Nationalismus gelesen, doch die Quelle dieses Hasses ist eine andere.

Die *NRZ* schoß sich auf die Tschechen, Slowaken und Ruthenen (Ukrainer) ein, deren Bauernbevölkerung ihren Grundherren mehr traute als den Demokraten.

Während im Juni 1848 noch den Tschechen das Zertifikat »sozialrevolutionär« zugestanden wird, wandelt sich das Urteil im Lauf des

Sommers. Als im Herbst kroatische, ruthenische und tschechische Regimenter gegen die ungarischen und Wiener Aufständischen vorgehen, wird die *NRZ*-Redaktion feindselig.

Engels kann selbst an den demokratischen Kräften unter den Tschechen nur »Schurken oder Phantasten« erkennen. Als der Wiener Oktoberaufstand niedergeschlagen wird, schwindet jede Zurückhaltung. Die Korrespondenten der *NRZ* aus Wien, namentlich der rassistische Müller-Tellering, titulieren die kleinen slawischen Völker nur noch als »tierisch-blödsinnige Slaven«, »blödsinnige Slavenesel«, »niederträchtige Hunde von Slaven und Ruthenen«, »Tschechenhunde«, »Kroatenabschaum«.

Im Februar 1849 legt Müller-Tellering antisemitisch nach: »Man fühlt in Österreich im ganzen Volke, daß das Judenvolk dort die niederträchtigste Sorte von Bourgeoisie und den gemeinsten Schacher repräsentiert, darin liegt die ganze Antipathie gegen das Judengesindel.«

Die Chefredakteure in Köln deckten all das. Marx selber schrieb Ende des Jahres in einem Leitartikel: »In Wien erwürgten Kroaten, Panduren, Tschechen, Sereschaner (eine aus Südslawen gebildete Heerestruppe) und ähnliches Lumpengesindel die germanische Freiheit.«

Wer dies als typisch für den damaligen Stil streitbarer Publizistik herunterspielt, der unterschätzt den nach Systematisierung drängenden Geist der Väter des Marxismus. Sie zauberten aus dem Hut eine Theorie der »Völkerabfälle«, dem Untergang geweiht. »Der nächste Weltkrieg wird nicht nur reaktionäre Klassen und Dynastien, er wird auch ganze reaktionäre Völker vom Erdboden verschwinden machen. Und das ist auch ein Fortschritt«, schreibt Engels.

Deshalb fordert er »unerbittlichen Kampf auf Leben und Tod mit dem revolutionsverräterischen Slaventum; Vernichtungskampf und rücksichtslosen Terrorismus. (...) Auf die sentimentalen Brüderschaftsphrasen (...) antworten wir: daß der Russenhaß die erste revolutionäre Leidenschaft bei den Deutschen war und noch ist; daß seit der Revolution der Tschechen- und Kroatenhaß hinzugekommen ist.«

Engels hatte nichts übrig für den Anarchisten Bakunin und seine Parteinahme für die Südslawen, die unter dem Joch der ungarischen Revolutionsregierung standen. Die Ungarn seien im Gegenteil viel zu nachgiebig gegenüber den Kroaten, das sei konterrevolutionär.

Für die beiden Revolutionstheoretiker ist das Slawentum – mit Ausnahme der Polen – eine einzige »Vendée« (in der Französischen Revolution lehnten sich royalistische Bauern aus der Vendée gegen das jakobinische Regime auf). Nach dem Vorbild der Jakobiner müsse man die Slawen mir Feuer und Schwert austilgen.

Marx und Engels meinten nicht unbedingt die physische Ausrottung, sondern »nur« die terroristische Unterdrückung der Nationalbewegungen und des Panslawismus. Sie unterscheiden zwischen fortschrittlichen Nationen, die ein Lebensrecht haben, und »geschichtslosen« Völkern, die nur die Knute verdienen.

Inwieweit sie damit der Legitimation der Ausrottung ganzer Nationalitäten in kommunistischen Diktaturen vorgearbeitet haben, ist eine interessante Frage. Stalin, Mao Tse-tung, Pol Pot und Mengistu haben »konterrevolutionäre« Klassen und Völker liquidiert, ohne sich im einzelnen auf Marx zu berufen.

Ihr kriegerisches Verständnis der gesellschaftlichen Entwicklung hinderte Marx und Engels daran, die bürgerliche Zivilgesellschaft zu begreifen. Sie übersahen, daß das Freihandelsinteresse von britischen Manchester-Industriellen durchaus korrespondierte mit linksliberalen Prinzipien, internationalen Friedensbestrebungen und dem Willen zu sozialen und politischen Reformen. Für sie war das allenfalls die sentimentale Bemäntelung eines reinen Profitinteresses. (Heute steht die amerikanische Politik bei der europäischen Linken unter einem ähnlichen ideologischen Verdacht.)

In fast allen Äußerungen über die Mächte des 19. Jahrhunderts bleibt von Marxens Klarsicht in Sachen Weltmarkt wenig übrig. Statt dessen regieren Gewaltphatasien, die sich mit Versatzstücken aus Hegels Volksgeistlehre tarnen, wonach sich jede höhere zivilisatorische Stufe in einer konkreten Nation verkörpere.

Der Hegelianismus offenbart sich in späteren Jahren noch deutlicher in Engels Polemik gegen Bakunin, dessen Beharren auf dem Lebensrecht der slawischen Bauernvölker gegen die Germanisierung mit Hohn bedacht wird: Es sei ein Verbrechen, »daß die Deutschen und Magyaren zu der Zeit, als in Europa die großen Monarchien eine ›historische Notwendigkeit‹ wurden, alle diese kleinen, verkrüppelten, ohnmächtigen Natiönchen zu einem großen Reich zusammenschlugen und sie dadurch befähigten, an einer geschichtlichen Entwicklung teilzunehmen, der sie, sich überlassen, gänzlich fremd geblieben wären. Freilich dergleichen läßt sich nicht durchsetzen, ohne manch sanftes Nationalblümchen gewaltsam zu zerknikken. Aber ohne Gewalt und eherne Rücksichtslosigkeit wird nichts durchgesetzt in der Geschichte.«

An anderer Stelle statuiert Engels das Urteil: »Die ganze frühere Geschichte Österreichs beweist es bis auf den heutigen Tag, und das Jahr 1848 hat es bestätigt: Unter allen Nationen und Natiönchen Österreichs sind nur drei, die aktiv in die Geschichte eingegriffen haben, die noch jetzt lebensfähig sind – die Deutschen, die Polen, die Magyaren. Daher sind sie jetzt revolutionär. Alle anderen kleinen Stämme und Völker haben zunächst die Mission, im revolutionären Weltsturm unterzugehen.«

1851 holt Engels in einem Biref an Marx die letzte slawische Nation aus seinem Pantheon: »Die Polen haben nie etwas anderes in der Geschichte getan, als tapfre, krakeelsüchtige Dummheit gespielt. Auch nicht ein einziger Moment ist anzugeben, wo Polen (...) den Fortschritt mit Erfolg repräsentierte oder irgend etwas von historischer Bedeutung tat.«

In alldem zeigt sich – gegen das bürgerliche Prinzip der Gewaltenteilung und -begrenzung – das alte absolutistische Prinzip, wonach Opposition gegen den Herrscher ein Verbrechen ist. Im Zentrum der kapitalistischen Welt, in Großbritannien, hatte sich längst eine neue politische Kultur und ein liberaler Rechtsstaat herausgebildet. Nutznießer waren die geschlagenen Revolutionäre des Kontinents von Mazzini bis Kossuth, von Marx bis Engels. Sie wußten ihr sicheres Exil zu schätzen.

Im Herzen der Weltbourgeoisie war durch kluge Reformen der Ausbruch einer Revolution verhindert worden. Der freie Wettbewerb wurde abgesichert durch den legitimen Wettbewerb im politischen Bereich. Der spätere Tory-Premierminister Disraeli lobte 1845 die »gesunde und heilsame Kontrolle durch eine verfassungsmäßige Opposition«. Die Wahlrechtsreformen, die Abschaffung der Schutzzölle, die Fabrikgesetzgebung, die Ächtung der Sklaverei wurden nicht »auf dem Schlachtfeld« erkämpft, sondern von wechselnden Koalitionen der Vernunft, von fortschrittlichen Aristokraten, Kirchenleuten, gemäßigten Arbeiterführern und realitätstüchtigen Industriellen.

Und: Es waren englische »Beourgeois«, die neben Amerikanern

und Schweizern zum Motor einer Weltfriedensbewegung wurden. Der Dritte Weltfriedenskongreß wurde 1850 in der Frankfurter Paulskirche abgehalten, in einer Zeit, als die Revolutionäre noch imaginäre Armeen über ein phantasiertes Weltkriegsschlachtfeld schoben.

Quelle: Die Zeit, 28. Mai 1998

HEINRICH MAETZKE

Tausend Jahre Glückseligkeit. Oder: Was bedeutet schon eine Generation? Das *Schwarzbuch* zu den Jahrhundertverbrechen der Kommunisten

Am 5. April 1945 befreiten amerikanische Truppen das Konzentrationslager Ohrdruf nicht weit von Gotha. General Walker, der amerikanische Kommandeur, zwang den Bürgermeister von Ohrdruf und dessen Frau zum Marsch durch die Stätte des Grauens. Nach Hause zurückgekehrt, erhängten sich die beiden.

Etwas Ähnliches wie General Walker tun nun Stéphane Courtois und zehn Historiker, Politikwissenschaftler und Journalisten mit ihrem *Schwarzbuch des Kommunismus*: Sie zwingen ihre Leser zum Marsch durch sowjetische GULags, chinesische Laogai-Lager, kubanische Kerker und kambodschanische »Killing Fields« – weltweit hundert Millionen Opfer kommunistischer Herrschaft errechnet Courtois. Selbstmorde wie damals in Ohrdruf wird man heute aber nicht befürchten müssen. Die französichen Kommunisten wehren sich wütend gegen die Zumutung, die Courtois und seine Autoren ihnen bereiten. Die deutsche DKP hat sich in ihrer Parteizeitung schon über »die Verteufelung des Kampfes um eine sozialistische Zukunft« empört.

Helfen wird es ihnen nicht. Courtois' Bilanz des kommunistischen Gesellschaftsexperiments erzielt schon große Wirkung. In Frankreich, wo das *Schwarzbuch* vergangenen November erschien – pünktlich zum 80. Geburtstag der Oktoberrevolution –, waren bald 150 000 Exemplare des achthundertseitigen Buches verkauft, im Februar in Italien nach nur vierzehn Tagen 120 000. Der Piper Verlag hat nun die deutsche Übersetzung mit einer Startauflage von 100 000 Exemplaren herausgebracht.

»Könnte man nicht das soziale und politische Kräfteverhältnis in einem Staate radikal ändern? Zum Beispiel durch – die Ausrottung bestimmter Klassen der Gesellschaft?« Felix Dserschinskij stellte im August 1917 diese Überlegung an. Nur ein paar Wochen nach der Oktoberrevolution betraute Lenins Sowjetregierung ihn mit der Bildung der »Tscheka« – der »Allrussischen Sonderkommission zum Kampf gegen die Konterrevolution, die Spekulation und die Sabotage«, so die vollständige Bezeichnung der politischen Terrortruppe. Später wurde daraus der KGB.

Am 5. September 1918 proklamierte Lenins Regime den »Roten Terror« und forderte »Konzentrationslager« und »summarische Erschießungen«. Innerhalb zweier Monate richtete Dserschinkijs »Tscheka« zehn- bis fünfzehntausend Menschewiken, Sozialrevolutionäre, Offiziere, Polizisten, Verwaltungsbeamte, streikende Arbeiter, Kulaken genannte selbstständige Bauern hin. Mit dem Bürgerkrieg, schreibt der Historiker Nicolas Werth – er ist verantwortlich für den 250 Seiten langen Beitrag über den Kommunismus in der Sowjetunion –, hatte Lenins »Roter Terror« wenig zu tun. Der Petersburger Parteiführer Grigorij Sinowjew erklärte, ebenfalls im September 1918, worum es ging: »Um unsere Feinde zu vernichten, brauchen wir unseren eigenen sozialistischen Terror. Von den hundert Millionen Einwohnern des sowjetischen Rußland müssen wir etwa neunzig Millionen auf unsere Seite ziehen. Was die anderen angeht, so haben wir ihnen nichts zu sagen. Sie müssen ausgelöscht werden.«

Für die neunzig Millionen – im agrarischen Rußland von 1918 war das vor allem die bäuerliche Landbevölkerung – war das kein Versprechen, sondern eine Drohung. Die Sowjetregierung unterwarf sie einer unerbittlichen Versorgungsdiktatur. Requisitionsarmeen durchzogen plündernd und mordend das Land. Bauernunruhen brachten die Sowjetregierung in Bedrängnis. Die »Tscheka« richtete nun, so Werth, »Konzentrationslager« ein. Die Rote Armee setzte Artillerie, Flugzeuge und selbst Gasmunition ein.

Folge der Massaker und der Requisitionsexzesse war die »Große Hungersnot« von 1920 bis 1922. Fünf Millionen Menschen verhungerten. Für einen Augenblick mußte selbst Lenin zurückweichen. Seine »Neue Ökonomische Politik« ersetzte 1921 die willkürlichen Requisitionen durch Naturalsteuern. Aber das sollte nur ein kurzer Waffenstillstand im Krieg der Sowjetregierung gegen die Landbevölkerung sein. 1929 nahm Stalin eine schlechte Ernte zum Anlaß, um die

»totale Kollektivierung« und die »Liquidierung des Kulakentums als Klasse« zu verkünden. Wieder wehrten sich die Bauern – vergeblich. Mehr als zwei Millionen von ihnen wurden deportiert, Hunderttausende kamen um.

Die mörderischste Waffe des Sowjetregimes war der Hunger. Stalin, schreibt Werth, setzte sie planmäßig ein: Sechs Millionen Bauern verhungerten 1932/33, vor allem in der Ukraine. Stalin berichtete später dem britischen Premierminister Churchill von zehn Millionen Opfern: »Aber wir mußten es tun, um unsere Landwirtschaft zu mechanisieren. Am Schluß hat sich die landwirtschaftliche Produktion verdoppelt. Was bedeutet schon eine Generation?« Churchills Leibarzt Lord Moran hat Stalins Worte in seinem Tagebuch festgehalten.

Von den Terrorjahren 1936 bis 1938 hat man im Westen vor allem die spektakulären Moskauer Schauprozesse in Erinnerung, mit denen Stalin sich tatsächlicher oder vermeintlicher innerparteilicher Gegner entledigte. Tatsächlich war Stalins »Großer Terror« eine gigantische Gleichschaltungsaktion. Nicht nur die Partei war gemeint, sondern die ganze Gesellschaft: Alle Überreste der alten, vorrevolutionären Ordnung sollten verschwinden und mit ihr die alten bolschewistischen Kader aus der Bürgerkriegszeit.

Entsprechend dehnbar war die Definition der Opfer, die das Politbüro vorgab: »kriminelle Elemente«, »sozial gefährliche Elemente«, ehemalige Kulaken«, »Angehörige antisowjetischer Parteien«, »zaristische Funktionäre«. »Spion« war jeder, der mit dem Ausland in Berührung gekommen war: Bewohner von Grenzregionen, Angehörige nationaler Minderheiten, zurückgekehrte Kriegsgefangene, Amateurfunker, Briefmarkensammler, jeder, der eine Fremdsprache sprach. Politibüro und NKWD in Moskau gaben für das ganze Land Verhaftungs- und Hinrichtungsquoten vor, die regelmäßig »überfüllt« wurden: planwirtschaftlich betriebener Massenmord. Knapp 700000 Hinrichtungen errechnet Werth für 1937 und 1938. 362 Listen mit Todesurteilen hat Stalin selbst unterzeichnet.

1926 schlug Dserschinskij vor, »die unwirtlichen Zonen unseres Landes mit den parasitären Elementen aus unseren Städten zu bevölkern, nach einem vorbereiteten und von der Regierung bestätigten Plan«. Die GPU, wie Dserschinskijs »Tscheka« nun hieß, beschloß, die Arbeitskraft der Gefangenen systematisch auszubeuten. Riesige Kolonisierungsprojekte entstanden. Pharaonische Bauvorhaben am Weißen Meer, in Sibirien, verlangten nach Arbeitskräften. 1929 war das der Hintergrund der »Dekulakisierung«, »der massenhaften Deportation der selbständigen Bauern«. Die Sowjetunion war ein Sklavenstaat. Zwischen 1935 und 1941 stieg die Zahl der GULag-Häftlinge von 965000 auf 1,9 Millionen – unter ihnen befanden sich viele polnische und baltische Opfer des Hitler-Stalin-Paktes. Deportationen aus »befreiten« und annektierten Gebieten ließen die Häftlingszahlen auch nach Kriegsende weiter wachsen. 2,75 Millionen waren es, als Stalin am 5. März 1953 starb. Anfang der sechziger Jahre stabilisierte sich die Zahl der GULag-Häftlinge bei 900000.

Zwischen den Kriegen steuerte Moskau kommunistische Umsturzversuche in Deutschland, Ungarn, Bulgarien. Erfolg war ihnen beschieden. 1936 bis 1939 schreibt Courtois, »gab Spanien das Experimentierfeld ab«, auf dem Moskau die Techniken kommunistischer Machtergreifung testete, die dann ab 1945 in Osteuropa Anwendung fanden: Spanien sollte die erste Volksdemokratie werden. Hinter der Bürgerkriegsfront operierten schon sowjetische Henker.

Einen »langen Marsch in die Nacht« nennt Jean-Louis Margolin – der Historiker und Südostasien-Spezialist schrieb das hundertseitige Kapitel über den chinesischen Kommunismus – Chinas kommunistische Erfahrung. Sechzig Millionen Menschen fanden dabei den Tod. Im Gewaltakt, im »großen Sprung nach vorne«, wollte Mao 1958 die kommunistische Gesellschaft verwirklichen: Auf dem Lande wurden Tausende, Zehntausende von Familien zu riesigen »Volkskommunen« zusammengeschlossen. Gigantische agrarische Produktionszentren entstanden: Der Unterschied zwischen agrarischer und industrieller Produktion sollte aufgehoben werden.

»Drei Jahre der Anstrengungen und der Entbehrungen, tausend Jahre Glückseligkeit« verhieß die Propaganda. Aus taktischen Gründen hielt Mao an dem Unternehmen auch dann noch fest, als sich die Katastrophe schon abzeichnete. Die schlimmste Hungersnot der Weltgeschichte war die Folge. Zwischen 1959 und 1961 verhungerten dreißig Millionen Chinesen. Auf dem Lande spielten sich gräßliche Szenen ab. Kannibalismus war verbreitet: Verzweifelte Familien tauschten ihre Kinder, um sie dann zu essen. Ganz zurückgekehrt vom »langen Marsch in die Nacht« ist China auch heute noch nicht.

Hatte Pol Pots Terrorherrschaft überhaupt etwas mit Kommunismus zu tun? Die geläufige Formulierung vom »kambodschanischen Steinzeit-Kommunismus« soll Zweifel wecken. Aber die Verbindungen zwischen Maoismus und Pol-Potismus sind offensichtlich, Bezüge zum Marxismus-Leninismus europäischer Prägung ebenfalls: Pol Pot kam zum Kommunismus während des Studiums in Paris. Margolin hält für möglich, daß der Pol-Potismus nicht Entgleisung war, sondern vielmehr enthüllende Karikatur der kommunistischen Utopie.

Wie Mao wollte auch Pol Pot die kommunistische Gesellschaftsutopie auf einen Schlag verwirklichen. Nur noch schneller sollte es gehen, unter völligem Verzicht auf Übergangsphasen: Innerhalb zweier Jahre war die Kollektivierung des Agrarstaates abgeschlossen. Soziale Unterschiede wurden erledigt durch die Auslöschung der besitzenden Schichten, der Intellektuellen, der Kaufleute. Der Gegensatz zwischen Stadt- und Landbevölkerung wurde in einer Woche beseitigt: Die Städter wurden aufs Land getrieben. Die Abschaffung des Geldes war konsequent: Wer den freien Handel, den freien Markt, die freien Preise abschafft, ist von der Abschaffung der Währung nicht mehr weit entfernt.

Man mußte die Utopie nur wollen, wirklich wollen. In nur dreieinhalb Jahren ermordeten Pol Pots Rote Khmer zwei Millionen Kambodschaner, ein Viertel der Bevölkerung des Landes: »Für das Land, das wir aufbauen wollen, genügen eine Million gute Revolutionäre. Die anderen brauchen wir nicht. Lieber erschießen wir zehn Freunde, als daß wir einen Feind am Leben lassen.« 1979 setzte der Einmarsch der vietnamesischen Armee dem Grauen ein Ende.

Über die Frage, ob Kommunisten für sich in Anspruch nehmen können, die Vision von der besseren, gerechteren Welt zu vertreten, ist in den vergangenen fünfzig Jahren oft gestritten worden. Am 11. April 1948 hatte Raymond Aron, der Denker der totalitären Erfahrung unseres Jahrhunderts, in der Pariser Tageszeitung *Le Figaro* eine Antwort parat, für die er seither gehaßt worden ist: »Wer ein Regime, das Konzentrationslager einrichtet und eine politische Polizei unterhält, die jene der Zaren weit übertrifft, als Station auf dem Weg zur Befreiung der Menschheit betrachtet, der verläßt die Grenzen selbst der für Intellektuelle noch erträglichen Idiotie.«

Es ist schwer, Courtois' und seiner Autoren *Schwarzbuch* zu lesen und sich nicht an den Historikerstreit vor zwölf Jahren zu erinnern. Der Historiker und Faschismusforscher Ernst Nolte hatte damals die nationalsozialistische neben die kommunistische Gesellschaftsutopie gestellt und einen Zusammenhang zwischen nationalsozialistischem »Rassenmord« und kommunistischem »Klassenmord« gesehen. Der Weltkriegshistoriker Andreas Hillgruber glaubte für das letzte Kriegshalbjahr in der deutschen Kriegführung an der Ostfront auch Elemente eines Abwehrkrieges zu erkennen. Beides hätte man in aller Ruhe für plausibel oder unplausibel halten können. Der Frankfurter Soziologe Jürgen Habermas und der Bielefelder Historiker Hans-Ulrich Wehler warfen Nolte und Hillgruber »apologetische Tendenzen« – Verharmlosung des Nationalsozialismus – vor. Den Vorwürfen folgte eine Kampagne. Nolte wurde von Fanatikern tätlich angegriffen, Hillgruber öffentlich als »konstitutioneller Nazi« beschimpft. Habermas und Wehler haben seither nie etwas zurückgenommen.

Quelle: Frankfurter Allgemeine Zeitung, 2. Juni 1998

MANFRED HILDERMEIER

Im Reich des Bösen. Das *Schwarzbuch des Kommunismus* und die Fakten der historischen Forschung

Nun erhebt es wieder sein Haupt, das alte Problem: Ist »roter« Terror gleich »brauner« Terror oder noch schlimmer? Was vor zehn Jahren im »Historikerstreit« hohe Wellen schlug und nach Ernst Noltes Buch über den »Bürgerkrieg« im 20. Jahrhundert Schlagzeilen machte, dringt von Frankreich wieder in die deutsche Diskussion ein. Damals ging es zwar primär um die »Einzigartigkeit« von Auschwitz. Aber die Frage stellte sich vor dem Hintergrund der implizierten Gegenthese: daß die »Rattenkäfige« der *Tscheka* primär waren und Hitler letztlich »nur«, wenn auch perfektioniert und industrialisiert, nachahmte, was ihm das Sowjetregime vorgemacht hatte.

Nun ist nicht mehr von Dscherschinskij und seinen Schergen die Rede, sondern gleich von »dem« Kommunismus, so wie François Furet (der ein Vorwort schreiben wollte) vor einigen Jahren nicht nur das »Ende« seiner eigenen früheren »Illusionen« verkündete, sondern mit dem »Kommunismus im 20. Jahrhundert« insgesamt abrechnete.

Wer die öffentliche Erregung verstehen will, die das *Schwarzbuch des Kommunismus* in Frankreich auslöste, muß die bodenständigen Voraussetzungen bedenken. Ein politisches Lager und eine Weltanschauung stehen vor Gericht, die das Nachkriegsgeschehen in Frankreich tief geprägt und partiell in der moskautreuen KP einen institutionellen Anker besaßen. Der Angriff galt zuerst der eigenen Linken (so daß Frankreichs Premier selber sich veranlaßt sah, seinen Koalitionspartner in Schutz zu nehmen). Aber nach dem Zusammenbruch des Sowjetimperiums bot es sich an, zu einer generellen Breitseite auszuholen: Wenn das ganze Projekt, wo immer es realisiert wurde, nichts als Verderben gebracht hat, dann sind seine letzten Sympathisanten unbelehrbare Helfer einer verbrecherischen Politik.

In Deutschland trifft das Buch auf andere Diskussionen. Im Westen hat es zwar linke Intellektuelle gegeben, aber keine kommunistischen, in der alten DDR keine regime- und moskautreuen (jedenfalls nicht von Rang). An der Selbstkasteiung wird sich hier niemand beteiligen, und eine KP gibt es nicht. Und auch die Aufarbeitung der Vergangenheit in den neuen Bundesländern läuft sehr anders. Terror hat es, vor allem in der Nachkriegszeit, zur Genüge gegeben, Verfolgung und Unterdrückung auch. Aber von Massenvernichtung wird niemand im Ernst sprechen wollen.

Stachel im Fleisch sind vor allem das Ausmaß der verdeckten Überwachung und der Verrat von Nachbarn und Freunden. Terror im genaueren Sinn prägt dagegen die deutsch-deutsche gemeinsame Vergangenheit, in deren Sog die Debatte daher unweigerlich gezogen wird. Dabei geraten die Fronten durcheinander. Als Mitstreiter erscheinen, die bei Licht besehen keine sind; und Argumente ähneln einander, denen sehr verschiedene Motive zugrunde liegen. Rußland-Historiker kennen das Phänomen aus ihrer Fachdiskussion der letzten Jahre.

Die »deutsche« Lesart des *Schwarzbuchs* dürfte sich um so eher einstellen, als sie ebenfalls beabsichtigt ist. Der Spiritus rector des Unternehmens, Stéphane Courtois, läßt in der Einleitung keinen Zweifel daran. Der »erste Versuch, sich mit dem Kommunismus unter dem Gesichtspunkt der verbrecherischen Dimension ... zu beschäftigen«, soll kein Selbstzweck sein.

Die »kommunistischen Diktaturen« des 20. Jahrhunderts werden immer wieder mit dem Nationalsozialismus verglichen. Maßstab sind dabei die »Massenverbrechen«, die auch der Kommunismus »regelrecht zum Regierungssystem« erhoben habe. »Gnadenloser Klassenkampf ... nahm die Züge eines Genozids« an, war Rassenkampf mit anderen Zielen, aber sehr ähnlichen Mitteln und Folgen. Zum Leitmotiv wird auch hier der berüchtigte Satz des Tschekisten Latsis: »Wir führen nicht Krieg gegen bestimmte Personen. Wir löschen die Bourgeoisie als Klasse aus.«

Wenn damit nur auf die Pauschalität des Terrors als gemeinsamer Nenner verwiesen würde, wäre das Argument überzeugend. Aber das Buch will mehr und überschreitet seinen erklärten Zweck auf verräterische Weise: Ohne »irgendwelche makabren Vergleiche« aufstellen zu wollen, müsse doch auf das »unwiderlegbare« Faktum hingewiesen werden, »daß die kommunistischen Regime rund hundert Millionen Menschen umgebracht haben«, während es im Nationalsozialismus »25 Millionen waren«.

Daraus wird zwar nicht abgeleitet, daß der Kommunismus (jedenfalls im Weltmaßstab) schlimmer war als der Nationalsozialismus, aber doch angeraten, über die »Ähnlichkeit« beider Systeme nachzudenken. Und auch ein Hinweis, wie die Verwandtschaft unter anderem erklärt werden könnte, fehlt nicht: »Die von Lenin erarbeiteten, von Stalin und seinen Schülern systematisierten Methoden« nahmen nämlich die »Methoden der Nazis ... oftmals vorweg«. Daraus lasse sich zwar keine kausale Beziehung ableiten, aber ein Argument gegen die Einzigartigkeit des Juden-Genozids. Auschwitz habe das Böse des Totalitarismus so vollständig in sich verkörpert, daß der Blick für die Verbrechen des Kommunismus vernebelt worden sei. Eine solche »halbseitig gelähmte Geschichte« aber sei »nicht länger akzeptabel«. So bleibe es dem *Schwarzbuch* überlassen, das siebzigjährige Schweigen zu brechen und nun die ganze Wahrheit ans Licht zu bringen, »als moralische Verpflichtung, das Gedächtnis der Toten zu ehren«.

Dieser Bekenner-Gestus ist nicht unbekannt. Mit guten Gründen stößt er nicht nur in der Wissenschaft auf erhebliche Skepsis. Sachkenner fragen sich verwundert, wer eigentlich mit dem Schweigekartell gemeint ist. Was das »Herz des Systems in Moskau« angeht, so ist es mindestens seit fünfzig Jahren als mörderisch entlarvt. Kurz nach Kriegsende enthüllten die Ex-Menschewiki David Dallin und Boris Nicolaevskij ihre Kenntnisse über die sowjetischen Arbeitslager; das Buch erregte Aufsehen und wurde ins Deutsche übersetzt (1948).

In den sechziger Jahren sammelte Robert Conquest, heute Kurator der Hoover Institution in Stanford, alle verfügbaren Informationen – nicht zuletzt von ehemaligen Insassen und Flüchtlingen – und gab dem »Großen Terror« der Vorkriegsjahre einen Namen. Bald darauf erschienen die dokumentarischen Anklagen der Dissidenten, Roy Medwedews Buch über Stalins »Säuberungen« (*Die Wahrheit ist unsere Stärke*) und Alexander Solschenizyns *Archipel Gulag*, ferner autobiographische Versuche, die Lagererfahrung zu bewältigen (Wassilij Grossman, Warlam Schalamow und andere).

Und Anfang der achtziger Jahre fand auch der – quellenmäßig noch schwerer zu erfassende – Terror Lenins und der Tscheka eine bis heute unübertroffene Darstellung. Die Zwangskollektivierung und die Hungersnot der Jahre 1932-34 wurden mehrfach in all ihrer

Grausamkeit beschrieben, auch in der öffentlichkeitswirksamen Absicht, den Hunger als gezielten Versuch des Genozids an der ukrainischen Bevölkerung nachzuweisen (Robert Conquest).

In der politischen Theorie wurde seit Hannah Arendts Klassiker über die *Elemente und Ursprünge totaler Herrschaft* von 1951 auch über den systematischen Charakter des Sowjet-Terrors diskutiert. Merle Fainsod, Politikwissenschaftler in Harvard, veröffentlichte sein Standardwerk *Wie Rußland regiert wird*, das zentrale (und kluge) einschlägige Kapitel enthielt. Zbigniew Brzezinski verdichtete seinen Anteil an der idealtypisch-komparativen Beschreibung totalitärer Herrschaft Mitte der sechziger Jahre zur These, Systeme dieser Art seien als »permanente Säuberung« zu begreifen. Zahlreiche Stalin-Biographen befaßten sich mit den Schauprozessen, dem Treiben des Geheimdienstes NKWD und den Arbeitslagern.

Seit Verkündung der Glasnost hat sich eine neue Generation von Historikern darangemacht, Licht in die Stalinsche *Sonnenfinsternis* (Arthur Koestler) zu bringen. Die Inkubationszeit ist lang, so daß noch längst nicht alles veröffentlicht ist. Immerhin: Die ersten Datenreihen über die Insassen der Arbeitslager von 1934-53 wurden aus der Verschwiegenheit der Archive gehoben; die ersten genaueren Zahlen über die »Kulaken«, die von Haus und Hof vertrieben und im Eis der Tundra wieder aus den Viehwaggons ausgeladen wurden, liegen der Wissenschaft vor; die verschwunden geglaubten Ergebnisse der Bevölkerungszählung von 1937, deren Leiter erschossen wurden, weil die Daten nicht Stalins Wünschen entsprachen, wurden wiederentdeckt; Verhaftungslisten tauchten auf, von Stalin und seinen engsten Mitarbeitern höchstpersönlich unterzeichnet (mit über 39000 Todesurteilen); es fand sich ein Beschluß des Politbüros, die über 14000 polnischen Offiziere zu erschießen, die bei der Besetzung Ostpolens im Gefolge des Hitler-Stalin-Pakts 1939 gefangengenommen worden waren (man verscharrte sie bei Katyn und anderswo); und zahlreiche Dokumente wurden aus Beständen lokaler Tscheka-Agenturen und anderer Vorläufer des NKWD zutage gefördert, die belegen, daß der bolschewistische Staat auch vor dem Stalinismus im engeren Sinn mit maßloser Härte gegen seine Gegner vorging.

Was den einst gefeierten Matrosen von Kronstadt im März 1921 widerfuhr, mußten auch aufständische Bauern erfahren, die sich gegen den Raub ihrer letzten Getreidevorräte wehrten. Gerade das Dorf blieb bis zu seiner Unterwerfung 1929-32 (subkutan auch darüber hinaus) ein Menetekel, das den ersten »sozialistischen« Staat hartnäckig daran erinnerte, einen »Irrtum des Kolumbus« (Martin Malia) begangen und die Herrschaft des Proletariats in einem rückständigen Agrarland ausgerufen zu haben.

Wer also schwieg, so daß der Welt nun endlich die ungeschminkte Wahrheit eröffnet werden muß? Gerade die, die das *Schwarzbuch* kaum der Mitwisserschaft verdächtigen wird, haben *nicht* geschwiegen. Und diejenigen, die vielleicht gemeint sind, auch nicht. Sie haben aber jüngst etwas getan, das manchen gar nicht gefällt: die Zahlen für die Sowjetunion deutlich nach unten korrigiert. Statt sieben bis acht Millionen *Insassen* von 53 Arbeitslagern und 425 Arbeitskolonien am Vorabend des Zweiten Weltkriegs, wie die verbreitete Schätzung besagte, lassen sich »nur« rund 3,5 Millionen belegen und statt einer selten präzisierten, aber auf mehrere Millionen geschätzten Anzahl »vorzeitiger« Todesfälle »nur« 2,3 Millionen.

Die Glaubwürdigkeit dieser Zahlen wurde heftig bestritten, weil sie aus NKWD-Archiven stammen. Man streute auch den Vorwurf, ihr Entdecker sei gekauft worden. Bislang gibt es aber keine zuverlässigeren, so daß eine seriöse Darstellung gut daran täte, sie zumindest zu erwähnen. Jedenfalls kann es nicht angehen, Opfer – im Sinne von temporär Eingesperrten – mit Opfern im Sinne von tatsächlich Verstorbenen (Hunger, Krankheit, Erschöpfung als Ursache dabei eingeschlossen) gleichzusetzen. Von zwanzig Millionen Toten, die Courtois der Sowjetmacht anlastet, hat nicht einmal die gröbste Schätzung des letzten halben Jahrhunderts gesprochen. Dies ist *pravda*, keine Wahrheit, und alles andere als ein gutes Omen für die Glaubwürdigkeit der übrigen »Fakten« über die Verbrechen »des« Weltkommunismus.

Schon ein genauerer Blick in sein eigenes Buch hätte Courtois eines Besseres belehren müssen. Denn was Nicholas Werth im ersten, großen Abschnitt von 250 Seiten über die Politik des Sowjetstaates »gegen sein Volk« zu sagen hat, bewahrt wohltuende Distanz zum durchsichtigen Bekennertum wie auch zu den suggerierten Folgerungen. Auch er steht (linkem) Revisionismus fern, bewegt sich aber auf dem neuesten Kenntnisstand und formuliert – etwa in der umstrittenen Frage der Verursachung des Terrors – bedenkenswerte Mittelpositionen.

Was über die Komintern und das »übrige Europa« folgt, zeichnet sich durch erheblich größere Disparität und Raffung aus. Dem Kenner sagt das meiste wenig Neues. Er wird sich fragen, wie sinnvoll es ist, Daten und Fakten aus verschiedensten Kontexten in einer Form aneinanderzureihen, die auf Erläuterung weitgehend verzichtet. Die schiere Masse soll Eindruck erzeugen; ein Unrecht und Verbrechen jagt das andere. Daß dabei Sequenzen entstehen, die höchst Unterschiedliches miteinander verbinden, scheint entweder nicht zu stören oder gehört zur Methode. Von Bela Kun über den Spanischen Bürgerkrieg bis zu Arafat und Baader-Meinhof, vom russisch-polnischen Grenzkrieg 1920 über die Liquidierung vermeintlicher polnischer Aktivisten auf sowjetischem Boden durch »N. Etschow« (worunter sich der NKWD-Chef Jeschow verbirgt) im Sommer 1937 und das Massaker von Katyn bis zur Ermordung des Priesters Popieluszko 1984 – der Kommunismus wütete überall.

Aber die Perspektive wird noch erweitert. Nach einem – kompetenten – Abschnitt über China geraten auch Nordkorea, Vietnam, Laos, Pol Pots Schreckensregiment in Kambodscha, Äthiopien, Angola, Mosambik, Kolumbien, Nicaragua und Kuba zwischen die Buchdeckel. Ein solch globaler Blick verlangt eine Antwort auf die Frage, was denn die versammelten Untaten quer durchs 20. Jahrhundert und rund um die Welt miteinander verband. Warum tat »der« Kommunismus dies alles?

Die Antwort wäre dort zu suchen, wo intelligente Verfechter einer westlichen und strukturellen Ähnlichkeit totalitärer Regime sie stets vermutet haben: in der Verbindung von diktatorisch ausgeübter staatlicher Zwangsgewalt und weltgeschichtlich für notwendig gehaltener Ideologie. Natürlich hat der Untergang des Ostblocks die Frage nach dem Charakter kommunistischer Regime und ihrer Verwandtschaft mit dem Nationalsozialismus reaktiviert. Bei verschiedenen Vergleichen neuer Art, die das Totalitarismusmodell der fünfziger und sechziger Jahre überwinden wollen, zeichnen sich auch – trotz bleibender gravierender Unterschiede vor allem im ökonomisch-zivilisatorischen Niveau – Analogien ab. Sie dürften am ehesten im Bereich der Mentalitäten, der verhaltensprägenden Einstellungen zu suchen sein.

Man sprang bei Planungen von Transfers ganzer Bevölkerungsgruppen, bei Aufbau-, Umsiedlungs- oder gar »Umvolkungs«projekten skrupellos mit Menschen um. Der Schutz des Individuums – Zentralbegriff aller »zivilgesellschaftlichen« Ordnungsvorstellungen – galt nicht als Wert, Gewalt gegen einzelne nicht als Hinderungsgrund, weil sie durch eine bessere Zukunft gerechtfertigt schien.

Solche Überlegungen – von exsowjetischen Regimekritikern, aber auch von den scharfsinnigeren »Abrechnungen« mit dem Sozialismus angestellt – sind den Initiatoren des *Schwarzbuchs* offenbar nicht geläufig. Vielleicht paßten sie auch nicht ins Konzept. Denn wie modifiziert auch immer, sie beziehen sich primär auf die Zwischenkriegszeit und den Stalinismus. Das *Schwarzbuch* aber will mehr: *das* »kommunistische System« anklagen, allüberall, »solange es existierte«. Daß der Beitrag über die Sowjetunion mit guten Gründen 1953 abbricht, ficht seine Initiatoren ebensowenig an wie Hinweise auf starke autochthone Komponenten gerade des asiatischen »Sozialismus«.

Was bleibt, ist die schiere Massivität einer globalen Zusammenstellung terroristischer Aktionen in kommunistischen Staaten – und daraus dürfte das *Schwarzbuch* einen erheblichen Teil seiner öffentlichen Wirkung beziehen. Nur was eigentlich demonstriert werden soll, bleibt unbewiesen: daß »Massenverbrechen« zeit- und ortsunabhängig zum Wesensmerkmal »des« etablierten Kommunismus gehören und daß der »rote« Terror mindestens so schrecklich war wie der »braune«. Wem wäre auch mit der verqueren Logik gedient, daß der Gulag und Pol Pot Auschwitz noch in den Schatten stellten? Den Opfern oder auch nur dem historischen Verständnis?

Quelle: Die Zeit, 4. Juni 1998

MANFRED HENNINGSEN

Der Holocaust und andere Demozide

Die Fixierung der westlichen Welt, vor allem aber der USA auf den jüdischen Holocaust macht es schier unmöglich, die historische Wirklichkeit zu begreifen, daß im 20. Jahrhundert annähernd 170 Millionen Menschen Opfer rechter und linker Terrorregime geworden sind. Diese These von der Einzigartigkeit des Holocaust läßt die wissenschaftliche Diskussion über die Vergleichbarkeit völkermörderischer Terrorregime fast alle illegitim erscheinen. Wissenschaftler, die dieses Frageverbot nicht akzeptieren und den Holocaust mit anderen Terrorregimen vergleichen, setzen sich der Gefahr aus, als historische Revisionisten denunziert zu werden.

Diese Gefahr ist neueren Datums, da die vier Siegermächte des Zweiten Weltkrieges um diese mögliche Vergleichbarkeit von Terror gewußt und sie gefürchtet haben und deshalb den Genozid an den europäischen Juden, der damals noch nicht Holocaust genannt wurde, nicht unter die Anklagepunkte im Nürnberger Prozeß aufnehmen wollten. Entgegen den populären Vorstellungen über den Prozeß sind die Hauptangeklagten nicht wegen des Holocaust, sondern wegen anderer Verbrechen verurteilt und hingerichtet worden.

Das erstaunliche Ausklammern des jüdischen Holocaust in Nürnberg wurde von Justice Robert Jackson, dem amerikanischen Hauptankläger, damit begründet, daß, wie er in den Londoner Vorverhandlungen zum Prozeß im Juni 1945 seinen britischen, französischen und sowjetischen Kollegen erklärte, »wir gelegentlich in unserem eigenen Land bedauernswerte Umstände haben, in denen Minderheiten unfair behandelt werden«. Ob diese Bemerkung Jacksons auf Indianer oder Schwarze gemünzt war, erläuterte er nicht. Auch Raoul Hilberg, der in seinem dreibändigen Werk über *Die Vernichtung der europäischen Juden* (1989) ausführlich über diese Weigerung der Londoner Delegierten, die »Vernichtung der europäischen Juden als Verbrechen *sui generis*« zu behandeln, geschrieben hat, erklärt Jacksons Bemerkung nicht.

Die Vermutung liegt nahe, daß Jackson primär nicht an sein eigenes Land gedacht hat, da die Sensibilität für amerikanischen Rassismus in den USA im Augenblick des triumphalen Sieges über Nazideutschland und während der Weiterführung des pazifischen Krieges gegen Japan bis August 1945 nicht besonders ausgeprägt war. Er hat wahrscheinlich befürchtet, daß der geplante Prozeß gegen die Naziführung durch die zunehmenden Berichte über die Opfer des sowjetischen Gulag-Regimes schweren Belastungen ausgesetzt werden könnte. Zudem hätten Fragen über die britische Weigerung, Juden vor und während des Krieges nach Palästina einwandern zu lassen und Fragen an die amerikanische Adresse, warum sie sich geweigert hatten, zum Beispiel die unausgeschöpfte deutsche Einwanderungsquote vor der deutschen Kriegserklärung vom 9. Dezember 1941 für jüdische Flüchtlinge freizugeben, zu unerwünschten Kontroversen während des Prozesses führen können. Die Delegierten waren sich einig, daß der Prozeß stattfinden sollte. Deshalb bemühten sie sich auch, alle interalliierten Konflikte zu vermeiden. Jackson hatte den Russen mit seiner amerikanischen Selbstkritik eine Eselsbrücke gebaut, die sie dann auch mit großer Selbstsicherheit betraten. In den Londoner Verhandlungsprotokollen gibt es keine sowjetischen Geständnisse, die Jacksons selbstkritischen Beobachtungen zur Seite gestellt werden könnten.

Wer *Le Livre noir du communisme – Crimes, terreur, repression* liest, begreift, wie zweifelhaft, wenngleich verständlich die Entscheidung der westlichen Alliierten im Jahr 1945 gewesen ist.

Der Hauptherausgeber des Buches, Stéphane Courtois, läßt an seiner Einstellung zum Vergleich kommunistischer und nazistischer Verbrechen keine Zweifel aufkommen. Er kontrastiert bereits in der Einleitung die »Verbrechen des Kommunismus« mit denen der Nazis, wenn er von den 100 Millionen Opfern des Kommunismus und den 25 Millionen der Nazis spricht. Mit dieser provozierenden Gegenüberstellung will er nicht nur das Schweigen über die Vergleichbarkeit faschistischer und kommunistischer Terrorregime brechen. Er will zugleich die Kollaboration der kommunistischen Parteien im Westen und ihrer intellektuellen Mitläufer an dieser Ökonomie des Terrors anprangern.

Im französischen Fall führte das bereits im Dezember 1997 zu einer Parlamentsdebatte, in der Premierminister Lionel Jospin seinem kommunistischen Koalitionspartner ganz im Nürnberger Stil die historische Absolution erteilte, da die KPF zur antifaschistischen Front gehört hatte. Dieser Versuch der Linken, sich um die Aufarbeitung des revolutionären Morderbes von Lenin bis Pol Pot herumzudrücken, wird durch das *Livre noir* unmöglich gemacht. Denn die globale Aufrechnung, die von den sechs Autoren für Europa, Afrika, Asien und Lateinamerika geleistet wird, läßt trotz der unterschiedlichen Akzentuierung in einzelnen Beiträgen keinen Zweifel an der makrokriminellen Dimension der marxistischen Utopieverwirklichung aufkommen. Die ideologische Phantasie, die im 20. Jahrhundert so erfolgreich an die Macht gekommen ist, verwirklichte sich mit vergleichbaren Zielen und Methoden in faschistischen und kommunistischen Terrorregimen.

Die Autoren des *Livre noir* sind keineswegs die einzigen Wissenschaftler, die sich mit vergleichbarem Terror beschäftigen, auch wenn es vor allem Historiker und nicht Sozialwissenschaftler sind, die sich für dieses signifikante Phänomen des 20. Jahrhunderts interessieren. Der amerikanische Politikwissenschaftler Rudolph Rummel (University of Hawaii) hat seit 1990 fünf Bücher zu diesem Thema veröffentlicht. Sie befassen sich mit der Sowjetunion (*Lethal Politics*), den beiden China (*China's Bloody Century*), Nazideutschland (*Nazi Democide*) und den vergleichbaren Aspekten dieser megalomanischen Regime, die jeweils mehr als zehn Millionen Menschen umgebracht haben (*Death by Government*). Sein bisher letztes Werk, *Statistics of Genocide*, beschäftigt sich mit jenen Regimen, die jeweils »nur« eine bis zehn Millionen auf dem Gewissen haben wie zum Beispiel Hirohitos Japan, die Türkei, Nordkorea, Titos Jugoslawien und vor allem Pol Pots Kambodscha. Daß Rummel für diese Arbeit keinen Verleger gefunden hat, sondern sie in mimeographierter Form von einem Institut an der Universität Virginia vertreiben läßt, erklärt sich nicht allein aus der spröden Datenpräsentation, sondern gehört auch zum allgemeinen Desinteresse am Vergleich von Völkermord in den USA.

Seltsamerweise wird Rummel auch nicht im *Livre noir* der Franzosen erwähnt, obgleich vor allem seine Begriffsschöpfung »Demozid« für die Studie der Franzosen hilfreich gewesen wäre. Der Begriff Demozid wurde von Rummel gewählt, weil Genozid seit der Völkermord-Konvention der Vereinten Nationen von 1948 eine ethnisch-rassische Gruppenidentität für die Opfer voraussetzt. Diese spezifische Identität trifft für die meisten Terrorregime im 20. Jahrhundert nicht zu, die ihre Opfer neben ethnisch-rassischen nach sozialen, politischen, religiösen, intellektuellen, medizinischen und anderen Kriterien aussortieren. Selbst Nazideutschland ließe sich besser als Demozid-Regime charakterisieren, weil die Mehrheit der 25 Millionen Opfer – Rummel spricht von 21 Millionen – nicht Juden waren.

Demozide sind das direkte Resultat von Machtbefehlen, die aus dem politischen Funktionszentrum eines Regimes kommen. Sie entstehen nicht als spontane Pogrome oder als kulminierende Aktion einer ideologischen Entwicklung, wie etwa Daniel Jonah Goldhagen das für den Holocaust durch Rekurs auf einen virulenten, in der deutschen Gesellschaft tief verwurzelten Antisemitismus zu belegen versuchte. Demozide werden von Regimen veranstaltet, um wahnlogische Projekte der Weltveränderung, die Führer wie Lenin, Stalin, Hitler, Mao und Pol Pot konzipierten, in die Tat umzusetzen.

Hannah Arendt hatte bereits 1951 in ihrem Werk *Ursprünge und Elemente totaler Herrschaft* auf die Vergleichbarkeit zweier ideologischer »Zwangsdoktrinen« hingewiesen. Sie schrieb damals: »Die eine ist die zur Ideologie erstarrte marxistische Lehre vom Klassenkampf als dem eigentlichen Motor der Geschichte und die andere ist die von Darwin angeregte und mit dem marxistischen Klassenkampf in mancher Beziehung verwandte Lehre von einem von der Natur vorgeschriebenen Rassenkampf, aus dem sich der Geschichtsprozeß, vor allem der Auf- und Abstiegsprozeß von Völkern ableiten läßt.« Ihr Ansatz wurde nicht fortgesetzt, da sich weder die Konservativen noch die Linken angesprochen fühlten. Es erging ihr zwar damals nicht so schlimm wie Albert Camus, der 1951 nach der Veröffentlichung seines Essays über die Ursprünge der spekulativen Wahnlogiken, *L'Homme révolté*, von Sartre und seinen Mitläufern zum intellektuellen Aussätzigen erklärt wurde. Arendt erlebte dieses Schicksal erst nach dem Erscheinen von *Eichmann in Jerusalem* (1963), als man sie bewußt mißverstehen wollte. Sie begriff das Böse nicht als Spezifikum der deutschen Kulturentwicklung, sondern als menschliches Verhaltenssyndrom, dessen Banalität universal ist und sich deshalb auch anderswo manifestieren kann. Das *Schwarzbuch* belegt auf vergleichender kontinentaler Breite, wie richtig Hannah Arendts Einsichten schon damals gewesen sind.

Die Beschreibung der Einnahme Nankings durch japanische Truppen im Dezember 1937, die Iris Chang 1997 in ihrem Buch *The Rape of Nanking – The Forgotten Holocaust of World War II* gibt, bestätigt nicht nur, wie richtig die Vergleichsperspektive selbst, sondern wie verbreitet die Verdrängung von Makroverbrechen ist, die nicht zum eigenen Erfahrungshorizont gehören. Daß die Japaner bis heute den von der kaiserlichen Armee befohlenen und organisierten Massenmord an 300000 Menschen und die Vergewaltigung von nahezu 80000 Frauen in weniger als sechs Wochen nicht in ihrer Geschichte behandeln, gehört zur Verlogenheit des zeitgenössischen Kaisersystems, das zum Beispiel durch einen jüngeren Bruder Hirohitos direkt in die Verbrechen involviert war.

Iris Chang kontrastiert das Schweigen der Japaner über ihre »Orgie der Grausamkeit« mit der Erinnerungsarbeit der Deutschen. Sie stellt dieses Schweigen aber auch dem jährlichen Ritual gegenüber, das in Hiroshima und Nagasaki für die 140000 beziehungsweise 70000 Toten der amerikanischen Atombomben veranstaltet wird. Dieser Toten wird gedacht, weil sie zur eigenen Erfahrungsgeschichte gehören und deshalb verstanden werden. Für die Toten von Nanking in den dreißiger Jahren interessiert man sich im Westen erst heute wieder, seit die exotische Gestalt des deutschen Siemens-Vertreters in China, John Rabe, als »Buddha von Nanking« ins historische Rampenlicht gerückt ist.

Durch die Tagebücher Rabes, die von Chang erst als wichtiges historisches Dokument identifiziert und in einer gekürzten Fassung von Erwin Wickert veröffentlicht worden sind (John Rabe, *Der gute Deutsche von Nanking*, Stuttgart 1997), gewinnen Nanking und das Verhalten der japanischen Truppen internationale Aufmerksamkeit, weil hier ein Mitglied der Nazipartei in Zusammenarbeit mit ein paar Amerikanern und Europäern zur zentralen Figur der internationalen Sicherheitszone für Hunderttausende von Chinesen wurde. Rabe handelte aus der unmittelbaren Verantwortung für seine chinesischen Untergebenen, die er nicht ihrem japanischen Schicksal überlassen wollte. Auch wenn der Vergleich mit Oskar Schindler für Iris Chang naheliegt, besitzt die politische Naivität Rabes geradezu surrealistische Züge. Wahrscheinlich hatte er vor seiner Rückreise nach Deutschland 1938 keine Ahnung von der Wirklichkeit Nazideutschlands. Er glaubte anscheinend an den Führer als Heilsbringer. Er benutzte nicht nur die Nazifahne und -armbinde erfolgreich als Schutzzeichen für seine chinesischen Schützlinge gegen marodierende und vergewaltigende japanische Soldaten. Er schrieb zudem Hitler einen persönlichen Brief, in dem er den japanischen Terror anklagte und um Intervention bei den Japanern bat. Nach seiner Rückkehr nach Deutschland wurde Rabe, der in Berlin zunächst noch einige Vorträge über Nanking hielt, von den Nazis zum Schweigen gezwungen. Ob er später je begriffen hat, daß Nanking Naziterror antizipierte, erfährt der Leser weder von Wickert noch von Chang.

Im Gegensatz zu Wickert jedoch, der die Geschichte Nankings primär im Hinblick auf den »guten Deutschen« zu belegen versucht, zeigt Chang, wie bestialisch die japanischen Soldaten den Auftrag, keine Gefangenen zu nehmen und die Chinesen nicht als Menschen zu behandeln, in die Tat umsetzten. Es gibt keinen qualitativen Unterschied zwischen dem Verhalten der japanischen Soldaten in Nanking und dem der Angehörigen des Hamburger Reserve-Polizeibataillons 101, das durch die Bücher von Christopher Browning (*Ganz normale Männer*) und Daniel Goldhagen (*Hitlers willige Vollstrecker*) berühmt geworden ist. Iris Changs detaillierte Beschreibungen von Beerdigungen Lebender, Verstümmelungen, Vereisungen, Verbrennungen, Massenerschießungen, Wettbewerben der Enthauptung, Reihenvergewaltigungen von Teenagern beweisen, wie gewöhnlich und verbreitet diese Praktiken des Terrors im 20. Jahrhundert gewesen sind. Wird der jüdische Holocaust durch die Nanking-Massaker oder durch Veröffentlichungen über Pol Pots Blutherrschaft 1975 bis 1979 in Kambodscha relativiert?

Pol Pots Regime handelte im Bewußtsein revolutionärer Realitätsveränderung. Diesem Ziel durfte sich niemand in den Weg stellen. Dies bedeutet, wie ein prominenter Parteidenker laut *Livre noir* bekennt, daß von den acht Millionen Einwohnern Kambodschas »eine Million guter Revolutionäre ausreicht für das Land«. Diese massenmörderische Legitimation der Utopie wurde partiell verwirklicht, als man von den acht Millionen annähernd zwei Millionen umbrachte oder umkommen ließ. Die Einzigartigkeit des kambodschanischen Mordregimes besteht nicht allein in der Zahl der Opfer, sondern vor allem in der konsequenten Übersetzung der utopischen Vision in die Wirklichkeit. Diese Übersetzung begann im April 1975 mit der zwangsweisen Leerung der Städte. Sie setzte sich fort mit permanenten Umsiedlungen: religiösen, ethnischen, politischen und sozialen Säuberungen, Umerziehungskampagnen, massenhaften Zwangsehen, Zerstörung von Tempeln, Verfolgung von Menschen mit höherer Bildung, Fremdsprachenkenntnissen und Auslandserfahrung und so weiter.

Auf den »Killing Fields« von Choeung Ek, außerhalb von Pnom Penh, steht ein gläserner Tempelturm, in dem 8985 Schädel, die 1986 in einem Massengrab gefunden wurden, etagenweise aufgebahrt sind – eine wahre Bibliothek des Todes. Diese Schädelstätte der linken Utopie überschaut ein Areal von bereits geöffneten und noch geschlossenen Massengräbern, in denen man mehr als 20000 Tote vermutet. Im zugänglichen unteren Teil des Tempelturmes sind die Schädel gruppenmäßig identifiziert ausgestellt, zum Beispiel »senile Frauen über Sechzig« oder »senile Männer über Sechzig«. Die Toten wurden meist erschlagen, weil Munition gespart werden sollte.

Im Gefängnis von Tuol Sleng in Pnom Penh bestätigt die Galerie der Photos, die von den Tausenden von Verhör- und Exekutionsopfern gemacht wurden, physiognomisch die These vom Demozid unter südostasiatischen Bedingungen. Hier wurde die Khmer-Gesellschaft in ihrer ganzen ethnischen, politischen, sozialen und religiösen Breite verfolgt. Hier findet man die Wahrheit über den marxistisch-rassistischen Doppelcharakter des Regimes. Es gehört zur deutschen Tabuhaltung gegenüber der vergleichenden Demozidforschung, daß das explosive Buch von Ben Kiernan (*The Pol Pot Regime. Race, Power and Genocide, 1975–79*, Yale University Press 1996), das linke Glaubensartikel umstürzt, noch keinen deutschen Verleger gefunden hat.

Die Bilder allerdings, die ein Häftling vom Terror der Khmer Rouge gemalt hat und die im Gefängnis ausgestellt sind, lassen noch weniger Raum für Interpretation. Denn auf diesen Bildern wiederholen sich auf geradezu archetypische Weise die Szenen der deutschen Grausamkeit gegen Juden, die Goldhagen allein mit dem antisemitischen Haß der Deutschen erklären kann. Wenn man diese Bilder sieht, auf denen Babys ihren Müttern entrissen, von Bajonetten aufgespießt, an Bäumen erschlagen oder in der Luft erschossen werden, dann beginnt man die These von der Einzigartigkeit des Holocaust für ein westliches Vorurteil zu halten. Je mehr Daten von den Szenarien des politischen Demozids im 20. Jahrhundert die vergleichende Forschung erfaßt, um so klarer ist das Ergebnis. Demozide vom Charakter des Holocaust sind nicht einzigartig. Angesichts der überwältigenden Terror-Evidenz des Jahrhunderts ist eine Rangordnung des Völkermords, mit dem Holocaust als Paradigma, für das Verständnis unnütz. Im Gegenteil: Die These von der Einzigartigkeit des Holocaust lenkt von der deprimierenden Evidenz ab, indem sie den Deutschen die Verwirklichung des Bösen als ewigen Zivilisationsbeitrag überläßt, während sich der Rest der Menschheit in bewußtloser Unschuld und Sicherheit der normalen Tagesordnung des Lebens zuwenden kann.

Quelle: Die Zeit, 4. Juni 1998
unter dem Titel »Das Jahrhundert der Demozide.
Ist der Holocaust wirklich unvergleichbar?«

ULRIKE ACKERMANN

Der Terror gehörte schon mit zum Anfang. Nun in deutscher Übersetzung: Das in Frankreich erarbeitete *Schwarzbuch des Kommunismus*

Am 2. Mai 1967 forderte Jean-Paul Sartre auf dem internationalen Vietnam-Tribunal in Stockholm einen »Nürnberger Prozeß«. Wegen Verbrechen gegen die Menschlichkeit – so die Forderung vieler Linker – sollte die amerikanische Regierung auf die Anklagebank. »USA-SA-SS«, das war damals eine geläufige Parole, die viele Transparente der Vietnam-Kriegsgegner zierte.

Die Zeiten haben sich geändert: Der Antiamerikanismus ist zahmer geworden, der Kommunismus ist von der Weltbühne abgetreten. Die ungarische Verfassung enthält einen Passus, der die sowjetische Niederschlagung der ungarischen Revolution 1956 unter die »Verbrechen gegen die Menschlichkeit« rubriziert, eine Rechtsnorm, die erstmals bei den Nürnberger Prozessen 1945 Anwendung fand. Die Genfer und New Yorker Konventionen, so die ungarische Begründung, hätten 1956 bereits Gültigkeit gehabt – auch wenn der Westen damals deren gewaltsame Brechung zugelassen hat. In Prag gibt es seit einiger Zeit eine vom Parlament eingesetzte Kommission, die den Auftrag hat, »Verbrechen des Kommunismus« zu ahnden. Und in Paris fordert der Rechtspopulist Le Pen, Vorsitzender der Front National, seit einiger Zeit einen »Nürnberger Prozeß« gegen den Kommunismus.

Dies ist erklärtermaßen nicht das Ziel des Pariser Autorenteams, das zum 80. Jahrestag der Russischen Revolution das *Schwarzbuch des Kommunismus* vorlegte. Binnen kürzester Zeit erklomm es die Bestsellerlisten, war Anlaß abendfüllender Fernsehdebatten und sorgte für einen Eklat im französischen Parlament: Premierminister Jospin beschloß die Sitzung mit einer skandalösen Ehrenerklärung für seine kommunistischen Koalitionspartner. Seinen Kritikern von links hielt Herausgeber Stéphane Courtois entgegen: »Hätte die Linke vor 20 oder 30 Jahren Vergangenheitsbewältigung betrieben gegenüber den Verbrechen des Stalinismus, dann könnte Le Pen heute nicht unser Buch für seine Zwecke ausschlachten.« Neben dem renommierten Kommunismusforscher Courtois waren fünf weitere Historiker, die in Fachkreisen hohes Ansehen genießen, an dem Werk beteiligt. Auf rund 900 Seiten liefern sie – allesamt kommen sie aus der Linken – erstmalig ein Kompendium über die Verbrechen, die im Namen des Kommunismus begangen wurden.

Die Opferbilanz beläuft sich auf 80 bis 100 Millionen Menschen, die mit dem Leben bezahlt haben: durch Genickschuß oder Kampfgas, Zwangsarbeit oder Deportation, politisch geplante Hungersnöte oder weil sie Opfer des *Politicide* wurden: Nach nationalen und sozialen Kriterien gab Moskau festgelegte Quotierungen für »Klassenfeinde« vor und besorgte so die Auslöschung oder Vertreibung bestimmter Teile der Gesellschaft. Die Historiker rekonstruierten – teils auf der Grundlage neuen Archivmaterials –, daß der Terror ein Grundzug des real existierenden Kommunismus war und seinen Anfang bereits 1917 genommen hatte. »Zur Festigung ihrer Herrschaft machten die kommunistischen Diktaturen das Massenverbrechen zur Regierungsform«, so Courtois in seinem Vorwort. Die Bolschewiken kombinierten ihre militärische Parteiorganisation mit einem utopischen Projekt der radikalen Umwandlung der Gesellschaft, der Schaffung eines »neuen Menschen«, notfalls mit Gewalt. Eine Utopie, auf deren Altar Millionen Menschen geopfert werden, ist bereits in ihrem Kern verbrecherisch.

An der aufgeführten Opferbilanz bestehen in Fachkreisen keine Zweifel. Der französische Historikerstreit entzündete sich vielmehr an Courtois' Vor- und Nachwort: In der Analyse der Verbrechen verwendet der Herausgeber Begriffe, die er der juristischen und historischen Auseinandersetzung mit dem Nationalsozialismus entlehnt. Viele dieser Massenverbrechen entsprächen allen Kriterien der »Verbrechen gegen die Menschlichkeit«, wie sie für die Nürnberger Prozesse formuliert wurden. Er wagte einen Vergleich zwischen Hitlers »Klassengenozid« und Stalins »Rassengenozid«, ohne Nationalsozialismus und Kommunismus in ihren Ideologien und ihrer Gewaltherrschaft gleichzusetzen.

Ein Aufschrei in der Linken war die Folge. Leidenschaftlich hielt sie, gleich einem Pawlowschen Reflex, die Opfer des Faschismus jenen des Kommunismus entgegen, sah die Ehre der Résistance-Kämpfer beschmutzt und forderte ein »Schwarzbuch des Kapitalismus«. Ähnlich erging es dem im letzten Jahr verstorbenen Historiker François Furet mit seinem Buch über *Das Ende der Illusion*. Er ging der erstaunlich lange anhaltenden Faszination des Kommunismus in diesem Jahrhundert nach. Nationalsozialismus und Kommunismus waren für ihn totalitäre Ideologien, die in einer konfliktuellen Komplizenschaft zueinander standen.

Die Reaktionen von linker und linksliberaler Seite auf das *Schwarzbuch* folgen einem merkwürdigen Wiederholungszwang. Immer noch verteidigt man die »gute« emanzipatorische Idee des Kommunismus gegen seine Perversion durch Stalin. Bis heute wird an einer Revolutionsidee festgehalten, die den »terreur« der Jakobiner rechtfertigt und die lange Zeit in der Sowjetunion die zeitgenössische Fortsetzung der Französischen Revolution sah. Mit dem Sieg der Sowjetunion über Hitler triumphierte dann ideologisch ein Antifaschismus, der die Wahrnehmung der kommunistischen Verbrechen systematisch ausblendete.

Auch nach 1989 scheinen in vielen Köpfen Verbrechen, die im Namen des vorgeblich Guten begangen wurden, weniger verdammenswert zu sein als jene, die im Namen des Bösen, sprich Hitler, verübt wurden. Gedenkstätten für die Opfer des Kommunismus sind denn auch nach dessen Zusammenbruch kaum auffindbar. Die Lüge, die ein Herzstück des kommunistischen Totalitarismus war, setzt sich in dessen Wahrnehmung im demokratischen Westen zuweilen bis heute fort. Daran scheinen auch die harten Fakten, die nach der Öffnung der Archive aller Welt zugänglich sind, wenig zu ändern.

1946 legte der kürzlich verstorbene David Rousset ein erstes grundlegendes Werk über die kommunistischen Lager vor: *L'univers concentrationnaire*. Selbst von den Nazis deportiert, rief er 1949 alle Überlebenden der NS-Lager auf, eine Kommission zur Untersuchung der sowjetischen Lager zu bilden. Eine heftige Diskussion entbrannte in Paris. Wütend wurde er von Jean-Paul Sartre und Maurice Merlau-Ponty als Abtrünniger beschimpft. Margarete Buber-Neumann schrieb daraufhin 1950 im *Figaro littéraire* über ihre doppelte Erfahrung als Deportierte in nationalsozialistischen und sowjetischen Lagern unter der Überschrift »Für die Untersuchung der sowjetischen Lager. Wer ist schlimmer, Satan oder Beelzebub?«

Literarische und biographische Zeugnisse über den roten Totalitarismus gab es nicht erst seit dem Spanischen Bürgerkrieg. Man erinnere an Manès Sperber, Arthur Koestler, Alexander Weißberg-Cybulski, Warlam Schalamow, Czeslaw Milosz oder Alexander Solschenizyn, die ihre Erfahrungen als Abrünnige der Kommunistischen Partei oder als ehemalige Lagerinsassen der eher abwehrend gesinnten, westlichen Öffentlichkeit preisgaben. Ihnen haftete gerade in Deutschland immer das Verdikt der »Renegaten« an. Auch nach dem Fall des »antifaschistischen Schutzwalls« tut man sich hierzulande schwer, den Blick vergleichend auf beide totalitäre Regimes zu richten; in den Köpfen vieler Westdeutscher und Ostdeutscher scheint der »Schutzwall« im verborgenen weiterzuexistieren.

Joachim Gauck, der Chef der Stasi-Unterlagen-Behörde, und Ehrhardt Neubert, der Autor eines großen Werks über die Opposition in der DDR, setzen sich in dem Essay, das der deutschen Ausgabe des *Schwarzbuchs* beigefügt ist, mit dieser deutschen Lage auseinander. Die Volkspädagogik unter der Regie der SED verhinderte die Auseinandersetzung mit der nationalsozialistischen Vergangenheit: »Wer zum kommunistischen Lager gehörte, zählte zu den ›Siegern der Geschichte‹ und war somit Teil der guten Welt des Antifaschismus. Verbündete der Sowjetunion zu sein befreite automatisch von deutscher, brauner Schuld. Eine kurze Entnazifizierung in der SBZ diente primär dem Elitenwechsel.« Viele Nazis machten später in der Partei Karriere: »Sobald sie ins Lager der Kommunisten überwechselten, waren sie einer substantiellen Bearbeitung eigener Verstrikkung und Schuld enthoben.« Die verbreitete Haltung in der späteren DDR war, so Gauck und Neubert nicht ohne Selbstkritik, ein Arrangement der Bevölkerung mit dem neuen Regime, eine »Selbstentmächtigung durch höhere Einsicht«. Ein schleichender Übergang vom Akzeptieren zum Mitmachen und letztlich Mitverantworten fand statt.

Dem entsprach auf westdeutscher Seite die zweite Phase der Entspannungspolitik; ideologisch war sie begleitet von einem Anti-Anti-Kommunismus der Linken, die in der deutschen Teilung die gerechte Strafe für Auschwitz sah. So wie heute vielen ein Schwarzbuch über die Verbrechen des Kapitalismus wichtiger erscheint als eines über die Verbrechen des Kommunismus, kritisierte man den Kapitalismus und lobte die sozialistischen Errungenschaften der DDR. Sehnsucht nach diesen alten Zeiten macht sich heute wieder breit. Der Berliner Antifaschist und Historiker Wolfgang Wippermann etwa denunzierte das *Schwarzbuch* auf der »Volksuniversität«, einer traditionellen linken Sammlungsveranstaltung, die alljährlich zu Pfingsten stattfindet, als »Geschichtsschreibung mit dem Taschenrechner« – so als käme es nicht auf einige Millionen Tote an, wenn nur die gute Absicht gegeben sei.

Der Kommunismus wurde nicht militärisch besiegt, sondern durch die Demokratiebewegungen in Ostmitteleuropa endgültig delegitimiert. Der Fall des Eisernen Vorhangs wurde möglich, weil die Sowjetunion wirtschaftlich und militärisch zu geschwächt war, um wie 1953 in Berlin, 1956 in Ungarn und 1968 in Prag ihre Einflußsphäre gewaltsam zu sichern. Der Forderung Le Pens nach einem neuen Nürnberger Prozeß entgegnet Courtois in seinem Nachwort: »Die Verbrechen des Kommunismus sind im Namen demokratischer Werte, nicht im Namen nationalsozialistischer Ideale zu analysieren und zu verurteilen.« Man kann sich nur wünschen, daß der neue, nun von französischer Seite ins Land getragene Streit an einige immer noch virulente Denkverbote rührt, die bereits den deutschen Historikerstreit drei Jahre vor der Wiedervereinigung noch vehement geprägt hatten.

Quelle: Süddeutsche Zeitung, 8. Juni 1998

CHRISTIAN RUF

Wer hört denn noch auf die Signale? In Frankreich löste es Streit aus, nun erscheint *Das Schwarzbuch des Kommunismus* in Deutschland

»Liegt das Verbrechen im Kommunismus, so wie es im Nationalsozialismus liegt?« Gestellt hat diese ketzerische Frage Stéphane Courtois im Vorwort des von ihm herausgegebenen *Schwarzbuches des Kommunismus*, das eine erste weltumspannende Bestandsaufnahme der kommunistischen Verbrechen versucht. Courtois beantwortet die Frage mit einem Ja – im Widerspruch zu nicht wenigen anderen *Schwarzbuch*-Autoren. Eigentlich erzählt das Buch nichts Neues, die Verbrechen sind hinlänglich bekannt. Bei unserem Nachbarn Frankreich löste das Werk trotzdem einen erbitterten Streit aus. Nun ist das Buch auf deutsch im Piper Verlag erschienen, ergänzt um das von Ehrhardt Neubert und Joachim Gauck verfaßte Kapitel »Die Aufarbeitung des Sozialismus in der DDR«.

In Frankreich mit seinem Résistance-Mythos flogen die Fetzen. Premierminister Jospin mußte rettend eingreifen, damit die Debatte erstarb. Stalin ist schuld, nicht der Kommunismus und schon gar nicht der französische. Die französische Linke, insbesondere die an der Regierung beteiligte KPF, zog sich auf die nationalen Traditionslinien zurück und stahl sich mit einem Fingerzeig auf Stalin aus der Verantwortung und der Geschichte. Die Verweigerung der Debatte speist sich aus denselben Quellen wie die Weigerung, sich mit Vichy auseinanderzusetzen.

Im Ostblock wurde das *Schwarzbuch* gelassener aufgenommen, nicht zuletzt deshalb, weil man die Ideologie real zu ertragen hatte. Während in der Bundesrepublik vor drei Jahren jeder scheel angesehen wurde, der das Wort »Befreiung« Deutschlands nur mit Bauchschmerzen und einem »ja, aber« über die Lippen pressen konnte, behaupten in Polen nicht mal postkommunistische Politiker und

Historiker, Polen sei 1945 von der Roten Armee »befreit« worden. Polens Antikommunisten, Intellektuelle der demokratischen Opposition, ja selbst Dissidenten aus den Reihen der Partei, hatten bei der Debatte um Parallelitäten und Ähnlichkeiten von Nationalsozialismus und Kommunismus nie ideologische Bauchschmerzen. Aber Osteuropas Intellektuelle können Thesen wie die von Courtois auch unbefangener diskutieren, weil sie sich nicht vor dem Verdacht schützen müssen, sie würden nationalsozialistische Verbrechen bagatellisieren. In Deutschland ist man, um sich vom NS-Regime zu distanzieren, zur Identifizierung mit den Opfern verpflichtet. Und niemand war mehr Opfer als Juden und Zigeuner. Doch in Polen, den baltischen Staaten, der Ukraine oder Weißrußland gedenkt man in erster Linie der eigenen Opfer, und da schneiden Rote Armee, ja der ganze Kommunismus äußerst schlecht ab. Ins Baltikum kam die Wehrmacht zunächst mal als »Befreier«, auch wenn's trotz Wehrmachtsausstellung schwerfällt, das zu akzeptieren. Das böse Erwachen kam erst später.

Steht uns hierzulande jetzt auch eine Debatte bevor? Mal sehen, wie die bundesdeutschen Linken auf Courtois-Sätze wie diesen aus dem *Schwarzbuch* reagieren: »Der Hungertod eines ukrainischen Kulakenkindes ›gilt soviel‹ wie der Hungertod eines jüdischen Kindes im Ghetto von Warschau«. Vermutlich – so meine Prognose – mit einem Aufschrei der Entrüstung und dem entwaffnenden »Argument« Faschist. Oder wird sich Linke dem Streit verweigern und sich (mal wieder?) in die geistige Wagenburg zurückziehen?

Nun gut, die Vergleichsthese hat zugegebenermaßen etwas Prekäres. Schon im deutschen Historikerstreit hatte die Vergleichsdebatte etwas unangenehm Akademisches. Und einen kausalen Nexus zwischen rotem und braunem Terror wie einst der Historiker Ernst Nolte, dessen These, der Archipel Gulag sei »ursprünglicher« als Auschwitz gewesen, lehnt Courtois zu Recht ab. Und genauso wie es problematisch ist, Nationalsozialismus und Faschismus in einen Topf zu werfen, muß man fragen, ob es sinnvoll ist, die verschiedenen Spielarten des Kommunismus über einen Kamm zu scheren. Auch die vom *Schwarzbuch* präsentierten Opferzahlen bieten, weil vermutlich zu hoch, Anlaß zur Kritik. Doch Jorge Semprún, der im KZ Buchenwald inhaftiert war und 1964 von der spanischen KP wegen Reformismus ausgeschlossen wurde, ist beizupflichten, wenn er sagt: »Es kommt nicht in Frage, ... den Vergleich zwischen Nationalsozialismus und Kommunismus zu verweigern. Wie auch immer die Schlüsse aus diesem Vergleich ausfallen, und wer auch immer sie zieht. Der Vergleich ist notwendig. Zunächst, weil wir aus ihm den Begriff des Totalitarismus gewinnen, auch wenn bei diesem Begriff alle Welt vor Schmerz aufheult...« Schmerzen, die mit einer Tablette nicht zu betäuben sind. Denn wer den Vergleich akzeptiert, muß die gesamte Geschichte der Intellektuellen, die Geschichte der Linken und der politischen Bündnisse revidieren. Und so manche Säulenheilige der »Intelligenz« erweisen sich dann als Blutsäufer, Feiglinge oder bestenfalls kurzsichtige Schwärmer.

Courtois' linke Gegner bemühen vor allem zwei Strategien gegen den Vergleich: das Argument der Differenzierung und das Argument des »humanen Rests«. Mit Differenzierung ist gemeint, daß man die Kommunismen der Welt nicht über einen Kamm scheren könne. Während in Polen oder der DDR vergleichsweise wenig Säuberungen stattfanden, fiel in Kambodscha immerhin ein Fünftel der Bevölkerung einem geplanten Genozid zum Opfer. Das zweite Argument, das des »humanen Rests«, vertritt die Ansicht, daß der Nationalsozialismus von vornherein kriminell war, während der Kommunismus auf einer ursprünglich befreienden Ideologie beruhe. Dieses Credo ist das unverzichtbare Opium der Linken, denn nur das gleichermaßen blinde wie fast schon religiöse politische Engagement hielt den Mythos trotz der Realitäten und Desillusionen so lange aufrecht. Nun gesteht sich zwar mancher ein, daß der Kommunismus keine Lösung parat hält, aber schön war's irgendwie doch. Von dieser Unfähigkeit zu trauern und der Trotzhaltung leben die Postkommunisten – nicht nur natürlich, aber eben auch.

Berge von Leichen und Massengräber, aber die Idee ist doch gut. Man könnte auch einen Satz von Octavio Paz zitieren: »Selten haben soviele gute Gründe soviele wohlmeinende Seelen dazu gebracht, soviele Ungerechtigkeiten zu begehen.« Mit dem unbeirrbaren Glauben an die Richtigkeit der Idee, rechtfertigten vor allem westliche Intellektuelle jahrzehntelang ihre absichtliche Blindheit. Sartre, einer der einflußreichsten Intellektuellen der 50er Jahre, erklärte: »Jeder Antikommunist ist ein Hund.« Der auch von mir sonst sehr geschätzte Philosoph hat eine notwendige Debatte blockiert, als er kategorisch verlangte: »Es ist eine Niedertracht, die sowjetischen Lager untersuchen zu wollen.« Der Terror Stalins, Maos und anderer wird damit entschuldigt, daß ein rückständiger Agrarstaat zu einem hochindustrialisierten Superstaat aufstieg (de facto dann doch nur ein Obervolta mit Raketen) und der Analphabetismus beseitigt wurde. Wer sich da unangenehm an Rechtfertigungsmuster aus dem rechten Lager erinnert fühlt, das in den 50ern gern die Judenverfolgung mit Hitlers Autobahnen und der Vollbeschäftigung aufwog, liegt so falsch nicht.

Man kann ja kein Omelett machen, ohne Eier zu zerschlagen!? Courtois zitiert die Replik eines Dissidenten: »Die zerschlagenen Eier habe ich gesehen. Aber wo ist das Omelett?« Courtois eigentliche Provokation liegt in der Kritik des Antifaschismus, die er aus François Furets *Ende der Illusion* (1995) übernimmt, und in der der französische Historiker Furet mit der Problematisierung des Antifaschismus den demokratischen Charakter der KPF in Frage stellt. Furet sieht, daß sowohl Kommunismus als auch Nationalsozialismus gegen die Demokratie stehen, läßt die Ideologien im Ersten Weltkrieg und im bürgerlichen Selbsthaß ihrer Vordenker wurzeln. Semprun hat auf einen seiner Ansicht nach wichtigen Unterschied hingewiesen. Der Haß der Nazis auf die Bourgeoisie zerstörte diese nicht, während die Kommunisten diese wirklich liquidierten. Die Kommunisten seien also, vom soziologischen Standpunkt aus gesehen, zerstörerischer gewesen für die Gesellschaft. Mit der paradoxen Konsequenz, daß es leichter sei, vom Faschismus zur Demokratie zurückzukehren als vom Kommunismus.

Quelle: Dresdner Neueste Nachrichten, 11. Juni 1998

MANFRED FUNKE

Das Schwarzbuch des Kommunismus: »Eine Vorstudie zur Topographie des Grauens«

Noch längst nicht sind alle Dossiers totalitärer Systeme erschlossen. Und so kann auch das *Schwarzbuch des Kommunismus* trotz seines gewaltigen Umfanges nur als eine Art Vorstudie zur Topographie des Grauens gelten. Hingegen bietet das Werk bereits eine kompakte Aufklärung über die intellektuelle Verblendung bei den Aufwendungen unterschiedlicher Dignität für den roten und braunen Terror. Bewußt wollen die Herausgeber auf die arithmetische Aufrechnung von zirka einhundert Millionen Opfern kommunistischer Anmaßung gegenüber 25 Millionen des Nationalsozialismus verzichten, aber man kann als Leser einer verschärften Relationierung, das heißt eines Vergleichs ohne Gleichsetzung von kommunistischen und nazistischen Terror-Regimen, laut François Furet »verfeindete Brüder«, nicht entgehen.

Mit Relationierung ist keine Relativierung von Verbrechen gemeint. »Wer einen Menschen tötet«, so Walter Jens, »verteidigt nicht eine Lehre, sondern tötet einen Menschen. So einfach ist das.« Aus dem Utopismus der Theoretiker ist heute vor allem der Verrat der Zwecke durch die angewandten Mittel konstatierbar. Aus der Perspektive der Opfer entfällt die moralische Rangfolge brauner und roter Diktatur ohnehin. Das lustvolle Quälen der Opfer hat mit dem aufgezwungenen Druck durch den Feind nichts zu tun.

Doch die von unserem Grundgesetz geforderte Äquidistanz zum rechten wie linken Totalitarismus wird von den Handwerksburschen imperialer Entrüstungsroutine und vom Kartell des totalitären Liberalismus immer wieder neu eingetreten mit der Rabulistik vom sozialistischen Humanismus, der mit seinem Endziel des aus Entfremdung befreiten Neuen Menschen den Weg über Leichenberge letztlich rechtfertige. Gern wird dabei verwiesen auf das »Entwicklungsmodell« DDR vom terroristischen Stalinismus hin zur Versorgungsdiktatur der SED. War aber »die Verwandlung von nacktem Terror in flächendeckende Überwachung und Kontrolle gleichbedeutend mit einer Liberalisierung«? Wer so mit Joachim Gauck (auf Seite 893 des Buches) fragt, wer den Verkauf von 31775 DDR-Häftlingen an den Klassenfeind im Westen für 3,4 Milliarden D-Mark als »Entwertung des Bürgers zum Exportgut« (Ehrhart Neubert) dingfest macht, kriegt bei der Verteidigung des *Schwarzbuchs* bei uns heute leicht eins aufs Maul. So entmutigt ist die Republik.

Jetzt zwingt aber das *Schwarzbuch* zum Aufstand gegen die medienbegünstigten Geschichts-Designer, die sich mit der totalen Okkupation der Menschheitsgeschichte in die Nachfolge jener Utopisten stellen, die den Sinn menschlicher Entwicklung danach ent- und verschlüsselten, wie es der eigenen subjektiven Verfügung über »objektive Gesetzmäßigkeiten« jeweils am dienlichsten schien.

Nur so wurde ein Diskussionsverbot darüber möglich, daß aus der Parallelität des Willens zur unbedingten Herrschaft, aus der Singularität des »Einparteienstaates«, aus der absoluten Verfügung über Recht und Menschenwürde, aus der Pädagogik des Hasses und des Führer-Mysteriums, aus der Allgegenwart des Terrors, aus dem psychologischen »Zureiten« der Opfer eine substantielle Ambiguität zwischen Kommunismus und Nationalsozialismus entstehen konnte. Kommunisten wollten die Transzendenz von »1789« in der Realität manifestieren, Nazis wollten dieses Datum aus dem Menschheitsgedächtnis ausradieren – in diesen Extremen besteht der totalitäre Ort verspiegelter Begegnung.

Hitler nannte Roland Freisler seinen Wyschinski, Stalins Chefankläger. In beiden Dikaturen wurde der »Feind« animalisiert. Hitler sprach von dem Juden als Bazillen, Maxim Gorki von Gegnern als »Ungeziefer«. Für Wyschinski waren Oppositionelle »stinkendes Aas«, »widerwärtige Bastarde aus Fuchs und Schwein«. Politische Versuchs-Medizin gab es unter Hitler und Stalin. Um Kranke und Debile, für Gorki »Parasiten«, zu vermindern, brauche man für Experimente »Hunderte von menschlichen Einheiten« (Gorki). Juden wurden von Stalin drangsaliert, weil sie sich als besonderes Vernichtungsziel Hitlers empfanden und damit angeblich eine Sonderrolle im Bolschewismus als dem wahren faschistischen Angriffsobjekt beanspruchten.

Den Schwerpunkt des *Schwarzbuchs* bildet die UdSSR, denn für das Forscherteam war die Sowjetunion Lenins und Stalins »die Matrix des modernen Kommunismus«. Dessen Ausformung und Blutspur in vier Kontinenten verfolgen Einzelstudien über Castros Herrschaft bis zum Afrokommunismus, über Spanien bis hin zu Kambodscha, Nordkorea und Afghanistan. In Kabul klärte der Gefängnisdirektor die Häftlinge auf: »Ihr seid hier, um zu Abfall gemacht zu werden.« Das Terror-Regime trieb von sechzehn Millionen Afghanen fünf Millionen aus dem Land, von den 1,5 bis zwei Millionen Toten waren neunzig Prozent Zivilisten.

Zuweilen kann das Werk aufgrund des jetzigen Forschungsstandes nur Splitterwissen vermitteln. Gleichwohl besteht der generelle Wert des Buches darin, ein Luftloch geschlagen zu haben in das Packeis des organisierten Vergessens und Verharmlosens bis 1989. Aber nicht nur bis dahin, wie die »double standards« (Furet) unter unseren Intellektuellen mit ihrer Beharrlichkeit selektiver Wahrnehmung zeigen. »Es gibt unter Zeitgenossen«, so Ehrhart Neubert von der Gauck-Behörde, »widersinnige Rechtfertigungen und Verharmlosungen der kommunistischen Herrschaft samt ihrer Verbrechen. Doch diese bestätigen eigentlich nur, wie leicht Menschen zu Tätern und politischen Verbrechern werden können.«

Zur Loslösung aus psychopathogenem politischen Ästhetizismus, zur Rückbindung an intellektuelle Redlichkeit könnte Saul Bellows Wort hilfreich sein. Danach kann selbst höchste Intelligenz in den Dienst der Ignoranz gestellt werden, wenn das Bedürfnis nach Illusion nur groß genug ist.

Die Würde der Streitbaren Demokratie käme zu mehr Glanz und Festigkeit, wenn das Schlußkapitel des Buches »Die Aufarbeitung des Sozialismus in der DDR« von Joachim Gauck und Ehrhart Neubert als Sonderdruck an alle Haushalte unserer Republik verteilt würde. Ihr Lebensgesetz heißt Freiheit statt Diktatur, nicht Kapitalismus statt Kommunismus.

Quelle: Politische Meinung, 8/1998

ALEXANDER SCHULLER

Mythos Mord. Über den Totalitarismus

Es war so ähnlich wie damals bei Goldhagen. Der Autor zog von Stadt zu Stadt, präsentierte auf einem Podium mit jeweils anderen Gesprächspartnern sein Buch und seine Thesen. Aber die Reaktion des Pulikums war anders. Bei Goldhagen war ein triumphaler Stolz darüber, daß die Deutschen noch immer die schlimmsten Mörder aller Zeiten waren. Da ging es nicht um die eine oder andere Zahl, da ging es nicht um Wissenschaft und Wahrheit, da ging es nur um Jubel. Die Reaktion auf Courtois war: Empörung. Courtois habe die Zahl der Opfer falsch berechnet, das diene nur dazu, den Faschismus zu verharmlosen, die Lektüre der millionenfachen Morde sei langweilig, man habe das alles schon gewußt. Das meinte vor allem der Göttinger Professor Manfred Hildermeier in der *Zeit* (4. Juni 1998) und kam dann zu der denkfaulen Conclusio: »Wem wäre auch mit der verqueren Logik gedient, daß der Gulag und Pol Pot Auschwitz noch in den Schatten stellten? Den Opfern oder auch nur dem historischen Verständnis?« »In diesem Punkte nun versagen die politisierenden Intellektuellen völlig.«[1]

Aber warum versagen sie jetzt und immerdar, warum immer auf die gleiche Weise? Derjenige, der nicht kontrafaktisch an die gute blutige Sache glaubt, wird zum Gegner, »zum Ausgeschlossenen. Das Ausschließen läuft fast automatisch auf die Idee vom Auslöschen hinaus. Denn von da an reicht die Freund/Feind-Dialektik zur Lösung des Grundproblems des Totalitarismus nicht mehr aus: des Strebens nach einer vereinten, gereinigten, nicht antagonistischen Menschheit mittels der messianischen Dimension des marxistischen Projekts, die Menschheit im und durch das Proletariat zu vereinen ... So kommt man bald von einer Logik des politischen Kampfs zu einer des Ausschließens, von einer Ideologie des Eliminierens schließlich zu einer des Auslöschens sämtlicher unreiner

1 Erich Voegelin, *Die politischen Religionen*. Stockholm: Bermann-Fischer 1939.

Elemente. Am Ende dieses Gedankens steht das Verbrechen gegen die Menschlichkeit.«[1]

Was ist es also, das diese »verquere« Anhänglichkeit an den Terror ausmacht? Warum schaffen die auch kaum bestrittenen Hinweise auf die millionenfachen Morde keine Einsicht? Kann es sein, daß wir hier auf eine Paradoxie stoßen, die sich nur einer durch und durch verqueren Logik erschließt? Kann es sein, daß der Kommunismus nicht trotz, sondern gerade wegen seiner vielen Morde so fasziniert, und daß uns, die wir zwischen den Untaten der einen und der anderen nicht zu unterscheiden in der Lage sind, der geheimnisvolle Sog, den der politische Mord auf die Phantasie gerade der Intellektuellen ausübt, entgeht? Ist es der Zauber jener unbesiegten mächtigen Sowjetunion, der hier fortwirkt und gegen den das armselige besiegte Deutschland mit seinen zwanzig Millionen Morden ein wahres Nichts ist? Vielleicht verfügt die These der Vorrangigkeit der kommunistischen Verbrechen vor den faschistischen über eine ganz andere Wahrheit, als wir es bisher vermutet hatten. Vielleicht gibt es hier eine unentdeckte Parallelität der Nolteschen und der antifaschistischen Positionen. Beide behaupten die Vorrangigkeit des Kommunismus – in einem nur scheinbar kontradiktorischen Sinn. Voegelin: »Jetzt spüren wir schon deutlicher, was auf dem Spiele steht: ... es geht um Leben und Tod; mehr noch: es geht um die Frage, ob der Mensch persönlich existieren dürfe oder sich in ein überpersönliches Realissimum aufzulösen habe.«

»Alles stirbt. / Wir nur wissen das und sterben / nun doppelt.« Und definieren damit zugleich den Menschen als das Tier mit dem doppelten Tod. Der Raum zwischen dem einen Tod und dem anderen ist das, was wir Bewußtsein nennen – das Bewußtsein davon, daß wir, die wir sind, nicht sein werden. Dabei war Bewußtsein, als es vor etwa sechzigtausend Jahren aufsprang, ein durchaus bedeutender evolutionärer Gewinn. Steven Mithen, Verfasser von *The Prehistory of the Mind*, sieht im menschlichen Bewußtsein eine kognitive Strategie des Individuums, das Verhalten der anderen Mitglieder seiner Sozialgruppe einschätzen und vorhersagen zu können. Sozialpsychologisch nennt man das heute Empathie. Aber damit entstand uns auch die gefährliche Fähigkeit der Selbstreflexion – die Erkenntnis unserer Sterblichkeit.

1 Stéphane Courtois (Hrsg.), *Das Schwarzbuch des Kommunismus*. München: Piper 1998.

Bewußtsein ist im Kern und in seiner Dynamik Bewußtsein des eigenen Todes. Dieses Bewußtsein erträgt der Mensch ohne Kompensation nicht. Die Kompensation heißt Gesellschaft. Gesellschaft ist die Antwort auf den Verzweiflungsschrei des Bewußtseins vor seinem Verebben. Gesellschaft macht Bewußtsein – und den Tod – erträglich. Andererseits mobilisiert das Bewußtsein den gesellschaftlichen und damit historischen Prozeß. Durch Bewußtsein wird Gesellschaft möglich, und durch Gesellschaft wird Bewußtsein falsches Bewußtsein – von Anfang an. Falsch in dem Sinn, daß es den Fluch des Geboren-Seins und den Fluch des Sterben-Müssens verdeckt und verdunkelt. Gesellschaft ist die Institutionalisierung dieses falschen, dieses rettenden Bewußtseins. Gesellschaft ist Todesflucht, und Philosophieren ein Rückblick in den Abgrund – einen Gedanken lang.

In dieser doppelten Anstrengung legitimiert und entwickelt sich Gesellschaft: aufdecken und verdecken, verschleiern und enthüllen – den Tod. Einerseits kann der Mensch nicht lange in der Kontingenz leben, andererseits kann er sich der Verlockung des Todes, dem Wagnis der Wahrheit auf Dauer nicht entziehen. Wenn Gesellschaft die elaborierte Verschleierung des Todes darstellt, ist sie zugleich das Instrument, das einzige überhaupt, mit dem der Mensch sich mit seiner eigenen Sterblichkeit auseinandersetzen kann. Nur Gesellschaft nämlich schafft und ermöglicht Kultur und legitimiert sich damit als der scheinheilige Überwinder des Todes. Scheinheilig deswegen, weil Gesellschaft ihrerseits über ihre eigene Tödlichkeit verfügt. »Das ist der kognitive Ausdruck der Grundbedingungen moderner Existenz: Komplexität und Kontingenz. Und weil das wehtut, ja unerträglich ist, werden die genau eingepaßten Heilsversprechen unwiderstehlich: Gegen die Komplexität der Welt schützt uns der Sinn; gegen die Kontingenz der eigenen Existenz immunisiert uns die Selbstverwirklichung.«[1] Gesellschaft, die die Unerträglichkeit erträglich macht, generiert nun selbst Ängste und Kontingenzen. Die Flucht vor dem Tod in die Gesellschaft ist ein unendlicher Regreß, Verstrickung ohne Ende.

Daß Geschichte immer auch theologisch zu lesen ist, bedeutet, daß es um den Mythos des Ganzen und des mit sich selbst Versöhnten geht, daß die Sehnsucht darauf zielt, diese immer aufs neue zerbre-

1 Norbert Bolz, *Selbsterlösung*. In: Norbert Bolz/Willem van Reijen (Hrsg.), *Heilsversprechen*. München: Fink 1998.

chende Einheit wiederherzustellen. Einst kam uns der Mythos aus der Ferne jenseits vom Hier und Jetzt entgegen, als unfaßliches Schicksal, als unbegreiflicher Gott. Aber der Prozeß der Vergesellschaftung, der Verarbeitung, der Domestizierung des Unbegreiflichen begann mit der langsamen Geburt des Bewußtseins und schritt voran mit der Expansion von Gesellschaft. Die Transzendenz, dann die Natur wurden humanisiert. Das kann man Säkularisierung nennen, wenn man darunter nicht Ent-Mythologisierung, sondern Um-Mythologisierung versteht. Denn das ist der Prozeß, den es zu verstehen gilt: Die Macht des Mythos erkennen wir erst im Entschwinden, nie in seiner allumfassenden und blendenden, politisch korrekten Präsenz. Der Mythos hält uns umschlungen, und wir halten ihn fest wie Ertrinkende, ohne je die Augen zu öffnen und ihm ins Gesicht zu blicken.

Unser erster, längst fremd gewordener Mythos heißt Gott. Er war einst das Gegenkonstrukt zur Realität und damit zum Tod. Gott war das Unmögliche, das im Mythos möglich wurde, die Beschwörungsformel zur Bändigung von Verzweiflung, Vergänglichkeit und Tod. Indem der Mensch versuchte, im Gehorsam zu Gott zu leben, sich als sein Ebenbild zu definieren, versuchte er auch, dem Tod zu entkommen. Aber von Anfang an war die Gottesmetapher vergiftet: mit Mensch. Alle Götter sind Transformationen und ambivalent. Jenseits und Diesseits in einem, das eine und doch das andere. Der Bewegung des Menschen zu Gott entspricht eine Bewegung Gottes zum Menschen, und nirgends manifester und die volle Paradoxie zum mächtigen Mythos wendend als im Christentum, in der Figur Jesu. Jesus bedeutet die Hinwendung und den Übergang von Gott als dem universalen und einzigen Prinzip Hoffnung zum Menschen. Mit Jesus beginnt die Säkularisierung der Transzendenz, mit Jesus, dem Menschen, beginnt Gott zu sterben.

Von der Vergöttlichung des Staates ist in einem metaphorischen Sinne gesprochen worden, und doch enthält die Formulierung eine historische Wahrheit. Auch wenn der Staat, so wie wir ihn heute erfahren, einem bürokratischen und rationalen Idealtypus folgt, verkörpert er doch zugleich die Hoffnung auf Gerechtigkeit, Verläßlichkeit und Ordnung – Ansprüche, die auch heute noch an Gott erinnern. Wie Gott einst, so weckt auch der Staat – und je mächtiger er ist, desto mehr – die Hoffnung, daß Kontingenz, Krankheit, Kummer und Tod gewissermaßen auf dem Verordnungswege zu bewältigen seien. Was mit Machiavelli begann und mit der Französischen Revolution und Hegel seinen Höhepunkt errang, wurde im Totalitarismus aufgebraucht. Voegelin: »Daß die Staatsmacht ursprünglich oder absolut sei, ist nicht mehr ein Urteil des den Staat Erkennenden, sondern das Dogma eines Gläubigen. Die Existenz des Menschen verliert in seinem Erlebnis an Realität, der Staat zieht sie an sich und wird zum wahrhaft Realen, aus dem ein Wirklichkeitsstrom zurückfließt in die Menschen und sie umschaffend neu belebt als Teile des übermenschlich Wirklichen. Wir sind in das Innerste eines religiösen Erlebnisses geraten und unsere Worte beschreiben einen mystischen Prozeß.«

Warum sollte nicht der Mensch, da das Reich Gottes so lange auf sich warten ließ, sein eigenes *regnum hominis* schaffen: zu seinem Bilde? Das Instrument dieser Erwartung ist die den Menschen realisierende und den Menschen beherrschende Gesellschaft. Während der Staat ursprünglich charismatische und identitätsstiftende Elemente enthielt, als Instrument der Mobilisierung psychischer und sozialer Ressourcen fungierte, ist der Mythos von Gesellschaft längst befriedet: bedürfnisbefriedet. Die Hoffnungen sind nicht verschwunden, aber sie machen sich fest am Banalen, verdecken ihre explosiven Ängste. Mit dem Verlust des Glaubens an die Unsterblichkeit der Seele setzt der Kampf um die Unsterblichkeit des Körpers ein. Das Ziel ist das gleiche: den Tod zu überwinden. Die Vergesellschaftung von Angst und Hoffnung schreitet unter veränderten Vorzeichen voran. Das Bemühen, das menschliche Bewußtsein gegen die Abgründe abzudichten, geht unter den Bedingungen eines interessenpolitisch ausdifferenzierten Gemeinwesens weiter. Die Utopie der göttlichen Allmacht wird durch die der menschlichen Allmacht ersetzt. »Nichts ist unmöglich« verkündet uns selbst die Werbung, und wir glauben es. Natürlich haben wir auch mal Panik, aber wir sagen uns und jedem, der es hören will, daß wir – letztlich – alles im Griff haben. Es geht um Kontrolle.

Sie umschreibt das geheime Zentrum der modernen Angst. Angst vor Kontrolle, Angst vor Kontrollverlust. Erst war es die Natur. Das endete in der ökologischen Krise. Dann waren es die sozialen Verhältnisse. Das endete im Sozialstaat. Jetzt ist es die Technik. Von Gott zum Gerät – beide leugnen den Tod. Nachdem das Konstrukt Gott nicht mehr funktioniert und auch die totalitären Ideologien ermattet sind, bleibt als letzte Hoffnung das Gerät. Und das ersetzt in einer beeindruckenden Weise alle Politik. Quer zu den ideologischen Varianten ist Technik der neue Mythos. Die vom Technologischen durchwirkte Moderne geht mit dem Tod konstruktiv um. Im Gegensatz zum Totalitarismus setzt sie auf Leben, auf dessen Verlängerung. Dabei spielt auch ein Element der Verachtung mit, so als sei der Tod Partner in einem mäßig interessanten Spiel. Während der Totalitarismus noch auf das Erscheinen des Todes setzte, hofft die Technologie auf dessen unendliche Verzögerung.

Gott – das hatten wir schon, und auch die Könige heißen jetzt nur noch Ubu. Das mit dem Staat läuft schlecht, und die Ideologien öden. Aber sind wir nicht Gotts genug, uns selbst zu lieben? Warum nicht Mythos Mensch? Aber nicht als Bodensatz des Humanismus, sondern ich für mich und du für wen auch immer. Der real existierende Mensch, das bin ich, der Rest ist Gerede. »Nachdem die universellen innerweltlichen Heilsversprechen, die progressivistischen wie die apokalyptischen, zusammengebrochen sind, kann die innerweltliche Erlösung nur noch individuell betrieben werden, durch Selbstverwirklichung, Körperkult oder Therapie«,[1] aber auch durch Konsum und Selbstinszenierung. Diese Konfiguration ist – oder genauer gesagt: war – kulturkritische Alltagsmünze. Inzwischen ist der neue Typ, das narzißtische Monster, zum Strukturprinzip postmodernen Wirtschaftsgeschehens geworden. Bolz: »Es gibt einen neuen Menschenschlag, für dessen Alltagsidentität Religion, Kultur und ethnische Zugehörigkeit kaum noch eine Rolle spielt, der sich vielmehr ökonomisch definiert – durch Produktion und Konsum.« »In der neuen postmodernen, kapitalistischen Wirtschaft werden Bedürfnisse erzeugt, um das Angebot der Hersteller auszuschöpfen. Die herkömmliche Ökonomie handelte mit harten Waren, die dem Körper dienten. Die neue Ökonomie ruht auf sanften Dienstleistungen für Geist und Seele: ›Ich möchte nicht, daß die Kundinnen denken, sie betreten ein Bekleidungsgeschäft‹, sagt die Designerin Donna Karan, ›sie sollen denken, daß sie eine natürliche Umgebung betreten, daß sie sich verwandeln, aus ihrem Leben heraus und in eine Erfahrung hinein, daß es nicht um Kleider geht, sondern darum, wer sie als Menschen sind.‹«

Die Allianz von Narzißmus und Wirtschaft hat noch einen dritten

1 Klaus Vondung, *Die Absurdität des apokalyptischen Heilsversprechens*. In: *Heilsversprechen*.

Partner: *soft technology.* Wir fahren nicht mehr zueinander, wir surfen zueinander. Jetzt, wo die Airbusse noch donnernd auf- und abheben, die Autobahnen weiter ausgebaut werden und demnächst der Transrapid über Kühe und Wiesen hinwegrasen wird, sind sie doch schon, historisch gesehen, obsolet. »Let's come together« sagt ein Werbespruch und dementiert durch die Art der Aussage ihren Inhalt. Wer kommt denn hier eigentlich together? Und was feiern sie hier so feierlich? Der Frohsinn der Konsumwerbung feiert das Glück des triumphalen Selbst. Bolz: »Es mag Menschen geben, die ohne Religion auskommen – nicht aber Gesellschaften. Deshalb ist die Frage nach dem, was geschieht und möglich ist, wenn Gott tot ist, für die Moderne so zentral ... Der Gottesstaat der Atheisten ist vor unseren Augen zusammengebrochen. Wir glauben nicht mehr an die Verheißung des Kollektivs. Deshalb hat das Individuum wieder einmal Konjunktur. Auch wenn Religionssoziologen zeigen können, wie das moderne Individuum schon vor fünfhundert Jahren auf der Suche nach dem eigenen Heil entsteht, wird es als soziale und Heils-Rolle doch erst heute unwiderstehlich.«

Der Narziß, der Phänotyp unserer Zeit, ist sich selber Gott und Referenz-System, süchtige Monade, die sich selber segnet, sich selbst erlöst. Unsere Sorge und unsere Fürsorge gilt uns selbst. Nichts fasziniert uns so sehr wie unser Körper, unser Leiden, unsere Erregung. Jeder Kick ist eine Messe. Das Fitneßcenter ist der heilige Ort, die Übung das Ritual und mein Schweiß der Weihrauch. Es handelt sich um Weihen und Exerzitien, deren Kultzentrum unser »Selbst« ist. Ich selbst bin mir meine Droge. In dessen Rausch finde ich zu mir. Als Narziß bin ich Selbst-genügsam und harmlos. Ich entwerfe mich mir selbst – wie Foucault es empfohlen hatte. Die Operationalisierung des »Mythos Selbst« ist die Ästhetik. So setzt er sich um. Das, was wir Selbstinszenierung nennen, hat hier seine anthropologischen Wurzeln. Was Gott der Dom, das ist dem Narziß die Gucci-Schnalle. Der Wille zum *self-fashioning*, zur ästhetischen Rekonstruktion des Alltags reicht bis in die letzte banale Nische. Bolz: »Nur ästhetisch läßt sich der Wunsch erfüllen, nicht so zu sein, wie man ist. Escape heißt ein Duft von Calvin Klein; das ist das große Heilsversprechen der Selbstverwirklichung: Flucht aus der Kontingenz und Komplexität.« In der Dynamik des Konsums, aus der Flucht von und nirgends hin wird die Grundstruktur von Gottessuche und Todesflucht in köstlicher Banalität konkret.

Alle großen Utopien sind rückwärts gewandt: Morus, Campanella, Bacon, später dann Owen und Fourier. Selbst das *Kommunistische Manifest* schwärmt von Ordnung und Idylle. Aber genau gelesen sind diese Utopien positiv gewendete Angstphantasien: jede von ihnen eine zur Fluchtburg auftheoretisierte Heimat. Die vermeintlich der Zukunft zugewandten Utopien leben – bis hinein in die Lemscheste Science-fiction-Phantasie – von dem Drama der Gefährdung im Neuen: je neuer das Neue, desto schrecklicher, je vertrauter das vermeintlich Neue, desto schöner.

Die Utopie ist immer konservativ – wie radikal sie sich auch immer geben mag –, wo sie auf Inhalte, auf Fragen, auf Begriffe rekurriert. Daher ist es wichtig, auf Tendenzen zu achten, die sich vom Inhalt trennen und zur reinen Geste werden. Das ist der Anarchismus. Er ist das zentrale Moment revolutionären Denkens in der Moderne. Er ist frei von Sinn und Verstand. Er stößt direkt und ohne ideologische Verbrämung auf die Quelle von Gesellschaft – auf Tod und Kontingenz. Der Anarchismus durchschaut die Gesellschaft als ontologische Lüge. Im *Manifest des Futurismus* heißt es: »Wozu hinter uns blicken, da wir gerade die geheimnisvollen Tore des Unmöglichen brechen? Zeit und Raum sind gestern da hinaufgegangen. Wir leben schon im Absoluten, denn wir haben schon die ewige, allgegenwärtige Schnelligkeit geschaffen ... Wir wollen den Krieg preisen – diese einzige Hygiene der Welt – den Militarismus, den Patriotismus, die zerstörende Geste der Anarchisten, die schönen Gedanken, die töten.«

Bedeutsam an diesem Text, den man zu den grundlegenden des 20. Jahrhunderts zählen muß, sind die Radikalität und der Un-Realismus. Für Marinetti und die Futuristen ist die Wirklichkeit, sind Geschichte und Gesellschaft kein Bezugspunkt. Sie wollen die Phantasie lodern lassen, nicht die Wirklichkeit. Sie fordern die Tat und verachten den Gedanken. Sie sprengen Grenze und Gesetz. Das konstituiert auch die Dynamik des Totalitarismus. Auch er ist dazu verdammt, sich selbst verzehrend, immer radikaler zu werden, sich zu entfesseln, sich zu entleeren. Jegliche Stasis würde ihn zerfallen lassen – wie das Schicksal der Sowjetunion uns zeigt. So gesehen ist diese Dynamik auch Flucht: Fliegende Holländer allesamt. Auch wenn sich die verschiedenen Varianten totalitären Denkens in Anspruch und Differenziertheit sehr wohl unterscheiden, ihr Haß auf Gesellschaft und Grenze – nicht nur als je gegebener, sondern überhaupt – ist ihnen gemein. Hannah Arendt hat darauf hingewiesen, wie wenig im Faschismus, wie wenig selbst im theoriebesessenen Marxismus die Parteiprogramme einen Bezug zum jeweiligen politischen Handeln hatten. Vondung: »Auch die innerweltliche Apokalypse hält an der Notwendigkeit fest, daß die alte, defiziente Welt untergehe. Ernst Blochs Verlangen richtete sich 1918 auf ›Entrealisierung‹, auf die ›Wegnahme der physischen Welt‹. Zur selben Zeit propagierte Kurt Pinthus die ›Auflösung‹ der Welt, die ›Beseitigung‹ der ›Determination der Wirklichkeit‹.«

Die Apokalypse ist ein zentrales Leitmotiv abendländischen Denkens. Im Alten Testament wird sie im Buch Daniel, im Neuen in der Apokalypse des Johannes ausformuliert. Seither ist sie Programm, mehr noch: selbstgestellte Aufgabe bis in den Alltag, bis in die Gegenwart hinein. Ihre zentrale Botschaft ist absurd. Sie lautet: Alles neu macht der Tod. Aber obwohl sie sich weder auf Geschichte noch auf Moral berufen kann, ist sie die mächtigste kontrafaktische Hoffnung, über die wir verfügen: »Und Gott wird abwischen alle Tränen von ihren Augen, und der Tod wird nicht mehr sein, noch Leid noch Geschrei noch Schmerz wird mehr sein.« (Offenbarung des Johannes, 21,4)

Nach dem Ritt der apokalyptischen Reiter, nach dem Sieg des bluttriefenden Jesus, nach universalem Massenmord wird süße Seligkeit die Welt und unsere Seelen erfüllen. Vondung: »Die Absurdität des apokalyptischen Glaubens ist das Geheimnis seines Erfolges. Und daß das apokalyptische Heilsversprechen von Anfang an auch eine politische Dimension besaß, begünstigte die Karriere einer innerweltlichen Spielart der Apokalypse in der Moderne.« Deswegen kann auch Ernst Bloch, der am lautesten die apokalyptische Wut des Marxismus herausschreit, in seinem Thomas-Münzer-Buch 1921 schreiben: »Niemals auch wäre über uns die Welt so dunkel, stünde nicht absoluter Sturm, zentrales Licht aller unmittelbarst bevor.«

Die Hoffnung, die auch Liberale, der Demokratie und ihrer Wirrnisse müde, in den Totalitarismus gesetzt hatten, sieht in Hitler, sieht in Stalin einen apokalyptischen Jesus, der mit dem Übel der Welt auch die Welt selbst vom Tische räumt. Was sich bei Stalin als Kampf gegen den Klassenfeind gibt, entdeckt sich als eine archaische Wut auf die Welt: eine Wut, von der der einstige Priesterkandidat Djugaschwili gehört haben dürfte. Die Apokalypse lebt. Vondung: »Die Verknüpfung des progressivistischen mit dem apokalyptischen

Heilsversprechen bei Marx markiert einen Wendepunkt. In der Folge wurde dem Glauben an die segensreichen Auswirkungen moderner Industrie und Wissenschaft mehr und mehr der Boden entzogen, bis hin zur tiefgreifenden Skepsis unserer Tage. Die apokalyptischen Heilsversprechen liefen den progressivistischen den Rang ab ... Seit dem Beginn des zwanzigsten Jahrhunderts hat die Apokalypse Konjunktur; der Erste Weltkrieg verhalf ihr vollends zum Durchbruch und vor allem auch zu neuen politischen Bedeutungen, zumal in Deutschland.« Aber Vondung ist zu optimistisch, wenn er behauptet, die Apokalypse sei faszinierend als Fiktion, »aber als Anweisung zum Handeln, zumal zu politischem Handeln, das die menschlichen Verhältnisse verbessern könnte, hat sie versagt«. Mehr denn je ist die Apokalypse unter uns. Sie nennt sich jetzt nur Risikogesellschaft. In *The Clash of Civilizations* hat Samuel Huntington die Apokalypse auch für ein Verständnis der Weltpolitik in Anspruch genommen.

Das viele Morden des Totalitarismus ist weder unfaßbar noch sinnlos, wie unsere Politiker bei gegebenem Anlaß zu behaupten pflegen, sondern sowohl faßbar als auch sinnvoll, wenn man die Kategorien der Täter kennt. Dabei geht es nicht ohne die eine oder andere Paradoxie ab, denn diejenigen, die heute – nach Auschwitz und Katyn – als die Täter, als die enttarnten Mörder gelten, sehen sich selbst als Opfer, die lediglich zurückschlagen, die sich wehren. Und wenn sie töten, nehmen sie heilige Rache. »Rache ist süß«, sagt Ernst Bloch, der blutrünstige Träumer in *Das Prinzip Hoffnung*, »als bloß vorgestellte, aber auch schäbig. Die meisten Menschen sind zu feig zum Bösen, zu schwach zum Guten; das Böse, das sie nicht oder noch nicht tun können, genießen sie im Rachetraum voraus.« Und Goebbels feiert in seinem Tagebuch das Opfer als die apokalyptische Begründung allen politischen Handelns: »Das Opfer ist alles. Es macht uns zu Helden der Tat, vor deren berauschendem Atem das Alte stürzt, das Neue sich formt wie von selbst.« Den gleichen Gedanken formuliert Walter Benjamin in *Über den Begriff der Geschichte*: »Das Subjekt historischer Erkenntnis ist die kämpfende, unterdrückte Klasse selbst. Bei Marx tritt sie als die letzte geknechtete, als die rächende Klasse auf, die das Werk der Befreiung im Namen von Generationen Geschlagener zu Ende führt.«

Die totalitäre Kränkung entstammt jener Diskrepanz von Weltbild und Selbstbild, einem gewissermaßen ontologischen Widerspruch, mehr noch: einer Verachtung der Realität. Heinz Kohut, der prominente Vertreter der Narzißmus-Theorie, hat dazu das psychoanalytische Erklärungsmuster geliefert. Für ihn entsteht eine Kränkung in der nach außen sichtbar werdenden beziehungsweise vom Individuum empfundenen Verletzung seiner grandiosen Vorstellungen seines Selbst. Diese Kränkung kann eine grenzenlose Wut, eine Unversöhnlichkeit und einen Haß hervorrufen, der durch keine reale Tröstung oder intellektuelle Kompensation ausgeglichen werden kann. Kohut spricht von einem krankhaften Rachebedürfnis. Interessant ist, daß diese Form von Mordlust tiefe archaische Quellen hat. Ein Großteil der von Homer beschriebenen blutrünstigen Taten lassen sich genau nach diesem Modell beschreiben. Wir haben es jedenfalls nicht mit einem der Moderne entsprungenen und für die Moderne spezifischen Phänomen, sondern mit einer bis in die Ursprünge der Gesellschaft reichenden Motivstruktur zu tun. Sie verweist auf jene tödliche Angst vor Identitäts- und Existenzverlust, die am Ursprung aller Geschichte steht.

Die Bewegung von Angst zu Kränkung, von Kränkung zu Wut, von Wut zu Mord ist vergessen, und gerade deswegen politisch mächtig. Der Tschekist Latsis sagt: »Wir führen nicht Krieg gegen bestimmte Personen. Wir löschen die Bourgeoisie als Klasse aus.« Aber Latsis ist kein überspannter Einzelfall, sondern die klassisch gewordene Einzelfallstudie. Denn alle Archive und Zeugenaussagen belegen, »daß der Terror von Anfang an ein Grundzug des modernen Kommunismus war«, wie Courtois im *Schwarzbuch des Kommunismus* konstatiert. Dabei sollte man sich hüten, dem Mißverständnis zu folgen, den totalitären Terror nur psychodynamisch erklären zu wollen. Natürlich stabilisiert das Morden des anderen die eigene Identität, verleiht Gefühle von Macht oder Göttlichkeit und drängt die eigene Angst vor dem Tod zurück. Aber das Morden hat auch eine politische Funktion. Wer mordet, beansprucht historische Legitimität. Damit kann eine neue Elite ihren Anspruch auf Macht dokumentieren und realisieren. Durch Tod zum Leben ist ein biblisches Prinzip, aber dialektisch gewendet enthält es auch den Appell, daß nur derjenige zum Leben kommt, der selbst tötet, der das blutige Schwert der Apokalypse führt. Wer andere tötet, partizipiert am Mythos der Unsterblichkeit.

Seit Daniel und Johannes bis zu Röhm und den Moskauer Prozessen dominiert dabei ein scheinbar unschuldiger Begriff: Säuberung. Der Mensch ist so, wie er ist: unrein. Er muß einem neuen Menschen weichen, geopfert werden. Aber da der Täter selbst der neue Mensch noch nicht sein kann, schwingt in dem Haß auf das, was lebt und atmet, auch ein schrecklicher Selbsthaß. Die vielen Säuberungen in den totalitären Systemen sind das Ritual einer Selbstreinigung, nur daß hier nicht die Fluten des Ganges oder des Jordan, sondern das Blut der Juden und das der Bourgeoisie die Reinigung herbeiführen sollen.

Der Totalitarismus stellt den Versuch dar, den Tod als anthropologische Dimension wiederherzustellen, den Bezug des Menschen zu seiner Vergänglichkeit, zu seiner Nichtigkeit manifest zu machen. In diesem Sinne ist das Morden des Totalitarismus ein mythischer Akt.

Im archaischen Denken sind die Lebenden nur eine Zwischenstufe zwischen Vorfahren und Nachkommen, alle drei voneinander chronologisch differenziert, vereint durch Kontinuität und Identität. An diesem archaischen Denkmuster partizipiert der Totalitarismus, denn er versteht sich nicht nur als Aufklärung und Auftrag, sondern agiert auch mythisch in den Kammern des Hades. Für den Nationalsozialismus wie für den Kommunismus sind die Toten sowohl Gedächtnis und Erinnerung als auch Legitimation und Hoffnung. Gerade die optimistische Dynamik der beiden Systeme gründet sich in ihrer Vergangenheit, dort, wo ihre Märtyrer und Helden begraben liegen.

Die Reichsparteitage in Nürnberg muß man als Totenfeiern verstehen. Sie beginnen mit Hitlers Gang zu den Heldentoten am Mahnmal für die Gefallenen des Ersten Weltkrieges und enden auch dort. Dort in der Luitpoldarena ist das mythische Zentrum des Nationalsozialismus. »Eigentlich kommen die Toten mit den Lebenden nur in Berührung, das wissen wir aus Sagen, Volksliedern, Balladen, um diese zu holen. Wenn nun die Lebenden die Toten beschwören, wie in dem bekannten Refrain des Horst-Wessel-Liedes ›Kam'raden, die Rotfront und Reaktion erschossen, / marschier'n im Geist in unsern Reihen mit!‹ zum Ausdruck kommt, verweist dies auf die Gleichsetzung von Totenheer und Lebendenheer in dem Sinne, daß man die Toten bei sich mitmarschieren läßt. Sie werden aufgenommen um der Stärkung willen: sich selbst den Toten weihen, um zu siegen und dabei in der Regel den Tod finden. Wenn man dies ertragen kann, ist man gleichsam selbst ein Toter. Die andere, feindliche Seite weiß, daß sie jetzt durch die Beschwörung der Toten gleichsam mit einem Totenheer zu kämpfen hat, was dessen Schlagkraft auf unerhörte

Weise verstärkt. Die Totenkopfzeichen der SS drücken dies am augenfälligsten und extremsten aus: Wir sind eigentlich ein Totenheer, wir sind immer schon dem Tode geweiht, wir haben die Toten mit uns und sind eigentlich selbst Tote. Dies hilft, die Angst vor dem Tod zu bewältigen, denn Tote haben keine Angst, sie verbreiten aber Angst«.[1]

Entsprechendes gilt für den Kommunismus. Das Leninsche Mausoleum lehnt sich allerdings weniger an vorchristliche und klassische Motive an als an traditionelle Heiligenkulte. Die Tatsache, daß der Leichnam mit einem geradezu altägyptischen Gestus einbalsamiert, gepflegt und ausgestellt wird, realisiert einen Totenkult, der die Legitimation des Regimes über einen Corpus sanctus herstellt. Der ganze Lenin, eine anbetungswürdige Reliquie.

Vor allem Heiner Müller hat sich über die Bedeutung des kommunistischen Totenkultes Gedanken gemacht. »Mit den Toten kann man nicht diskutieren. Was sich nicht bewegen läßt, ist ewig. Die Toten sind der Archimedische Punkt. Nur mit den Toten kann man die Welt aus den Angeln heben, denn sie selber bewegen sich nicht.« Horst Domdey sieht darin, »in die Konsequenz getrieben, welche Funktion Müller den Toten zuspricht. Sie sollen das unbewegliche Widerlager sein oder die nicht irritierbare Basis, jedenfalls das Schwergewicht, mit dessen Hilfe die Welt verändert wird. Strukturell gesehen nehmen sie eine ähnliche Position ein wie früher das historische Subjekt, nur der Erscheinung nach anders. Zwar sind die Toten im Bild unbeweglich, Müllers Sprache verrät aber, wie sie in dieser Unbeweglichkeit als mithandelnd gedacht sind: von der Überlegenheit der Toten ist die Rede, nur mit den Toten könne man die Welt aus den Angeln heben. Und die Aussage, sie würden sich nicht bewegen, man könne mit ihnen nicht diskutieren, wirkt fast wie Anzeichen einer Verweigerungshaltung. Mit anderen Worten, die Toten sind zwar extrem passiv, von äußerster Unbeweglichkeit, zugleich aber beteiligt, wenn die große Veränderung der Welt in Gang gesetzt wird. Aber natürlich muß jemand den Hebel ansetzen und ihn bewegen, die aktive Rolle des historischen Subjekts ist also nicht suspendiert. Doch vorgestellt sind jetzt zwei Kräfte, die Basis und der Hebel, die nur gemeinsam Geschichte machen können; zwischen Widerlager und Hebel bildet sich eine besondere Beziehung heraus,

1 Yvonne Karow, *Deutsches Opfer.* Berlin: Akademie 1997.

eine Art Bündnis; Voraussetzung aller Umwälzung sei in Zukunft die Allianz mit den Toten.«[1]

Vor dem Hintergrund der Tabuisierung des Todes in westlichen Industriegesellschaften fällt diese Kultivierung des Todes und der Toten besonders ins Gewicht. Hier wird ein mythisches Gegenprogramm erkennbar. Jenseits irgendeines transzendenten Kontexts, aber aus jenen in guter Erinnerung wird auf Urgründe menschlicher Existenz verwiesen, die wir – aufgeklärte Demokraten, die wir sind – längst vergessen haben.

Immer wieder sind Fragen aufgeworfen worden, die den Realitätssinn totalitärer Politik in Zweifel ziehen. Warum hat Hitler die Juden vernichtet? Sie seien doch ein produktiver Teil des deutschen Volkes gewesen. Warum haben die Sowjets die gesamte intellektuelle Elite Rußlands systematisch vernichtet? Haben sie sich damit nicht selbst geschadet? Warum konnten weder die Kommunisten noch die Faschisten aus ihren Fehlschlägen lernen? Fragen über Fragen – und keine Antwort. Die Fragen sind vernünftig, aber gerichtet sind sie an Systeme, die im Mythos denken. Weder die Ermordung der Juden noch die Ermordung der Bourgeoisie folgt irgendeinem zweckrationalen Sinn. Ein Lieblingswort Adolf Hitlers war das für ihn hochpositiv besetzte »fanatisch«. Trotz all des historisch materialistischen Dekors war auch der Kommunismus weder historisch noch materialistisch, sondern mythisch und idealistisch. Gerade deswegen konnte der Totalitarismus so ungehemmt brutal sein.

»Hitler hat das durchgeführt, und Hannah Arendt hat doch wohl richtig gesehen, ›daß es sich hier wirklich um die Herstellung einer rein fiktiven Welt in einer unabsehbaren Zukunft handelt und nicht ... um das rücksichtslose Durchsetzen irgendwelcher Interessen‹.«[2] Entsprechend für den Kommunismus stellt Rohrwasser klar: »Den meisten Beschwörungsformeln aus der Nähe und der Ferne ist gemein, daß ihnen das Faktische eine vernachlässigbare Größe war – auch Reisen nach Rußland bewirken nur selten eine Korrektur des Bildes. Es sei die Idee von Rußland und dem Bolschewismus, in der Elemente einer alten Faszination fortlebten ... Gerade der Terror schien Ausweis moralischer Größe und Überlegenheit; nicht der Zweck sollte die Mittel heiligen, sondern die blutigen Mittel, der hei-

1 Horst Domdey, *Produktivkraft Tod*. Köln: Böhlau 1998.
2 Arnold Gehlen, *Moral und Hypermoral*. Frankfurt: Athenäum 1969.

lige Terror bewies die Größe des Ziels«.[1] Und selbst der kluge, westliche, aufgeklärte Walter Benjamin schreibt im Dezember 1936, als Gide die Moskauer Prozesse öffentlich kritisiert, an Margarete Steffin nach Moskau: »Während meiner Abwesenheit ist das Buch von Gide ... erschienen. Erschienen nicht nur in Buchform, sondern in zahllosen Auszügen in der Presse der Faschisten verbreitet. Gelesen habe ich es noch nicht ... Was mich betrifft, so mißbillige ich das Buch, ohne es noch zu kennen. Ohne auch zu wissen, was darinnen steht, zutrifft oder ob es entscheidend ist.«

Wer Kommunist ist oder Faschist, den kümmert die Realität nicht. Jedenfalls nicht die empirische. Kommunisten und Faschisten leben in einer anderen Welt, nah dem Tod, mitten im Mythos, in einer uns nicht zugänglichen geschichtlichen Leidenschaft. Trotzdem haben die großen Terror-Regime unser Jahrhundert tief und auf Dauer geprägt. Auch François Furet, der große Kenner des Kommunismus und des Marxismus, einst Mitglied der KPF, unterliegt einem naheliegenden Mißverständnis, wenn er glaubt, daß der Totalitarismus wegen seines Utopismus wirkungsgeschichtlich bedeutungslos geblieben sei. Zumindest an dem unterschiedlichen intellektuellen Status von Faschismus und Kommunismus wird klar, daß deren Wirkung von ihrem jeweiligen geistigen Umfeld abhängt. Auch der Faschismus hat einen unverrückbaren Status in der Ikonographie der Moderne erlangt. Die weltweite Erinnerung an den Holocaust hält das Gedächtnis an den Nationalsozialismus wach und rettet ihn vor dem Abgrund des Vergessens. Das Paradox ergibt, daß der Nationalsozialismus vor allem deswegen fortlebt, weil es das Gedenken an den Holocaust gibt. Das Holocaust-Mahnmal am Brandenburger Tor, auf den Fundamenten der Hitlerschen Reichskanzlei errichtet, beklagt die jüdischen Opfer, feiert aber zugleich die Wirkungsmacht des Nationalsozialismus. Der Mythos ist stärker als alle Vernunft.

Das Fazit aus dem 20. Jahrhundert ist blutig und schwer. Kehren wir in den Mythos zurück oder haben wir ihn überhaupt nie verlassen? Leben wir in Einpersonenhaushalten die vollendete Aufklärung oder in vollendeter Ahnungslosigkeit? Könnte es sein, daß der Totalitarismus eine Rückkehr zum Tod und zur Todesangst eröffnet

1 Michael Rohrwasser, *Was haben sie verraten, die Renegaten?* In: Werner von Bergen/Walter H. Pehle (Hrsg.), *Denken im Zwiespalt.* Frankfurt: Fischer 1996.

hat, zum Ursprung von Gesellschaft? Und die Frage wird sich nicht vermeiden lassen, ob Gesellschaft sich denn gelohnt habe. Sie hat ihre ursprüngliche Verbindung zur Angst, wie es scheint, verloren: Die Identitäten und die Optionen mutieren schneller als je ein entfesselter HI-Virus. Diese Entfesselung nennt man Säkularisierung. Der Totalitarismus ist eine Antwort auf diese Säkularisierung. Damit wird der Tod zur Utopie von Authentizität. Gegen bodenlose Beliebigkeit wird die Verbindlichkeit des Todes gesetzt. Das Morden ist nicht irgendeine Nebenfolge, sondern das eigentliche Programm des Totalitarismus. Er ist der versuchte Opfergang der Wahrhaftigkeit. Die Rückkehr zum Tode bedeutet eine Rückkehr zum Kern unserer Existenz, eine archaische und schreckliche Frömmigkeit: das Brutale als das Rettende vor dem Banalen. In diesem Sinne ist der Totalitarismus tatsächlich ein Humanismus. Er setzt den sterblichen Menschen gegen die den Tod überwuchernde Gesellschaft. Im Morden des Totalitarismus kehren wir zurück zu einem qualvollen Memento mori. Wie damals, als wir es Vanitas nannten, werden wir des Todes als des wahrhaft Ursprünglichen im menschlichen Leben gewahr. Die Frage aber wird uns verfolgen, ob es keinen anderen Weg zurück zum Ursprung gibt.

Quelle: Merkur (Berlin), August 1998, Nr. 52

III.

Die politische Debatte

THANKMAR VON MÜNCHHAUSEN

Jospins Stolz auf seine kommunistischen Partner. Die Schwierigkeiten mit dem Erbe von Marx, Lenin und Stalin

Der Historiker François Furet, der im vergangen Juli gestorben ist, machte sich keine Illusion über die Zeitgenossen. In den kommunistischen Parteien der Gegenwart sah er diejenigen am Werk, die »am alten Erscheinungsbild hängen«, wie auch diejenigen, die ihrer Partei zu einer »zweiten Jugend« zu verhelfen trachten. Orthodoxe und Neuerer verbindet nach Furets Auffassung die Feindseligkeit gegen alle, die die kommunistische Vergangenheit schlechtmachen oder einen Neuanfang verhindern wollen. »So erklärt sich auch, warum der Kommunismus zwar hier und da weniger fanatische Anhänger hat, der Antikommunismus jedoch mehr denn je als verdammenswerte Ketzerei gilt«, schrieb Furet in seinem letzten Buch *Das Ende der Illusion* (Piper, München) über den Kommunismus im zwanzigsten Jahrhundert.

Wie sonst läßt sich die Aufregung verstehen, die ein anderes Buch in Frankreich hervorgerufen hat, das rechtzeitig zum achtzigsten Jahrestag der Oktoberrevolution erschienen ist: *Le livre noir du communisme. Crimes, terreur, répression* (Robert Laffont)? Streit gab es schon um den Titel: zwischen dem Herausgeber Stéphane Courtois und einigen Verfassern der einzelnen Beiträge, die die Auswirkungen kommunistischer Gewaltherrschaft von der Sowjetunion über China bis Kuba und Afghanistan beschreiben. Der vorgesehene Buchtitel »Die Verbrechen des Kommunismus« erschien manchen zu kraß. Nach unbrauchbaren Gegenvorschlägen in der Art von »Marx' Albtraum« oder »Die Hölle der roten Schrecken« einigte man sich auf die Benennung *Schwarzbuch des Kommunismus.*

Unwillen erregen auch das Vorwort, das Courtois dem Gemeinschaftswerk vorangestellt hat, und seine abschließende Zusammenfassung. Die Ansicht des ausgewiesenen Kommunismusgegners Courtois, die kommunistischen Regime hätten zwecks Machterhalt »das Massenverbrechen zu einem wahren Regierungssystem gemacht«, paßt dem und jenem nicht ins Weltbild. Manche werfen dem Herausgeber vor, er habe die Zahl der Todesopfer des Kommunismus in aller Welt aufrunden wollen, um auf einprägsame hundert Millionen Tote zu kommen. Dabei wirkt die Bilanz von mehr als achtzig Millionen Toten zurückhaltend, wenn in Moskau die *Iswestija* in ihrer Schlagzeile zum Revolutionsgedenken von 110 Millionen Getöteten spricht.

In den Diskussionen über das Buch, die in der Presse oder im Fernsehen und nun auch in der Nationalversammlung stattfinden, wird deutlich, daß vor allem der Vergleich des Kommunismus mit dem Nationalsozialismus – totalitäre Diktaturen der eine wie der andere – für viele anstößig ist. Denn dadurch wird die Hoffnung auf einen Sozialismus »mit menschlichem Gesicht« ad absurdum geführt. Plötzlich steht auch die kommunistische Diktatur unter der Anklage, Verbrechen gegen die Menschlichkeit begangen zu haben. Für den ehemaligen Chefredakteur des Parteiorgans *L'Humanité*, Roland Leroy, ist die Gegenüberstellung einfach: »Am Beginn des Nazismus steht der Haß gegen die Menschen. Am Beginn des Kommunismus steht die Liebe zu den Menschen.« Der Parteichef Robert Hué kommt um »die Verurteilung des Stalinismus und seiner Verbrechen« nicht herum, hält aber daran fest, daß der Kommunismus »gleichzeitig auch ein Ideal« war.

In der Nationalversammlung führte die Auseinandersetzung um Wesen und Wirkungen des Kommunismus zum Eklat. In der Fragestunde begehrte der UDF-Abgeordnete Michel Voisin, der bisher wenig hervorgetreten ist, von Premierminister Jospin zu wissen, was dieser zu tun gedenke, daß »diese Verbrechen als solche erkannt und anerkannt« würden. »Und was werden Sie tun, daß die Verantwortlichkeit derjenigen, die diese Greuel unterstützt haben, festgestellt wird, wer und wo sie auch sein mögen?« Die Frage richtet sich an den sozialistischen Regierungschef, in dessen Regierung drei Kommunisten sitzen.

Jospin wies zu Beginn seiner kurzfristig vorbereiteten Antwort darauf hin, daß sich Staatspräsident Chirac in diesem Augenblick im kommunistischen Vietnam aufhält und daß er unlängst das kommunistische China besucht hat. Die Revolution von 1917 nannte Jospin eines der großen Ereignisse des Jahrhunderts, von dem die Schulbücher zeugten und auf das sich Tausende und aber Tausende von Intellektuellen und Künstlern in vielen Ländern berufen hätten, einschließlich einiger Mitautoren des *Schwarzbuches* als ehemalige Kommunisten. »Es ist bezeichnend, daß diese Frage von einem Mitglied der UDF-Fraktion gestellt wird und nicht von einem gaullistischen Abgeordneten«, bemerkte Jospin. 1945, »als die Verbrechen Stalins völlig bekannt waren«, hätten französische Kommunisten zu einer Regierung der Résistance unter General de Gaulle gehört, »und was mich betrifft, so habe ich niemals den Nationalsozialismus mit dem Kommunismus gleichgesetzt«. Der Nationalsozialismus, eine »zutiefst perverse« Ideologie, habe zu Fall gebracht werden müssen.

Im Gegensatz dazu gebe es Unterschiede der Analyse und der Praxis zwischen Marxismus, Kommunismus, Leninismus und Stalinismus, sagte Jospin unter Mißfallensäußerungen der Opposition. »François Furet vertrat die Auffassung, daß der Marxismus unvermeidlicherweise zum Kommunismus führe, aber andere Historiker machen eine Unterscheidung zwischen der stalinistischen Abweichung und dem kommunistischen Ideal.« Er, Jospin, habe zur Zeit des Ungarn-Aufstandes 1956 mit »jeder derartigen Abweichung« gebrochen und berufe sich auf die demokratische Tradition des französischen Sozialismus. Die Kommunistische Partei Frankreichs habe sich mit der Verurteilung des Stalinismus vielleicht zuviel Zeit gelassen, habe sie aber nichtsdestoweniger geleistet.

Teil des »Kartells der Linken« und der Volksfront in der Zwischenkriegszeit, der Résistance und der Linksregierungen 1945 und 1948, habe die KPF »niemals die Hand auf die Freiheiten gelegt, sie hat die Lehren aus der Geschichte gezogen, sie ist in meiner Regierung vertreten, und ich bin stolz darauf«, sagte Jospin. Der kommunistische Parteichef Hué, der am nächsten Tag die Strategie der Regierungsbeteiligung vor der eigenen Parteiführung zu verteidigen hatte, konnte für die Ehrenrettung dankbar sein. Die Abgeordneten der UDF verließen nach dieser Antwort des Regierungschefs den Sitzungssaal. Ihre Kollegen vom neogaullistischen RPR blieben ruhig sitzen.

Es finden sich immer Historiker und Politologen, die die innenpolitische Strategie zur Schonung des Kommunismus in die Sprache der Wissenschaft kleiden. Der Forscher Courtois ist über die Reaktionen auf das Buch, das unter seiner Verantwortung entstanden ist, nicht überrascht. Er weiß, daß Widersacher der Wirkung neuer Veröffentlichungen, die unter Benutzung der sowjetischen Archive entstanden sind, systematisch entgegenarbeiten: »Wir beobachten eine merkwürdige Übereinstimmung zwischen Trotzkisten und ehemaligen Stalinisten. Viele von ihnen sind vom Inhalt dieser Archive selber betroffen. Ihre Akten befinden sich in Moskau, in der ehemaligen DDR, in Rumänien und andernorts. Lenins ›Waisenkinder‹ sind mit ihrer Trauerarbeit noch nicht zu Ende.«

In Frankreich scheint man sich mit dem Aufarbeiten der kommunistischen Vergangenheit besonders schwer zu tun. Dabei liegt die Zeit, da die Kommunistische Partei als stärkste politische Kraft bewundert und gefürchtet wurde, weit zurück. Nach einer Meinungsumfrage sehen 20 Prozent der Franzosen im Kommunismus noch immer Positives. 66 Prozent Negatives. Und fast 40 Prozent halten es für einen guten Gedanken, den Kapitalismus durch den Sozialismus zu ersetzen – nur anders, als dies bisher in anderen Ländern ausprobiert worden ist. Noch immer tragen in den Gemeinden des »roten Gürtels« um Paris Straßen, Plätze oder Sportanlagen den Namen Lenins, der den bolschewistischen Terror nach dem Vorbild der großen Französischen Revolution praktizierte.

In einer dieser Gemeinden, in Aubervilliers, trafen sich in der vergangenen Woche Nostalgiker des Marxismus-Leninismus, um an die Oktoberrevolution zurück- und an einen Neuanfang vorauszudenken. Von der Stirnwand grüßte ein Lenin-Bild zwischen roten Fahnen. Zu den ausländischen Gästen gehörten Irma Gabel-Thälmann, die 77 Jahre alte Tochter des in Buchenwald ermordeten Kommunistenführers Ernst Thälmann, und Vertreter des »Solidaritäts-Komitees für Erich Honecker«. Einer der deutschen Teilnehmer erläuterte die Lage in der Bundesrepublik mit einem Zitat des Komintern-Chefs Dimitroff: »Das Finanzkapital ist der Faschismus.« Dagegen müsse man sich durch den Zusammenschluß unter der roten Fahne zur Wehr setzen. Der nicht anwesende Generalsekretär Hué kam in den Reden nicht gut weg. Die französische Kommunistische Partei hat diesmal vom Jubiläum der bolschewistischen Revolution nicht viel Aufhebens gemacht. Sie bereitet sich lieber auf die 150-Jahr-Feier der Veröffentlichung des *Kommunistischen Manifests* im Mai 1998 vor.

Quelle: Frankfurter Allgemeine Zeitung, 14. November 1997

HEINRICH AUGUST WINKLER

Wider die linken Tabus. Der Historikerstreit zum *Schwarzbuch des Kommunismus* – Rückblick auf ein Jahrhundert des Schreckens

Das Fin de siècle klopft seit einiger Zeit immer kräftiger an die Tür – vor allem an die Tür der Historiker. Schon als 1986 der deutsche »Historikerstreit« um die Einzigartigkeit des nationalsozialistischen Judenmords ausgefochten wurde, ahnte man, daß die Jahrhundertbilanzen im Kommen waren. Der Berliner Historiker Ernst Nolte, der den Anstoß zu der Kontroverse gab, wollte rechtzeitig klargestellt sehen, daß Deutschland nicht die Rolle des einzigen Schurken im Drama des 20. Jahrhunderts zufiel, ja nicht einmal die des schrecklichsten. Der Archipel Gulag war Nolte zufolge »ursprünglicher« als seine angebliche, wenn auch verzerrte Kopie, der Holocaust; es gab einen »kausalen Nexus« zwischen beiden Menschheitsverbrechen; Lenin und Stalin verkörperten die revolutionäre Drohung, auf die Hitler antwortete. Auschwitz ein Fall von Putativnotwehr: Auf diese Deutung lief und läuft Noltes Geschichtsdeutung hinaus.

Jetzt ist die Debatte um das Verhältnis von Bolschewismus und Nationalsozialismus neu entbrannt, ausgelöst durch das vor kurzem in Paris erschienene *Schwarzbuch des Kommunismus*, ein Kompendium kommunistischer Verbrechen auf drei Kontinenten. Die Autoren, an ihrer Spitze Stéphane Courtois, sind ehemalige Linksradikale, meist Ex-Maoisten. Schon das unterscheidet sie von Ernst Nolte, der zur raren Spezies deutscher Rechtsintellektueller gehört. Keiner der Beiträger versucht, den Rassenmord der Nationalsozialisten aus dem Klassenmord der Bolschewiki »abzuleiten«. Manche von ihnen haben sich sogar von Courtois distanziert, der die Parallelen zwischen »linken« und »rechten« Verbrechen in der Einleitung des Bandes plakativ (und mit fragwürdigen Berechnungen der Opferzahlen) aufzuzeigen versucht hat. Doch in einem berührt sich der französische mit dem deutschen Historikerstreit: Es geht in beiden Debatten um den historischen Ort der Menschheitsverbrechen dieses Jahrhunderts und um ihre Vergleichbarkeit.

Der deutsche Historikerstreit endete wissenschaftlich und moralisch mit einem Sieg der Kritiker Noltes. Sein Versuch, die Ermordung der europäischen Juden allein damit zu erklären, daß Hitler Angst vor der Vernichtung des Bürgertums durch die Bolschewiki hatte, *mußte* scheitern, weil Nolte systematisch alles ausblendete, was gegen diese spekulative These sprach. Gewiß: Für die Bolschewiki waren die Bourgeois dasselbe wie die Juden für die Nationalsozialisten: Parasiten. Aber Hitler brauchte keine kommunistischen Texte zu lesen, um auf diesen Vergleich zu kommen und die Ausrottung der Juden ins Auge zu fassen.

Es genügte ein Blick in die ihm wohlvertrauten Schriften der deutschen Antisemiten des 19. Jahrhunderts, etwa des angesehenen Orientalisten Paul de Lagarde, der eigentlich Paul Anton Böttcher hieß. Schon 1887 hatte dieser vielgelesene Autor die Juden als »wucherndes Ungeziefer« bezeichnet, das es zu zertreten gelte. »Mit Trichinen und Bazillen wird nicht verhandelt. Trichinen und Bazillen werden auch nicht erzogen, sie werden so rasch und so gründlich wie möglich vernichtet.« Die Juden gelten schon zu jener Zeit als Drahtzieher der »roten« und der »goldenen Internationale«, als Hintermänner des Marxismus und des Bankkapitals. Die Rolle der Juden in den Reihen der Bolschewiki erleichterte das Geschäft der Judenfeinde. Doch der Antisemitismus war zu jener Zeit längst eine ständig verfügbare Allzweckwaffe: Die Juden galten als die Urheber *aller* Weltübel.

Was Nolte in einem Artikel in der *Frankfurter Allgemeinen Zeitung* vom 6. Juli 1986 unter der Überschrift »Vergangenheit, die nicht vergehen will« und, sehr viel ausführlicher, 1987 in seinem Buch *Der europäische Bürgerkrieg 1917–1945* vortrug, enthielt eine doppelte Apologie: Der Autor wollte die nationale Ehre Deutschlands und die Klassenehre des europäischen Bürgertums retten. Hätte er sich damit durchgesetzt, wäre jene »vorbehaltlose Öffnung der Bundesrepublik gegenüber der politischen Kultur des Westens« rückgängig gemacht worden, von der Habermas 1986, in einer Replik auf Nolte, gesagt hat, sie sei *die* »große intellektuelle Leistung unserer Nachkriegszeit, auf die gerade meine Generation stolz sein könnte«.

Die Abwehr von Noltes historischem Revisionismus war so notwendig, wie die Widerlegung seiner Kernthesen einfach war. Am

Ausgang des deutschen Historikerstreits gab es in der alten Bundesrepublik einen verbreiteten linksliberalen Konsens, daß, so abermals Habermas, der »einzige Patriotismus, der uns dem Westen nicht entfremdet«, ein »Verfassungspatriotismus« sei. Eine postume Adenauersche Linke, die es zuvor noch nicht gegeben hatte, war zum Bewußtsein ihrer selbst gelangt.

Der französische Historikerstreit von 1997 ruft den Deutschen nun etwas anderes ins Bewußtsein: Die Absurdität von Noltes wesentlichen Thesen hat allzu lange den Blick dafür verstellt, daß seine Ausgangsfrage legitim war und nach wie vor eine Jahrhundertfrage ist. Es ist die Frage nach dem Zusammenhang zwischen der zeitlich früheren und der zeitlich späteren der *beiden* Typen von totalitärer Diktatur, die das Novum des 20. Jahrhunderts bilden. Zugespitzt formuliert: Hätte es ohne die Machtergreifung der russischen Bolschewiki im Oktober 1917 die Machtergreifungen der italienischen Faschisten im Oktober 1922 und der deutschen Nationalsozialisten im Januar 1933 gegeben?

Weniger spekulativ ausgedrückt, lautet dieselbe Frage: Welche Rolle spielte die Angst vor dem Bürgerkrieg und der Vernichtung der Bourgeoisie, eine von Lenin, Trotzki und Stalin bewußt hervorgerufene Angst, beim Massenzulauf zu den extrem antikommunistischen Bewegungen der äußersten Rechten im Europa der Zwischenkriegszeit? Die Rolle dieser Angst, so viel steht fest, war sehr erheblich. Neben den Traumata des verlorenen Krieges in Deutschland und des »verstümmelten Sieges« in Italien hat sie wohl den größten Anteil am Triumph beider Faschismen.

Noch immer fällt der Linken das Eingeständnis schwer, daß es eine kommunistische Mitschuld am Aufstieg Mussolinis und Hitlers gibt. Denn der Mythos vom kommunistischen Antifaschismus gerät in höchste Gefahr, wenn die profaschistischen Wirkungen von kommunistischer Rhetorik und Praxis schonungslos freigelegt werden. Doch das ist nicht das einzige linke Tabu. Auch heute noch liest und hört man, zuletzt von Intellektuellen aus dem Umfeld der Kommunistischen Partei Frankreichs, ein Vergleich zwischen kommunistischer und faschistischer beziehungsweise nationalsozialistischer Gewalt verbiete sich schon deshalb, weil die äußerste Linke ursprünglich etwas Gutes, die Emanzipation der unterdrückten Teile der Gesellschaft und damit die Befreiung der Menschheit, angestrebt habe, während die Absichten und das Wesen der äußersten Rechten von Anfang an mörderisch gewesen seien.

Vergleichen heißt nicht gleichsetzen. Aber sind gute Absichten wirklich ein Alibi für schreckliche Taten? Und waren die Absichten der frühen Kommunisten tatsächlich so edel, wie die Apologeten von links behaupten? Marx hat Ende 1848 den »Weltkrieg« zum revolutionären Programm des folgenden Jahres erhoben und sich 1850 zur rücksichtslosen Unterdrückung der Klassengegner durch die »Permanenzerklärung der Revolution, die Klassendiktatur des Proletariats« bekannt. Engels erhoffte sich Anfang 1849 vom »nächsten Weltkrieg«, er werde »nicht nur reaktionäre Klassen und Dynastien«, sondern auch »ganze reaktionäre Völker vom Erdboden verschwinden machen«. Lenins Parole vom Februar 1918 »Wer sich widersetzt, ist zu erschießen«, gemünzt auf Männer und Frauen der bürgerlichen Klasse, war, um das mindeste zu sagen, kein absoluter Bruch mit marxistischen Traditionen.

Die »Weltanschauung« des Nationalsozialismus war unendlich viel primitiver als die Ideologie des Marxismus und des Leninismus. Der Holocaust bleibt nicht nur wegen der technischen Perfektion des Massenmordes singulär, sondern auch deshalb, weil er von einem Volk begangen wurde, das auf einen großen Beitrag zur europäischen Aufklärung und eine lange Tradition des Rechtsstaats zurückblicken konnte. Und doch bleibt die bohrende Frage: Erwächst den kommunistischen Verbrechen, die in der Sowjetunion, in China, Kambodscha, Nordkorea und andernorts begangen wurden, daraus ein mildernder Umstand, daß ihre Rechtfertigungen intellektuell anspruchsvoller waren oder sind als die des nationalsozialistischen Rassismus?

Am Ende des 20. Jahrhunderts wird die Geschichte seit 1917 noch immer selektiv wahrgenommen, also selektiv verdrängt. François Furet, der durch seinen plötzlichen Tod daran gehindert wurde, das Vorwort zum *Schwarzbuch* zu schreiben, hat in seinem letzten Buch (*Le passé d'une illusion*, Paris 1995; deutsch: *Das Ende der Illusion*, München 1996) dargelegt, wo die tieferen Gründe der Verdrängungen bei der Linken, nicht zuletzt in Frankreich, liegen: im nachwirkenden Mythos der Französischen Revolution, genauer gesagt: ihrer terroristischen Phase von 1793. Es ist ein Mythos, dem schon Marx und Lenin erlegen sind. Sich endlich von diesem Bann zu befreien, ist überfällig. Denn wie können wir sonst je das 20. Jahrhundert in seinem ganzen, rechten und linken Schrecken erfassen?

Quelle: Die Weltwoche, 18. Dezember 1997

TONY JUDT

Die Schwarzen Bücher der Geschichte. Ein Gespräch mit Christoph Winder

DER STANDARD: *Herr Professor Judt, die Frage, ob die Formel »Nationalsozialismus gleich Kommunismus« legitim ist, scheint die Gemüter auch zehn Jahre nach dem Historikerstreit immer noch zu erhitzen.*

Als der französische Historiker Stéphane Courtois in seinem Schwarzbuch des Kommunismus, *das im vergangenen Herbst in Paris erschienen ist, zu dieser Formel gegriffen hat, hat es nicht nur in Frankreich erbitterten Widerspruch und begeisterte Zustimmung gegeben. Der französische Streit wurde vor allen in Deutschland intensiv wahrgenommen, aber auch in den USA. Dort haben auch Sie sich öffentlich zu dieser Debatte geäußert.*

Judt: Das ist richtig. Ich wurde von der *New York Times* gebeten, einen Artikel zu diesem Thema zu schreiben, um die französische Diskussion einem amerikanischen Publikum zu vermitteln. Wie Sie wissen, präsentiert das *Schwarzbuch* zum großen Teil Forschungsergebnisse, die auf neuen Archivfunden in der ehemaligen Sowjetunion fußen. Aber es enthält eben auch diese Einleitung von Courtois, die der eigentliche Auslöser der Kontroverse war. Man kann seinen Beitrag vereinfachend auf den Punkt bringen, daß Courtois an die These des deutschen Historikers Ernst Nolte anknüpft, wonach Nazismus und Kommunismus miteinander verglichen werden können.

STANDARD: *Wie stellen Sie sich zu dieser These?*

Judt: Ich glaube, daß Courtois sehr viele gute Argumente auf seiner Seite hat. Der menschliche Schaden, der durch den Kommunismus angerichtet wurde, war atemberaubend. Ich meine, daß der Kommunismus sowohl unter Lenin als auch Stalin ein terroristisches System war, daß er seine politischen Ziele immer ohne Rücksicht auf menschliche Kosten verfolgt hat, und daß das, was unter Stalin und Pol Pot geschehen ist, keine zufälligen Entwicklungen, keine Betriebsunfälle waren. Wenn man den Blick auf die gelebte Erfahrung der Betroffenen richtet, wäre es obszön, eine Unterscheidung zwischen Kommunismus und Faschismus zu treffen. Dennoch gibt es einen elementaren Unterschied zwischen einem System, das, so grotesk immer es gewesen sein mag, Leute ermordet und ausgerottet hat, um seine Projekte durchzusetzen, und einem System, dessen Projekt es war, Leute zu ermorden und auszurotten.

Analytisch ist das eine extrem wichtige Unterscheidung, die man ständig im Gedächtnis haben muß. Wenn man diese Unterscheidung nicht wahrnimmt, verschmiert und verwischt man das historische Bild, und das gesamte 20. Jahrhundert wird zu einer undifferenzierten Horrorgeschichte.

STANDARD: *Macht Courtois diese Unterscheidung?*

Judt: Er macht sie, aber schlecht. Er trifft die Unterscheidung, geht dann aber leichtfertig über sie hinweg. So macht er sich angreifbar für Kritik und Mißverständnisse.

STANDARD: *Einer der großen Streitpunkte der* Schwarzbuch-*Debatte betraf die Anzahl der Opfer. Viele Kritiker haben sich daran gestoßen, daß Courtois in einer Art Bilanz 25 Millionen Opfer des Nationalsozialismus mit »sechzig bis hundert Millionen« Opfern des Kommunismus aufrechnet.*

Judt: Ich habe keine Einwände dagegen, daß Zahlen verglichen werden. Es ist obszön, aber man muß es tun, die Zahlen müssen stimmen. Aber Courtois wirft alles durcheinander.

Es gibt einen Unterschied zwischen einer Regierungspolitik wie der Maos, aufgrund derer 20 Millionen Leute verhungern, und einer Regierung, die Gaskammern herstellt. Ich wiederhole mich: Das ist ein notwendiger analytischer Unterschied, wenn man die Welt, in der wir leben, verstehen will. Man muß verstehen, daß es nicht nur ein verderbtes System gibt.

Wenn Courtois Pol Pot, Mao, Menghistu und die Schauprozesse der Nachkriegszeit in einen Sack steckt, schwächt er seine Position. Was Pol Pot getan hat, hat er in der Sprache des Kommunismus, die er in Frankreich gelernt hat, vertreten: Tatsächlich aber ist das, was in Kambodscha geschah, weit mehr mit Ruanda vergleichbar. Völkermord ist nicht das gleiche wie die Schauprozesse in der Tschechoslowakei 1952, und wenn man 200 jüdische Kinder in einen Lastwagen steckt und vergast, ist das wieder etwas ganz anderes.

Wenn man jede dieser entsetzlichen Manifestationen menschlichen Verhaltens über einen Kamm schert, kommt man nur zu einer modernisierten Variante der alten religiösen Weisheit: »Es gibt das Böse in der Welt«. Das hilft uns nicht zu einem tieferen Verständnis. Genauso problemantisch ist es, wenn man die Anzahl der Nazi-Opfer mit 25 Millionen beziffert: Da gibt es Juden, die Polen, die Ukrainer, die Kriegstoten und so fort: Wenn man damit anfängt, meldet sich sofort jemand auf der anderen Seite und sagt »Dresden« und »Hiroshima«, die Sklaverei, der Kapitalismus …

STANDARD: *Wie erklären Sie sich, daß diese Debatte gerade jetzt aktuell wird?*

Judt: Ich glaube, man muß zwei Phasen der Vergangenheitsbewältigung unterscheiden. Die eine ist typisch für die 80er Jahre. Es ist nicht so, daß »ehrlicher« über die Zeit zwischen 1933 und 1945 gesprochen wird, aber es werden mit einem Mal härtere Fragen über die moralischen Implikationen von Kollaboration, Besetzung usf. gestellt. Dies hat die paradoxe Konsequenz, daß plötzlich eine neue Generation von jungen Rechten auftritt, die sagt: OK, reden wir offen über den Krieg, sagen wir die Wahrheit. Dann müssen wir aber auch diese Wahrheit sagen: Es war nicht so, daß es einen riesigen linken Widerstand gegen ein paar böse deutsche Burschen gegeben hat, sondern viele Leute haben sich zwischen 1940 und 1944 recht wohl gefühlt. Es hat vierzig Jahre gedauert, ehe man eine auch nur halbkomfortable öffentliche Diskussion über diese Dinge führen konnte. Wenn jetzt eine neue Debatte über den Kommunismus aufkommt, so ist die Öffnung der Archive in Rußland ein Grund dafür.

STANDARD: *Ist das, was man bisher in diesen Archiven gefunden hat, sehr essentiell für das Verständnis des Kommunismus?*

Judt: Nein, nicht sehr. Was die Archive bestätigen, wissen die Historiker schon lange: Daß die kommunistischen Herrschaftsmuster nicht entstanden sind, weil Stalin psychotisch war, sondern daß der Kommunismus rational auf Terror und Gewalttätigkeit aufbaute. Die Frage war nie: »Ist das alles wahr gewesen?«, sondern die Frage war immer: »War es dies wert?« Der Historiker Eric Hobsbawm wurde einmal gefragt: »Wenn Sie wüßten, daß wir an seinem Ende zu einer genuin sozialistischen Gesellschaft kämen, sollten wir noch einmal durch dieses 20. Jahrhundert hindurch?« Hobsbawm hat mit einem Ja geantwortet: Wenn der Zweck gut genug ist, ist das Mittel der Preis, den man eben zu zahlen hat.

STANDARD: *Diese Nationalsozialismus-Kommunismus-Debatte*

wurde in Deutschland und in Frankreich geführt. Könnten Sie sich vorstellen, daß es so etwas auch einmal im anglo-amerikanischen Raum geben wird?

Judt: Nein, weil England und die USA in der Hinsicht glückliche Länder sind. Die englischen Kommunisten hatten zu ihren besten Zeiten einen Abgeordneten. Die amerikanische kommunistische Partei war immer ein Witz. Zudem hat es in diesen Ländern nie eine hausgemachte faschistische Regierung gegeben. Das Gefühl, daß sich die Politik zwischen einer inakzeptablen Rechten und einer problematischen Linken abspielt, ist dort unbekannt.

STANDARD: *Könnte man sagen, daß Faschismus und Kommunismus im angloamerikanischen Raum als zwei Formen des Totalitarismus gleichermaßen verpönt waren?*

Judt: Nicht so generell, auch wenn dieses Denken sicher verbreiteter ist als in Kontinentaleuropa. Als Hannah Arendt ihre Totalitarismustheorie formulierte, erfuhr sie in den USA öffentlichen Zuspruch, als Albert Camus 1951 ein Naheverhältnis von Kommunismus und Nazismus behauptete, wurde er zu einem Paria. Ich denke, daß sich die Einstellung der Amerikaner so umreißen läßt: Gewiß ist Kommunismus übel, aber er ist nicht dasselbe wie Faschismus. Daher reizt die Courtois-These die Amerikaner durchaus zum Widerspruch.

Außerdem hat Amerika die zweitgrößte jüdische Bevölkerung der Welt und die größte Anzahl von Juden, die den Holocaust überlebt haben. Daher ist es natürlich ein heißes Eisen, wenn man Kommunismus und Nationalsozialismus vergleicht. Ich habe nach meinen Artikeln ganz unterschiedliche Briefe bekommen. Manche Leute schreiben: »Wenn Stalin Babies verhungern ließ und Hitler Kinder vergaste: Wo sollte da der Unterschied sein?« Bei anderen hieß es: »Ich habe die Nazis überlebt, weil meine Großmutter nach Rußland fliehen konnte. Das ist der Unterschied.«

STANDARD: *Der kommunistische Autor Gilles Perrault hat in einer Kritik des* Schwarzbuch des Kommunismus *den Vorschlag gemacht, ein »Schwarzbuch des Kapitalismus« zu schreiben.*

Judt: Ich glaube, daß Perrault da einem Irrtum in den Kategorien unterliegt, weil Kapitalismus kein dem Kommunismus oder Nazismus vergleichbares System ist. »Kapitalismus« meint das Florenz des 14. Jahrhunderts ebensosehr wie das Taiwan der Jetztzeit, Holland im 17. Jahrhundert oder Großbritannien im 19. Das sind doch unglaublich verschiedene moralische, soziale, politische Systeme. Man kann verschiedene Schwarzbücher des Kapitalismus schreiben, und die sind ja auch geschrieben worden. Aber niemand hat sich hingesetzt und die Ziele des Kapitalismus ausformuliert. Sein Ziel ist einfach, Geld zu machen. Dort, wo dieses Ziel die Tötung von Menschen involviert, was im übrigen sehr selten geschehen ist (etwa im Sklavenhandel), da verschwindet die moralische Unterscheidung natürlich auch.

Vielleicht hat Courtois ein Problem für uns hergestellt, das wir überhaupt nicht brauchen. Wir müssen Kommunismus und Nazismus nicht vergleichen. Vielleicht könnte man zu einem moralischen Begriffsapparat der Vor-Nazi-Zeit zurückfinden und sagen: Kommunismus war ein Übel, eine spezielle Art von Übel, und er wäre auch ein Übel gewesen, wenn Hitler niemals geboren worden wäre.

STANDARD: *Für die extreme Rechte ist das* Schwarzbuch *ein gefundenes Fressen.*

Judt: Das Recht, antikommunistisch zu sein, ist kein Privileg von Herrn Le Pen, Herrn Haider und ihren Freunden. Je öfter das gesagt wird, um so schwieriger wird es auch für sie zu behaupten, daß das ihre Spezialwahrheit sei.

Im übrigen haben wir es im Grunde mit zwei Debatten zu tun: Eine über die Geschichte des Kommunismus, und eine über die Geschichte von Leuten, die den Kommunismus verteidigten. Und unter diesen Anti-Anti-Kommunisten finde ich viele meiner Freunde. Das sind Leute, die nie bei einer Partei waren und nie davon träumten, in China zu leben, aber die glaubten, daß wenigstens die Ideale von Fortschritt, Gleichheit usf. auf der Seiten der Kommunisten waren. Man kann diese Leute und Leute, die es gut finden, daß man die Juden in Gaskammern brachte, nicht vergleichen. Viele nichtkommunistische Bewunderer des Kommunismus fühlen sich entsetzlich verletzt von Courtois, weil sie merken, daß sie mißbraucht wurden und daß sie sich geirrt haben. Aber der Irrtum ist ein Teil unserer Geschichte, und den können wir nicht einfach wegwaschen.

Quelle: Der Standard, Album, 27. Februar 1998

CHRISTIAN SEMLER

Das Elend linker Immunisierungsversuche

Auf welche politische Konstellation trifft die Veröffentlichung des ins Deutsche übersetzten *Schwarzbuch des Kommunismus* (im Original: *Livre noir du Communisme*) Ende dieses Monats? Ohne Zweifel wird sie ein Geschenk an jene schäumenden Wahlkämpfer sein, die in der PDS nichts weiter sehen als eine nahtlose Fortsetzung der SED, die wiederum als Satrapenpartei der Sowjetunion mit deren Geschichte – und damit auch der Geschichte ihrer Verbrechen – verbunden ist. Was einfacher, als dieses voluminöse Werk, das in Form einer riesigen Materialsammlung die Verbrechen »des Kommunismus« in unserem Jahrhundert aufeinanderhäuft, in der innenpolitischen Auseinandersetzung als Waffe zu verwenden.

Aber auch eine um Aufklärung, um das altmodische Verstehen bemühte Sicht sieht sich in diese Auseinandersetzung gestrudelt. Denn sie muß sich mit ebenso eingeschliffenen Abwehrreaktionen aus dem Mileu der Linken herumschlagen.

Zur intellektuellen Erbschaft linker Bewegungen gehört es, bei unangenehmen Sachverhalten nicht zu fragen: »Stimmt das – und welche Konsequenzen sind zu ziehen, falls es stimmt?«, sondern: »Wessen Interessen nutzt die Veröffentlichung der in Frage stehenden Fakten?« Diesem Pseudomaterialismus des »Wem nutzt's?« wird es nicht schwerfallen, das *Schwarzbuch* als Zulieferbetrieb einer Kampagne der Rechten zu demaskieren.

Nach einem ähnlichen Schnittmuster waren schon viele Publizisten zu Werke gegangen, als das Original im vorigen Jahr in Frankreich erschien. Es galt als Instrument des Kampfs gegen die Linksregierung. Und nicht wenige seiner Kritiker labten sich daran, das Lob der rechtsextremistischen Front National für das *Livre noir* ins Feld zu führen.

Dabei hätte eine um Fairneß bemühte Kritik von einem unvorhergesehenen Zwischenfall profitieren können. Kurz vor Veröffentlichung des Sammelwerks war es im Autorenkollektiv zum Streit gekommen. Zwei der wichtigsten Autoren, Nicolas Werth und Jean-Louis Margolin, distanzierten sich von dem Verfasser der Einleitung, Stéphane Courtois. In öffentlicher Polemik legten Werth und Margolin die kritischen Punkte einer vergleichenden Terrorforschung dar und versorgten so den Leser mit einem nützlichen Einstieg in die Methodik des Buchs und seiner Aufbauprobleme.

Die Einwände der beiden Autoren waren gewichtig. Sie warfen Courtois vor, in der Pose des Staatsanwalts »den Kommunismus des 20. Jahrhunderts« vor ein imaginäres Nürnberger Tribunal zu zitieren. Das generelle Verdikt »Verbrechen gegen die Menschlichkeit«, das umstandslose Aufaddieren (oft nur schätzbarer) Opferzahlen habe Courtois dazu gebracht, die historischen Rahmenbedingungen zu vernachlässigen, in denen sich der Terror in den verschiedenen realsozialistischen Ländern vollzog.

In der Tat muß man sich nur die Frage stellen, in welcher kausalen Beziehung der Völkermord der Roten Khmer in Kambodscha zwischen 1975 und 1978 zum Jahr des Großen Terrors 1937 in der Sowjetunion steht, um die Berechtigung dieses Einwands zu begreifen. Auch hat nach Werth und Margolin ihr Kollege Courtois keine Anstrengung darauf verwendet, die einzelnen Phasen der Repression in jedem Land gesondert zu untersuchen und ihre jeweiligen Gründe einsichtig zu machen. In Courtois' Perspektive falle vollkommen unter den Tisch, daß beispielsweise die Sowjetunion nach 1954 noch 35 Jahre ohne Massenrepressalien im Stil der zwanziger und dreißiger Jahre existiert habe. Mit einem Satz: Courtois wollte nicht vergleichend verstehen, sondern summarisch verurteilen.

Die Substanz dieser Kritik ist (auch in dieser Zeitung bzw. in der deutschen Ausgabe von *Le Monde diplomatique*) nachlesbar. Jetzt liegt das *Schwarzbuch* auf deutsch vor, die Karten sind auf dem Tisch, jeder kann sich nun ein Urteil bilden. Aber ist nicht alles schon in bewundernswerter Eile vorsortiert, klassifiziert worden? Wie steht es um die Wirksamkeit der *Rezeption vor der Rezeption*?

Naheliegenderweise interessiert in dieser Zeitung vor allem, was von linker bzw. linksliberaler Seite in jüngster Zeit hierzu vorgetragen wurde. Und das ist irritierend genug. Es geht um den Versuch einer Immunisierungsstrategie. Wie zu befürchten war, wird das im *Schwarzbuch* ausgebreitete Material von vornherein durch die Behauptung neutralisiert, es diene als bloße Munition im Kampf gegen *jede* gesellschaftliche Alternative jenseits des Kapitalismus.

Im besonderen geht es bei diesem Abschottungsversuch darum, die Thesen von Courtois mit denen des deutschen Historikers Ernst Nolte zu identifizieren, zu behaupten, auch beim *Schwarzbuch* würde der Bolschewismus als *ursächlich* für die Mordtaten des Nazismus dargestellt. Damit wäre die Entsorgung der deutschen Vergangenheit ein gutes Stück vorangekommen, die Ergebnisse des »Historikerstreits« der achtziger Jahre wären revidiert, das Tor zu einem deutschen Nationalismus »auf der Höhe der Zeit« wäre aufgestoßen.

Überraschenderweise hat hier die PDS vorsichtig taktiert. Sie hat die politischen Auseinandersetzungen in Frankreich um das *Schwarzbuch* mehr referiert als für ihre Zwecke ausgebaut. Mehr noch: Mit einer Konferenz über »Realsozialistische Kommunistenverfolgung«, deren Ergebnisse Ende 1997 veröffentlicht wurden, ist die Führung – wenngleich thematisch eingegrenzt – gegenüber den Einsicht wie Reue verweigernden Mitgliedern in die Offensive gegangen.

Die Presse mit radikal linkem Anspruch hingegen wirft sich von *konkret* bis *Jungle world* entschieden in die Bresche, vor allem, wo es um die Verortung des *Schwarzbuchs* innerhalb einer Politik der »Renationalisierung« geht. Aber auch einige liberale Autoren folgen diesem Strickmuster. So konstatiert Rudolf Walther in seiner »Nolte läßt grüßen« betitelten Rezension vom 21. November 1997 in der *Zeit*, Courtois lehne sich fast wörtlich an die These Noltes an. Der schrieb: »Die Methoden, die Lenin angewandt und die Stalin und seine Nacheiferer systematisiert haben, erinnern nicht nur an die Methoden der Nazis, sondern gehen diesen oft voran. Der ›Klassen-Völkermord‹ ähnelt dem Rassen-Völkermord.«

Bernhard Schmidt, Rezensent für die Zeitschriften *ak* (»Analyse und Kritik«) und *Jungle world*, schreibt in der Nummer 47 letzterer Zeitschrift: »Courtois schreckt auch vor Ernst Noltes Vergleich zwischen Kommunismus und Nazismus nicht zurück.« Als Beleg zitiert er folgende Passage aus dem Vorwort von Courtois: »Hier kommt der Klassengenozid dem Rassengenozid gleich. Der Hungertod eines ukrainischen Kulakenkindes, das vom stalinistischen Regime bewußt dem Hunger überlassen wurde, wiegt genauso viel wie der Tod eines jüdischen Kindes im Warschauer Ghetto, das vom Naziregime dem Hunger überlassen wurde.«

Der Politikwissenschaftler Wolfgang Wippermann schließlich bezeichnet Courtois in *Jungle world* 49/97 als »Nolte-Fan«. Er bringt

Courtois' Thesen in einen engen Zusammenhang mit dem Werk *Das Ende der Illusion* des kürzlich verstorbenen französischen Historikers François Furet. Diesem unterstellt er, er habe Noltes These übernommen, wonach der Nazismus nur eine Angstreaktion auf den Kommunismus gewesen sein soll. Besonders verübelt er Furet, daß der es Nolte als Verdienst anrechne, das Verbot eines Vergleichs von Kommunismus und Nazismus durchbrochen zu haben.

Dieser Versuch, das *Schwarzbuch*, zumindest aber den einleitenden Essay, mit dem »Historikerstreit« im Deutschland der achtziger Jahre in einen Sack zu stecken, eine Linie von Nolte zu Courtois zu ziehen, findet in dem Werk selbst überhaupt keine Stütze. Das *Schwarzbuch* beschäftigt sich weder implizit noch explizit mit dem Streit, in welcher Beziehung das NS-Regime zu den realsozialistischen Regimes stand. Erst recht enthält es keine Ausführungen über den Nutzen bzw. die Schädlichkeit von Totalitarismustheorien.

Courtois' Bemerkung über die zeitliche Abfolge kommunistischen und nazistischen Terrors begründet eben *keinen* Kausalnexus der Nolteschen Art. Mit Recht legt Wippermann auf den intellektuellen Einfluß Wert, den François Furet auf die Autoren des *Schwarzbuchs* ausgeübt hat. Aber gerade hieraus müßte sich die Distanz zu Nolte erschließen. Aus dem Briefwechsel zwischen Nolte und Furet, der jetzt unter dem Titel *Feindliche Nähe* auch in Deutschland veröffentlicht wurde, gehen die gegensätzlichen Positionen beider Historiker klar hervor.

Furet weist die angeblich »rationalen Beweggründe« für Hitlers Antisemitismus, die nach Nolte in einer berechtigten Angst vor den Bolschewiki liegen, zurück. Er betont die spezifisch deutschen Ursprünge des Nazismus, die älter waren als die Feindschaft gegen die Bolschewiki. »Bevor man die Juden zu Sündenböcken für den Bolschewismus gemacht hat, waren sie bereits diejenigen für die Demokratie gewesen.« Furet konstatiert: »Die Behauptung, daß der Gulag vor Auschwitz existiert hat, ist nicht falsch, sie ist auch nicht irrelevant, aber sie hat nicht die Bedeutung einer Beziehung von Ursache und Wirkung.« Höflich, aber deutlich macht Furet Nolte auch die politischen Implikationen seiner Thesen klar: »Allerdings füge ich hinzu, daß Sie sich, wenn Sie dem Bolschewismus gegenüber dem Faschismus nicht nur eine chronologische, sondern auch eine kausale Priorität zuschreiben, dem Vorwurf aussetzen, den Nazismus in gewisser Weise entschuldigen zu wollen.«

Courtois betont die »Singularität von Auschwitz«, allerdings charakterisiert er sie in völlig unzulänglicher Weise, indem er sie reduziert »auf die Mobilisierung der modernsten technischen Ressourcen und die Ingangsetzung eines industriellen Prozesses, der Konstruktion einer Vernichtungsfabrik.« Mit solchen Definitionen ist weder der Dimension noch der Dynamik des nazistischen Völkermords beizukommen. Aber mit der Zurückweisung dieser verharmlosenden Auffassung ist noch nicht widerlegt, daß der Massenmord aus Gründen der Rassenzugehörigkeit nicht mit dem aus Gründen der Klassenzugehörigkeit verglichen werden kann. Mehr noch: daß zwischen beiden mörderischen Aktionen die von Courtois behaupteten »Ähnlichkeiten« existieren.

Einer solchen Behauptung ist in der linken Tradition stets mit dem Argument begegnet worden, daß die Rassenzugehörigkeit von Geburt an gegeben sei und niemals abgestreift werden könne – weshalb das Opfer des nationalsozialistischen Massenmords grundsätzlich keine Chance habe, seinem Henker zu entgehen. Hingegen wäre ein Mensch seiner Eigenschaft etwa als Bourgeois oder landbesitzender Bauer ledig, wenn er seiner Produktionsmittel verlustig ginge. Prinzipiell, das heißt nach dem erfolgreichen Ende der revolutionären Umwälzung und der Konsolidierung proletarischer Macht, sei eine zukünftige Existenz als Werktätiger gesichert. Um in dem angeführten Beispiel zu bleiben: Das Kind im Warschauer Ghetto hatte gegenüber den Nazis keine Überlebenschance. Das ukrainische Bauernkind aber hätte, falls es den Hungertod überlebte, eine Enwicklungsmöglichkeit – als Kolchosmitglied, oder, falls seine Interessen und Begabungen darüber hinausgingen, innerhalb jeder Funktion der sozialistischen Gesellschaft.

Das Problem dieser Beweisführung besteht nur darin, daß sie mit den historischen Fakten nicht übereinstimmt. Um dies zu erhärten, wird im folgenden vor allem auf den Beitrag von Nicolas Werth im *Schwarzbuch* – eigentlich eine eigene, abgeschlossene 250-Seiten-Studie – Bezug genommen. Sie faßt über die bekannten Arbeiten der Sowjetologen hinaus auch die neuen russischen Forschungen bis Mitte der neunziger Jahre zusammen, ist strikt empirisch orientiert, vergleicht die Repressionszyklen miteinander, hält sich aber zurück bei großflächigen Verallgemeinerungen.

Werths Arbeit erhellt, daß schon in den frühen zwanziger Jahren darangegangen wurde, regimekritische oder aufständische Gruppierungen nicht nur gewaltsam zu »pazifieren«, sondern sie in toto auszulöschen. Zum Beispiel die Kosaken vom Don und vom Kuban. Weil sich viele dem Zaren ergebene Kosaken den »Weißen« im Russischen Bürgerkrieg angeschlossen hatten, wurde aus einer Reihe von Ortschaften die gesamte Bevölkerung deportiert und zur Zwangsarbeit verschickt, die Städte wurden dem Erdboden gleichgemacht. Dies geschah, *nachdem* die Niederlage der »Weißen« besiegelt war. Konnte man die »Entkosakisierung« noch der Gewaltspirale des Bürgerkriegs zurechnen und den gewaltsamen Tod vieler Unschuldiger, so versagen solche Interpretationen bei der »Entkulakisierung« vom Ende der zwanziger Jahre.

Jetzt ist die Staatsmacht gefestigt, die Bauern sind unter Kontrolle des Regimes. Erstmals wird eine riesige Bevölkerungsgruppe, die »Kulaken«, zu Konterrevolutionären erklärt, nach ihrer »Sozialgefährlichkeit« in drei Kategorien eingeteilt und nach festgelegten Kontingenten deportiert bzw. erschossen. Die Stalinsche Führung rechtfertigte diese Massenrepressalien damit, sie habe in einem Akt der Notwehr gehandelt, denn ein großer Teil der Bauern habe die ihm Rahmen der Naturalsteuer auferlegten Getreidelieferungen zurückgehalten. Tatsächlich war die Verweigerungshaltung vieler Bauern das Resultat der Daumenschrauben, die ihnen die Bolschewiki zuvor angelegt hatten. Aber subjektiv erschien vielen der Kommunisten, die sich an den Zwangsmaßnahmen beteiligten, die »Entkulakisierung« als ein Kampf auf Leben und Tod zwischen der städtischen Revolution und der dörflichen Konterrevolution.

Diese Täuschung und Selbsttäuschung wurden endgültig zunichte gemacht im Jahr des Große Terrors 1937. Der von der Parteiführung abgesegnete operative Befehl Nr. 00477 ordnete die Tötung oder die Verbannung eines Kontingents ehemaliger Kulaken, ehemaliger Angehöriger oppositioneller Parteien und von Kriminellen an, die ihre Strafe verbüßten oder verbüßt hatten.

Dieser Terrorwelle, der in einem Jahr 700 000 Menschen zum Opfer fielen, schlossen sich Verfolgungen der in der Sowjetunion lebenden Ausländer an, denen vor allem die Polen und Deutschen *als Gruppe* zum Opfer fielen. Obwohl der Befehl die Verfolgung von »antisowjetischen Aktivitäten« abhängig macht, wird in der Praxis die bloße Existenz zum Beweis dieser Aktivitäten. Die soziale Charakterisierung als »Ehemaliger« ist jetzt das Brandzeichen. »Ehemaliger« zu sein wird eine quasi biologische Eigenschaft, sie vererbt sich auf die Kinder und Kindeskinder. Jede individuelle Verantwortlichkeit verschwindet. Diese Fixierung des Gruppenfeindes – gepaart mit äußerster Entschlossenheit, ihn auszurotten – bezeichnet den Punkt der größten Nähe zwischen der nazifaschistischen und der stalinistischen Ausrottungspolitik.

Die Abwehr- und Immunisierungsstrategen sind weit davon entfernt, sich mit dem Tatsachenkern auseinanderzusetzen, der Courtois' Vergleich von Rassenmord und Klassenmord zugrunde liegt. Statt dessen wird den Autoren des *Schwarzbuchs* unterstellt, sie borgten sich »ihre« Toten bei Hungerkatastrophen aus, um in einem Zahlenvergleich die Kommunisten als die *noch* größeren Massenmörder darstellen zu können.

So schreibt etwa Hermann L. Gremliza in der letzten Januar-Ausgabe von *konkret*: »Über die Zahl der Opfer zu rechten erscheint immer zynisch, ist hier aber unumgänglich. 11 der 15 Millionen ›umgebrachter‹ Sowjetbürger und 22 bis 48 (den Spielraum läßt das *Schwarzbuch*) der 44,5 bis 72 Millionen ›umgebrachter‹ Chinesen sind, sagen die Autoren, verhungert (und das sind möglicherweise weit weniger als in vergleichbaren Zeiträumen der vorkommunistischen Zeit dieser Länder und im Rest der Welt unterm Kapitalismus).«

Ebenso Bernhard Schmidt in *ak* vom 15. Januar 1998: »Ohne jede Unterscheidung stellt er [Courtois; C. S.] die Opfer von Hungersnöten als ›Opfer des kommunistischen Systems‹ auf dieselbe Stufe wie die Opfer von Zwangsarbeit oder von gezielter staatlicher Repression.« Und auch Schmidt resümiert: »Würde man Courtois' Methode auf die übrige Welt, auf den Kapitalismus und ihm vorausgegangene gesellschaftliche Systeme anwenden, so käme man unweigerlich auf eine zigfach höhere Opferbilanz.«

Dieser Argumentationsstil verdunkelt die historische Beweisführung innerhalb des *Schwarzbuchs*. Wiederum sei das Gegenargument auf die Sowjetunion beschränkt, weil in ihrem Fall – im Gegensatz zu China – die Faktenbasis unbestritten ist. Die Hungersnöte in der Sowjetunion waren keine »Naturkatastrophen«, deren Folgen rechtzeitiger staatlicher Eingriff zwar hätte mildern, nicht aber abwenden können. Das trifft schon auf die Hungersnot von 1921 zu.

Trotz der schlechten Ernte von 1920 hielt die Staatsmacht an den vorher hochmanipulierten Ertragsschätzungen fest. Sie minderte nicht die im Rahmen des »Kriegskommunismus« festgelegten Beschlagnahmungskontingente und nahm deshalb den Bauern das Saatgut und die für deren eigenes Überleben notwendige Getreidemenge weg. Erst recht ist die große Hungersnot von 1932/33 Ergebnis einer vorgängigen Politik – der Zwangskollektivierung und »Entkulakisierung«. Werth hat sie als »regelrechten Krieg des Sowjetstaates gegen eine ganze Nation von kleinen Betrieben« qualifiziert.

1930 zog der Staat in der Ukraine 30 Prozent der Getreideernte ein (in der NEP-Phase hatten die Bauern nur 15 bis 20 Prozent in den Handel gebracht). Trotz schlechterer Ernte kletterte der Anteil auf 41,5 Prozent: Unter Drohungen, zum Teil unter Folter wurden die Bauern gezwungen, ihre gesamten Vorräte abzuliefern. Sie verfügten weder über irgendwelche Geldmittel, noch konnten sie in die Städte ausweichen – das verhinderte der Inlandspaß, kombiniert mit einer vollständigen Sperre für Bahnfahrkarten vom Land in die Städte. Während auf dem Land 1933 Millionen von Bauern verhungerten, exportierte der Sowjetstaat 18 Millionen Doppelzentner Weizen, um Investitionsmittel für die Erfüllung der Planvorhaben zu erlangen.

Angesichts dieser – keineswegs erst seit Erscheinen des *Schwarzbuchs* bekannten – Fakten ist es schlecht möglich, die sowjetische Führung von der direkten Verantwortung für die Hungersnöte zu entlasten. Deshalb führt ein allgemeiner Vergleich mit den Hungertoten, die Kapitalismus und Imperialismus zu verantworten hatten und haben, in die Irre. Dieser Vergleich wäre nur dann legitim, wenn er nicht Systemfolgen, sondern die Folgen einer je konkreten Politik in den Mittelpunkt rücken würde.

Von der Hungersnot im englisch besetzten Irland, vom Aushungern der Indianer Nordamerikas bis zur Verhängung von Hungerblockaden überhaupt gab es genügend Beispiele solcher von imperialistischen Regierungen gezielt herbeigeführten Hungersnöte. Die Kritiker des *Schwarzbuchs* aber meinen etwas anderes: Sie buchen sämtliche tödlichen Folgen des kapitalistischen Siegeszugs auf das Konto eines Schuldigen: des »Systems«.

Die Entlastungsabsicht solcher Gegenangriffe sticht ins Auge. Einerseits wird den realsozialistischen Machthabern eingeräumt, daß sie ihr Aufbauwerk nur auf den Ruinen des vorangegangenen kapitalistischen Systems errichten konnten. Diese drückende, ererbte Last hätte ihren Aktionsraum eingeschränkt, sie verwundbar gemacht, ihnen oftmals keine andere Wahl gelassen als gewaltsame Krisenlösungen.

Diese Art von objektiver Notwendigkeit wird dem Realsozialismus gutgeschrieben und mit den weltweiten Verbrechen des Imperialsimus kontrastiert. In Wirklichkeit hat es nie eine »objektive Notwendigkeit« gegeben, die den sowjetischen Machthabern nur die Waffe des Terrorismus gegenüber ihrer eigenen Bevölkerung gelassen hätte. Weder war der Terror von 1936 bis 1938 Voraussetzung für den Sieg über Nazideutschland im Zweiten Weltkrieg, noch hing die Existenz der Sowjetunion zu Beginn der dreißiger Jahre von der Liquidierung des Kulakentums als Klasse ab, noch war die sowjetische Politik gegenüber dem ländlichen Rußland je ohne Alternative gewesen.

Die ganze Struktur solcher Argumentationen ähnelt dem Witz, nach dem ein sowjetischer Funktionär der Stalinzeit auf die Anschuldigung eines amerikanischen Besuchers, in der Sowjetunion herrschten Willkür und Mißwirtschaft, geantwortet hat: »Und ihr unterdrückt die Schwarzen!« Alle Vergleiche helfen nichts: Die Hungersnöte in der Sowjetunion waren *intendiert*, sie waren Ergebnis einer politischen Linie, die die Bauern in die Knie zwingen wollte. Der Hunger wurde zu einer Waffe im Klassenkampf.

Opferbilanzen aufrechnen heißt: Augen zu, Festhalten an den einmal für richtig erkannten Schemata. In dem schon zitierten *konkret*-Artikel heißt es: »Je fragwürdiger, je katastrophischer sich der Kapitalismus entwickelt, um so dringender wird die Auslöschung aller richtigen Antworten, des ganzen analytischen Bestandes, dessen Überlegenheit nun nicht mehr zu übersehen ist.«

Tatsächlich haben uns die Widersprüche des Kapitalismus nicht den Gefallen getan, sich zusammen mit den untergegangenen sozialistischen Regimen zu verabschieden. Aber eine gesellschaftliche Alternative muß neu begründet werden. 70 Jahre Realsozialismus haben theoretisch und praktisch die »Beweislast« zwar nicht umgekehrt, aber neu verteilt – hinsichtlich der ökonomischen »Machbarkeit«, mehr aber noch im Hinblick auf die Sicherung von Demokratie und Menschenrechten.

Das *Schwarzbuch* kann methodisch kritisiert, seine Sichtweisen mögen im einzelnen zurückgewiesen werden, an seinen Fakten führt kein Weg vorbei.

Quelle: taz, 30./31. Mai 1998

KONRAD LÖW

Eine Abrechnung mit dem Weltkommunismus. Deutsche Version des *Schwarzbuchs des Kommunismus* erschienen – erschütternde Anklageschrift

Endlich ist die deutsche Version jenes Buches auf dem Markt, das nicht nur in Frankreich, wo die Originalausgabe erschienen ist, sondern geradezu in aller Welt heiße Diskussionen ausgelöst hat: *Das Schwarzbuch des Kommunismus.* Auf neunhundert eng bedruckten Seiten – den Rest füllen die Anmerkungen und das Literaturverzeichnis – wird der kommunistischen Weltbewegung der Prozeß gemacht. Die Anklageschrift ist erschütternd:

»Sowjetunion: 20 Millionen Tote,
China: 65 Millionen Tote,
Vietnam: 1 Million Tote,
Nordkorea: 2 Millionen Tote,
Kambodacha: 2 Millionen Tote,
Osteuropa: 1 Million Tote,
Lateinamerika: 150 000 Tote,
Afrika: 1,7 Millionen Tote,
Afghanistan: 1,5 Millionen Tote,
kommunistische Internationale und nicht an der Macht befindliche kommunistische Parteien: etwa zehntausend Tote.

Alles in allem kommt die Bilanz der Zahl von einhundert Millionen Toten nahe.«

Dieser summarischen Auflistung folgen die Schilderungen und die Beweise, gegliedert in einzelne Weltregionen. Die apokalyptischen Reiter starten im »Vaterland aller Werktätigen«, in der Sowjetunion: »Die Zahl der von 1825 bis 1917 wegen ihrer Meinung oder wegen politischer Personen belief sich auf 6360. Davon wurden 3932 hingerichtet ... Diese Zahl hatten die Bolschewiken bereits im März 1918 übertroffen, nach nur vier Monaten Machtausübung.« Wenig später bringen sie Tod und Verderben nach Deutschland, nach Ungarn, insbesondere nach Spanien. Eigene Kapitel sind dem »Erbfeind« Polen sowie Mittel- und Südosteuropa gewidmet. Weitere Stichworte, die ausführlicher abgehandelt werden, sind: China, Nordkorea, Vietnam, Laos, Kambodscha, Nicaragua, Peru, Äthiopien, Angola, Mocambique. Afghanistan bildet den Abschluß, genauer »Die sowjetische Intervention«, noch als, die Geschichte abrundend, der Import der blutroten Revolution aus dem Lande der kommunistischen Erstgeburt.

Es ist unmöglich, hier auf Einzelheiten einzugehen. Nur Kuba, an dessen Spitze immer noch ein Kommunist steht, das durch den Papstbesuch für Tage in den Mittelpunkt der Berichterstattung rückte, sei beispielhaft herausgegriffen. Genau zwanzig Seiten befassen sich mit diesem Inselstaat, den Castro Anfang 1959 erobert. »Vom Augenblick der Machtergreifung an waren das Gefängnis La Cabana in Havanna und das in Santa Clara Schauplatz von Massenhinrichtungen.« Anschließend heißt es: »Seit 1959 haben mehr als einhunderttausend Kubaner die Lager, Gefängnisse oder Arbeitsfronten kennengelernt. Fünfzehntausend bis siebzehntausend Personen wurden erschossen ... Castro, ein Tyrann, der außerhalb der Zeit zu stehen scheint, sagte vor dem Hintergrund des Scheiterns seines Regimes und der Schwierigkeiten in Kuba 1994, daß er lieber sterbe, als die Revolution aufzugeben. Welchen Preis müssen die Kubaner noch zahlen, um seinen Stolz zu befriedigen?«

Am Ende des Originaltextes steht die Frage: »Warum?« Auf 32 Seiten müht sich der Hauptautor, Stéphane Courtois, um die Antwort und findet sie in einem Text, den ein Opfer des Roten Terrors hinterlassen hat: »Unser Jahrhundert ist das Jahrhundert der größten Vergewaltigung des Menschen durch den Staat. Aber die Kraft und die Hoffnung der Menschen liegt hierin: gerade das zwanzigste Jahrhundert hat das Hegelsche Prinzip des welthistorischen Prozesses – ›alles Wirkliche ist vernünftig‹ – ins Wanken gebracht ... in der Zeit der totalen Unmenschlichkeit wurde offenbar, daß alles mit Gewalt Geschaffene sinnlos und vergeblich ist, ohne Zukunft lebt, spurlos bleibt.«

Trotz des hohen Lobes, das den Autoren für ihre ebenso mutige wie gründliche Arbeit gebührt, darf Kritik, die sich aufdrängt, nicht unterschlagen werden. Sie betrifft nicht den Hauptteil, auch wenn sie Rückschlüsse nahelegen könnte, sondern das einleitende und das

Schluß-Kapitel. Unter der Überschrift: »Die Verbrechen des Kommunismus«, stellt der Hauptautor Vergleiche mit den Verbrechen der Nationalsozialisten an und bemerkt zutreffend: »Der Tod eines ukrainischen Kulakenkindes, das das stalinistische Regime gezielt der Hungersnot ausliefert, wiegt genauso schwer wie der Tod eines jüdischen Kindes im Warschauer Ghetto, das dem vom NS-Regime herbeigeführten Hunger zum Opfer fiel.«

Dann fährt er fort: »Dieser Vergleich stellt die Einzigartigkeit von Auschwitz nicht in Frage – die Aufbietung modernster technischer Ressourcen, das Ingangsetzen eines regelrechten industriellen Prozesses, die Vernichtungsmaschinerie der Vergasung und Leichenverbrennung …« Hitler hat das Gas zunächst zur Tötung von etwa 100000 geisteskranken und geistesschwachen »Ariern« eingesetzt. »Insgesamt« – schreibt Courtois – »wurden von 1933 bis 1939 rund 20000 aktive Linke in den Lagern und Gefängnissen mit oder ohne Gerichtsverfahren ermordet.« Diese Zahl übersteigt bei weitem die Schätzungen des renommierten Münchner Instituts für Zeitgeschichte. Vielleicht hat Courtois recht; aber leider verschweigt er an dieser Stelle seine Quelle.

Noch schwerwiegender sind die Unzulänglichkeiten des Schlußkapitels, soweit sich Courtois mit Marx beschäftigt. Er will wissen: »Unter Hinweis auf die für die Arbeiterbewegung katastrophalen Erfahrungen der Pariser Kommune und deren außerordentlich harte Unterdrückung (mindestens 20000 Tote) kritisierte Marx nachdrücklich diese Art von Aktionen.« Auch hier fehlt jede Fundstelle. Wer die ganze literarische Hinterlassenschaft von Marx und Engels gelesen hat, glaubt das Gegenteil beweisen zu können. Marx: »Das Paris der Arbeiter, mit seiner Kommune, wird ewig gefeiert werden als der ruhmvolle Vorbote einer neuen Gesellschaft. Seine Märtyrer sind eingeschreint in die großen Herzen der Arbeiterklasse.« Engels macht den Kommunarden sogar den Vorwurf, sie hätten rücksichtsloser agieren sollen: »Ich kenne nichts Autoritäreres als eine Revolution, und wenn man seinen Willen den anderen mit Bomben und mit Gewehrkugeln aufzwingt, wie in jeder Revolution, dann scheint mir, daß man Autorität ausübt. Es war der Mangel an Zentralisation und Autorität, der die Pariser Kommune das Leben gekostet hat.«

Auch was Courtois sonst von jenen, die die »Geburtsurkunde« des Kommunismus, das *Manifest der Kommunistischen Partei* verfaßt haben, behauptet, ist anfechtbar: »Schon 1872 hatte Marx die Hoffnung geäußert, die Revolution könne in den Vereinigten Staaten, in England und Holland friedliche Formen annehmen.« Damals sagte er in einem Interview tatsächlich: »Wir wissen, daß man die Institutionen, die Sitten und die Traditionen der verschiedenen Länder berücksichtigen muß, und wir leugnen nicht, daß es Länder gibt, wie Amerika, England und wenn mir eure Institutionen besser bekannt wären, würde ich vielleicht auch Holland hinzufügen, wo die Arbeiter auf friedlichem Wege zu ihrem Ziel gelangen können.« Hitler hat sich ebenfalls dazu bekannt, mit dem Stimmzettel die Macht erobern zu wollen. Wofür ist das ein Beweis?

Drei Jahre nach dem Interview bejahte Marx in seiner Kritik des Gothaer Programms mit aller Entschiedenheit die Diktatur des Proletariats, während Courtois meint: die Bolschewisten nannten ihre Herrschaft »Diktatur des Proletariats« und nahmen damit einen Ausdruck auf, den Marx zufällig in einem Briefwechsel gebraucht hatte.« Doch Marx und Engels haben sich spätestens seit 1850 bis zum Tode von Marx des öfteren klar und vorbehaltlos für die Diktatur des Proletariats ausgesprochen. Hätte Courtois über Marx besser Bescheid gewußt, so hätte seine Genalogie des Bösen nicht erst mit Lenin begonnen. Es war Marxens und der Welt Glück, daß er seine revolutionären Träumereien nicht in die Tat umsetzen konnte, sonst hätte das von Kommunisten vergossene unschuldige Blut nicht erst 1917 zu fließen begonnen. Offenbar kann der ehemalige Marxist Courtois sein Jugendidol (noch?) nicht einer kritischen Prüfung unterziehen.

Auch wenn uns *Das Schwarzbuch des Kommunismus* nicht prinzipiell Neues auftischt, es ist ein großes, überaus bedeutsames Werk, die erste tiefschürfende, weltumspannende Enzyklopädie der Verbrechen des Kommunismus. Ihr ist weiteste Verbreitung zu wünschen, nicht zuletzt unter dem Gesichtspunkt, den Courtois klar herausstellt, daß viele »große« und kleine Geister den Massenmördern großen Stils, Lenin, Stalin, Tito, Mao, Pol-Pot bis hin zu Castro gehuldigt, zumindest als »nützliche Idioten« gedient haben.

Gerade Katholiken sollten es wissen und kundtun: Bereits zwei Jahre vor dem Erscheinen des *Manifests der Kommunistischen Partei* verurteilte Papst Pius IX. in der *Enzyklika Qui pluribus* den Kommunismus als eine »abscheuliche Lehre, die in höchstem Grad dem Naturrecht entgegengesetzt ist und die, einmal zur Herrschaft gelangt, zu einem radikalen Umsturz der Rechte, der Lebensverhältnisse und des Eigentums, ja der menschlichen Gesellschaft führen muß.« Von dieser Betrachtungsweise wurden offiziell keine Abstriche gemacht, vielmehr wurde sie mehrmals ausdrücklich wiederholt, so in *Quadragesimo anno* und in *Divini redemptoris*.

Quelle: Deutsche Tagespost, 4. Juni 1998

JOACHIM KÄPPNER

Blick zurück im Zorn. Eine neue historische Debatte: Warum sich die Verbrechen von Kommunisten und Nationalsozialisten vergleichen, aber nicht gleichsetzen lassen

Was haben sich deutsche Intellektuelle amüsiert! Unvergessen ist die Rede, in der US-Präsident Ronald Reagan Anfang der achtziger Jahre den kommunistischen Teil der Welt das »Reich des Bösen« nannte. Reagans in der Bundesrepublik vielverspotteter Satz war sicher naiv – und doch, normativ betrachtet, zutreffend.

Was heute nach Politbüro- und Mauerschützenprozessen, Aktenöffnung und Zeitzeugenberichten als selbstverständliches Wissen gilt – die Verbrechen des Kommunismus –, war damals Richard Löwenthals düsterem »ZDF-Magazin« vorbehalten. Oder den Büchern des CSU-Politikers Hans Graf Huyn. Die politische Rechte hatte das Thema besetzt, aber einen aufgeklärten, demokratisch begründeten Antikommunismus bot sie nicht. In den achtziger Jahren interessierte sich die liberale bis linke Öffentlichkeit kaum noch für den Kommunismus. Er hatte, anders als die Konservativen fürchteten, zwar kaum noch Anziehungskräfte, aber auch im Bösen interessierte man sich kaum für ihn.

Friedensdemonstranten ängstigten sich öffentlich vor der atomaren Nachrüstung der NATO. Und die östliche Vorrüstung? Sie geschah irgendwo da drüben in einer fernen Welt. In der verfaßten Studentenschaft dominierten DDR-hörige Gruppen, aber die Studenten interessierten sich ohnehin nicht für ihre eigenen Vertreter. Wenn es das Wort »political correctness« schon gegeben hätte, dann war es in der SPD mächtig »pc«, die »Zentrale Erfassungsstelle« für DDR-Straftaten in Salzgitter als »Relikt des Kalten Krieges« zu schmähen und ihre umgehende Schließung zu verlangen. Helmut Kohl empfing Erich Honecker wie einen Staatsgast. Damals also, in den achtziger Jahren, wäre ein *Schwarzbuch des Kommunismus* eine Sensation gewesen.

Heute könnte es noch immer eine Bereicherung sein. Es könnte den Horizont erweitern für die Verbrechen eines Systems, mit dem man sich nolens volens in friedlicher Koexistenz eingerichtet hatte. Das *Schwarzbuch* ist das beklemmende Kompendium einer aus den Fugen geratenen Zeit. Und dennoch wirkt es wie ein Ärgernis.

Schuld daran ist Stéphane Courtois, ehemaliger Maoist, Forschungsdirektor am *Centre nationale de la recherche scientifique*, Koordinator des *Schwarzbuch*-Projekts – und ein Mann, der sich von seinem Glauben gelöst hat. Er wollte das radikal Neue, den Tabubruch, die Provokation.

Mit dem Furor des Renegaten – und ohne Wissen seiner Koautoren – stellte Courtois dem Buch ein Vorwort voran, über das jetzt die meisten reden, ohne das über 900 Seiten dicke Gesamtopus gelesen zu haben. Seine These: Der Terror war »ein Grundzug des modernen Kommunismus«. Weil das so war, errechnet Courtois, verschuldete der Kommunismus zwischen 1917 und 1989 »100 Millionen Tote« – »während es im Nationalsozialismus rund 25 Millionen waren.«

Und schließlich, sagt Courtois, sei es nicht einfach, der Welt diese Wahrheiten ins Gesicht zu schreiben. Nach 1945 nämlich »erschien der Genozid an den Juden als das Paradigma moderner Barbarei, und zwar so sehr, daß er allen Raum für die Wahrnehmung von Massenterror im zwanzigsten Jahrhundert beanspruchte«. Die Kommunisten hätten »diese Besonderheit« (den Holocaust) raffiniert für »die Mobilisierung des Antifaschismus« genutzt. Wer neuerdings die »Einzigartigkeit« des Mordes an den Juden betone, betreibt in dieser Logik die rote Ablenkungsstrategie fort, er »behindert ebenfalls die Wahrnehmung vergleichbarer Tatsachen in der kommunistischen Welt«.

Doch Courtois ist kein neuer Solschenizyn. Eher spielt er den Goldhagen des Kommunismus. Es scheint, als provoziere das Ende der Ideologien und weltanschaulichen Tabus den künstlich inszenierten Tabubruch. Courtois relativiert den Nationalsozialismus und den Holocaust, um als Enthüller noch schlimmerer Verbrechen dazustehen.

In Frankreich gelang die Provokation leicht. Der Kommunismus als das absolut Böse – das mußte die letzte westeuropäische KP von Gewicht treffen. Zwar hatten die französischen Kommunisten Stalin gehuldigt, aber an seinen Verbrechen fühlten sie sich unschuldig. Sie leben vom Mythos der Résistance und der Gloire des antifaschistischen Kampfes. Mörder und Terroristen, hätte man sie je zur Macht kommen lassen? Niemals, dekretierte der sozialistische Premierminister Lionel Jospin: Er sei »stolz« auf die kommunistischen Minister seiner Regierung.

Das ist, in ihren ideologischen Gegensätzen, eine geradezu altmodische Frontstellung. In Deutschland, wo die kommunistische Idee seit dem Ende des Mauerstaates endgültig diskreditiert ist, hätte die Aufregung kaum gelohnt. Wäre da nicht das ominöse Vorwort.

Darum dreht sich jetzt alles. Das ist gut für den Verkauf des Buches und nicht illegitim, aber ziemlich unergiebig für die historische Erkenntnis. Courtois' Gleichsetzung von Nationalsozialismus und Kommunismus verhindert geradezu, daß sich die Debatte tatsächlich um die Verbrechen des Kommunismus dreht. Es geht wieder um uns. Um Vergangenheit, die nicht vergeht, um Selbstbespiegelung und die ermüdenden rhetorischen Rituale von links und rechts.

Für die Konservativen ist die Sache einfach: Jetzt wird den Linken der Spiegel vorgehalten. »Schwatzbuch« höhnt dagegen die *Frankfurter Rundschau*, »Windei 98« die *Zeit*. Rudolph Walther bescheinigt in der *taz* ganzen Teilen des Buches »propagandistisches Niveau«. Selbst ein so renommierter Historiker wie Hans-Ulrich Wehler sieht im Streitgespräch mit Courtois »die Gefahr der Apologetik« heraufziehen. Dabei geht es in erster Linie gar nicht um das *Schwarzbuch*, sondern um einen Mann, den sich Courtois zum Vorbild nahm: Ernst Nolte.

Der Berliner Faschismusforscher hatte 1986 den »Historikerstreit« ausgelöst mit der These vom »kausalen Nexus« zwischen Sowjetterror und Holocaust. Seither ist Nolte der Held einer dubiosen rechtslastigen Anhängerschar. Sie haben verstanden, was er sagen wollte: Der Holocaust war nicht einzigartig, kein Grund zur Schuldbeladenheit, andere haben auch und vor uns Verbrechen begangen. Obwohl sich Nolte im Historikerstreit überhaupt nicht durchsetzen konnte, fürchten ihn viele liberale Historiker, als sei er die Speerspitze einer rechtsnationalen Gegenrevolution und nicht ein in seinen Thesen versponnener alter Mann.

Die Erinnerung an Nolte und an die späten Identitätsdebatten der alten Bundesrepublik machen den deutschen Streit um das *Schwarzbuch* so fruchtlos. Nolte bestritt die »Einzigartigkeit« des Holocaust, um den Deutschen die Last dieses dunklen Teils ihrer Geschichte leichter zu machen. Courtois tut es für sich selbst, um die eigene These zu überhöhen. Seine Behauptung, wer auf der »Einzigartigkeit« des Mordes an den Juden beharre, verdunkle die Erinnerung an die Opfer des Kommunismus, grenzt an Apologie.

Diese Argumentation ist noch immer die des marxistischen Dogmatikers, nun aber als Negativ. Früher lehnten es die Kommunisten ab, sich mit dem Holocaust näher zu beschäftigen, weil das nur vom Kampf der Antifaschisten ablenke. Heute will Exkommunist Courtois nichts vom Mord an den Juden mehr hören, weil die Verbrechen des Antifaschismus das wichtigere Thema seien. In einem Interview spricht er sogar vom Schlußstrich, der endlich nötig sei.

Einzigartig war nicht der »technische Vorgang der Vergasung« (Nolte), das »Ingangsetzen eines industriellen Prozesses« (Courtois). Die *Mordmethode* ist es nicht, die den deutschen Versuch einer »Endlösung« so einzigartig macht. Es ist ihr Ziel, ihr Programm: eine Bevölkerungsgruppe aus ideologischen Motiven restlos und ohne jede Ausnahme auszulöschen, gleich wie deren Mitglieder sich verhalten. Diese Erkenntnis ist auch ein Produkt des Historikerstreites. »Das biologisch verfaßte Konzept von Mensch, Politik und Gesellschaft«, sagt Volkhard Knigge, Leiter der Gedenkstätte Buchenwald, »macht den Aussonderungsprozeß so gnadenlos. Das ist eine neue Qualität.«

Das macht den Terror der Kommunisten nicht besser. Es tut auch wenig zur Sache, daß der Kommunismus das Gute wollte, aber das Böse tat. Die Fallhöhe zwischen Ideal und Wirklichkeit ist nur um so erschreckender. Der Erinnerung an die Opfer der Kommunisten hilft es auch nicht, die Einzigartigkeit des Mordes an den Juden zu bestreiten, mit der sich die Deutschen als Teil ihrer Geschichte eben beschäftigen müssen. Sie ist ein Schlüsselbegriff bei der Erforschung des Holocaust.

Die dogmatische Gleichsetzung von Kommunismus und Nationalsozialismus im Stile der simpelsten Totalitarismustheorie ist die große Schwäche des *Schwarzbuches* und nicht allein seines Vorwortes. Das Buch blendet fast aus, wie sehr sich die Sowjetunion nach Stalins Tod veränderte. Der Kommunismus dort blieb zwar ein gewalttätiger und missionarischer Gegenentwurf zur freien Welt, doch die Jahre des großen Schreckens waren vorüber.

Dennoch markiert das *Schwarzbuch* einen erheblichen wissenschaftlichen Fortschritt. Vor allem gilt das für den Beitrag von Nicolas Werth über die UdSSR. Sorgfältig belegt er, wie die Bolschewiken von Beginn an jede Freiheitsregung durch äußerste Gewalt erstickten, belegt er Phasen und Ziele des Staatsterrors unter Lenin und Stalin »als Mittel der wirtschaftlichen und sozialen Umwandlung«. Interessant ist eine Parallele zur westlichen Debatte über die Entstehung des Plans zur Ermordung aller Juden – jene nämlich, daß auch das große Töten unter Stalin nicht selten Folge von Chaos und Hierarchiekämpfen in den Institutionen des Terrors war statt stets die Verwirklichung zentraler Planung. Am Ende entstand eine solche Dynamik, »daß die Macht sich nur über eine wachsende Radikalisierung der Terrorpraktiken in der Illusion wiegen kann, diese zu kontrollieren«.

Auch für die deutsche Diskussion bietet das Buch weiteren Stoff – vor allem für jene, die den Kommunismus lange Jahre verharmlosten, nicht nur jenen in der DDR oder im Ostblock. Wer einst rührselige Lobgesänge auf Nordkorea hielt oder die linken Einparteiendiktaturen der Dritten Welt im Zeichen der internationalen Solidarität bejubelt, sollte heute das *Schwarzbuch* lesen. Es eignet sich als Gegengift – gegen den Wahrnehmungsverlust der Wirklichkeit.

Quelle: Deutsches Allgemeines Sonntagsblatt, 19. Juni 1998

VOLKHARD KNIGGE

»Die große Vereinfachung macht dumm.« Ein Gespräch mit Joachim Käppner

Herr Knigge, was halten Sie von folgendem Zitat, das von Stéphane Courtois stammt, dem Herausgeber des Schwarzbuchs: *»Der Hungertod eines ukrainischen Kulakenkindes gilt genausoviel wie der Hungertod eines jüdischen Kindes im Warschauer Ghetto«?*

Volkhard Knigge: Über diesen Satz müssen wir im Zusammenhang des Buches sprechen. Und das Buch ist ebenso glücklich wie unglücklich. Das Unglücklichste daran ist das Vorwort. Ein Leben wiegt so viel wie das andere und ein Tod so schwer wie der andere. Der Satz blendet aber etwas aus, weil er den Tod als solchen in den Mittelpunkt stellt. Er beschäftigt sich nicht genau mit den konkreten historischen Bedingungen, die zu diesem Tod führten.

Das Buch geht von 80 bis 100 Millionen kommunistisch verschuldeter Toter aus, denen die »25 Millionen« des Nationalsozialismus gegenübergestellt werden.

Knigge: Es fällt auf, daß die Zahl im Buch selber erheblich variiert. Das liegt daran, daß es sich aus unterschiedlich gut dokumentierten Untersuchungen zusammensetzt. Das Kapitel von Nicolas Werth über die Sowjetunion ist solide Forschung, vorsichtig und zurückhaltend in ihren Einschätzungen. Auf der anderen Seite steht mit Stéphane Courtois, dem Verfasser des Vorworts, ein Eiferer.

Courtois stellt dem »Rassen-Genozid« einen »Klassen-Genozid« gegenüber. Lassen sich die Verbrechen auf diese Art gleichsetzen?

Knigge: Ich unterscheide zwischen einer ideologischen Kommunismuskritik und einer aufgeklärten, rationalen. Die erstere hat in Deutschland eine lange und schlechte Tradition. Gerade in den fünfziger Jahren hatten doch Konstrukte wie Klassenmord gleich Rassenmord, rote Konzentrationslager gleich braune Konzentrationslager Konjunktur. Diese Tradition fand mit Ernst Nolte geradezu ihr Symbol. Vor diesem Hintergrund bin ich sehr skeptisch gegenüber solchen Gleichsetzungen.

Was unterscheidet »Rassenmord« und »Klassenmord«?

Knigge: Der rassenbiologisch fundierte Antisemitismus der Nationalsozialisten lief auf ein stringent durchzuführendes Ausrottungsprogramm hinaus. Es zielte darauf ab, daß kein Jude dieses Programm überlebt.

Courtois argumentiert, der Kommunismus wolle ebenso konsequent ganze Klassen auslöschen.

Knigge: Ich will das gar nicht verharmlosen. Aber das sowjetische Modell brachte selten diesen stringenten Willen zum Töten zum Vorschein. Im sowjetischen Speziallager Buchenwald starben Tausende von Häftlingen, vor allem im Winter 1946/47 an Hungerfolgen. Aber eine gezielte Tötungsabsicht läßt sich bisher nicht belegen. In der Sowjetunion unter Lenin und Stalin existierte eine Mischung aus gezieltem Klassenkampf, aus Hunger und ökonomischen Katastrophen, aus, wie wir heute sagen würden, ethnischen Säuberungen und außenpolitischer Pragmatik. Die sowjetische Politik konnte sich ändern, selbst unter Stalin. Die nationalsozialistische nicht.

Der sowjetische Kommunismus hat sich nach Stalin verändert.

Knigge: Ja. Es ist ein erstaunliches Phänomen, daß der Gulag nach Stalins Tod aufgelöst wird, daß Politikwechsel möglich sind ...

... anders als im NS-Staat.

Knigge: Das eben macht den Nationalsozialismus so fürcherlich: Pragmatische Überlegungen funktionieren nicht mehr. Ein Jude im Ghetto Lodz kann sich so nützlich durch Reparatur von Wehrmachtsuniformen machen, wie er will – das rettet ihn nicht vor dem Tod. Dieses biologistisch verfaßte Konzept von Mensch, Politik und Gesellschaft macht den Aussonderungsprozeß so gnadenlos. Das ist eine neue Qualität.

Im Historikerstreit hat Ernst Nolte die Einzigartigkeit des Holocaust bestritten.

Knigge: Ich will nicht dogmatisch am Begriff der Einzigartigkeit festhalten. Aber es gibt keinen vergleichbaren Fall, in dem die Ausrottung so radikal war. Auch bei den kommunistischen Verbrechen darf eines nicht vergessen werden: Die Doktrin – und sei es der Terror – wurde immer in spezifischen Gesellschaften praktiziert, vor spezifischen Traditionshintergründen und in bestimmten innen- und außenpolitischen Kontexten. Wer das nicht sauber untersucht, ist nicht präzise genug in der Beschreibung der Entstehung von Unrecht. Es gibt erhebliche Unterschiede zwischen Moskau und Pol

Pot, den Säuberungen im Spanischen Bürgerkrieg und dem sogenannten sowjetischen Speziallager in Buchenwald. Das alles über einen Leisten zu schlagen, macht dumm.

Sie haben über das sowjetische »Speziallager« in Buchenwald, das dem Konzentrationslager der Nazis folgte, eine Ausstellung eingerichtet. Welche Rolle innerhalb des Stalinschen Terrors spielten solche Lager für nach 1945 inhaftierte Deutsche?

Knigge: Sie waren weder Teil des Gulag noch normale Internierungslager wie in den Westzonen. Sie waren mehr oder weniger ein eigener, von spezifischer Rechtlosigkeit gekennzeichneter Archipel in einer Art Niemandsland zwischen den großen sowjetischen Lagerbürokratien. Schließlich wurden die Lager doch von der Gulag-Verwaltung übernommen. Von der Logik des *Schwarzbuches* her müßte man glauben, daß es jetzt noch schlimmer wird. Nein, im Gegenteil. Die sowjetischen Beamten sind erstaunt über den Unterschied zum Gulag: Die Gefangenen arbeiten ja gar nicht, was sind das eigentlich für Lager? Schließlich wurden die Speziallager aufgelöst. Mit der Ausstellung wollten wir differenzieren und aus diesem alten Gleichsetzen der Verbrechen zweier Systeme herauskommen.

Versucht das Schwarzbuch *eine Neuauflage der Totalitarismustheorie?*

Knigge: Auf der deutschen Totalitarismusforschung liegt ein Schatten: In vielem hatte sie die Funktion, andere Formen des Terrors als deckungsgleich mit dem Naziterror zu beschreiben. Auf politischer Ebene war diese Theorie nicht selten ein Kampfangriff gegen die sorgfältige Befassung mit NS-Unrecht. Es ist aber nicht klug, historische Forschungen zu beginnen durch die Festschreibung des Forschungsziels. Das macht blind.

Überfordert die Beschreibung komplizierter Wahrheiten nicht viele Menschen?

Knigge: Vor- und Nachwort unternehmen den Versuch einer absoluten Vereinfachung. Beide sind historisch nicht haltbar. Zu den Autoren des *Schwarzbuches* gehören ehemalige Kommunisten, die offenbar feste Wahrheiten brauchen. Jetzt haben sie genau die gleichen Weltgewißheiten wie zuvor, nur von der negativen Seite her gesehen. Vorher sagten sie: Der Kommunismus wird alles richten und alles lösen, von der Frauenfrage zur Kindererziehung, vom Antisemitismus zur weltlichen Gerechtigkeit. Und jetzt sagen sie: Der Kommunismus hat das alles gar nicht gelöst! Er ist böse.

Mit welcher Folge?

Knigge: Man ist nicht frei. Ein freier Historiker ist ein einsamer Historiker. Er gewinnt an Wissen, aber verliert an historischen Gewißheiten. Das muß er aushalten.

Ist das Schwarzbuch *ein französisches Phänomen?*

Knigge: Auch in Westdeutschland gibt es viele Autoren dieser Generation und politischen Vergangenheit. Es fällt auf, worüber sie nicht forschen: über die Geschichte des Linksradikalismus in der Bundesrepublik. Da müßten sie eigentlich anfangen. Sie wollen sich nicht Rechenschaft über ein Stück Lebensgeschichte ablegen. Im Namen der KZ-Befreiung, des Antifaschismus, wäre man möglicherweise zum Lagerwächter geworden, wenn man politisch gewonnen hätte.

Was bleibt angesichts der im Schwarzbuch *beschriebenen Verbrechen vom kommunistischen Widerstand?*

Knigge: Seine eigene Würde. Es gab keine Widerstandform, welche die Bundesrepublik, wie wir sie kennen, zum Ziel hatte. Die Kommunisten im Widerstand träumten genausowenig alle von der späteren DDR. Es bleibt die Entscheidung von Menschen, sich einem Unrechtsregime entgegengestellt zu haben. Das nur vom Ergebnis her zu berurteilen ist der Hochmut der Nachgeborenen. Das kommunistische Unrecht muß in seinem historischen Kontext beurteilt werden, dann, wenn es begangen wurde, auch von ehemaligen Widerstandskämpfern.

Die Verbindung vom Widerstand und späterem Unrecht in dessen Namen ist schwer zu vermitteln.

Knigge: So ist es. Viele Menschen kommen mit dieser Sehnsucht in die Gedenkstätte, dort auf die positiven Helden der Geschichte zu treffen. Auf Berichte über Menschen, mit denen man sich identifizieren kann, wie kleine säkulare Heiligenbilder.

Statt dessen treffen sie »rote Kapos« …

Knigge: … und gebrochene Helden. Geschichtshelden sind immer gebrochen – weil das Leben gebrochen ist.

Quelle: Deutsches Allgemeines Sonntagsblatt, 19. Juni 1998

RICHARD HERZINGER

Angst vor dem letzten Menschen. Bertold Brecht, Ernst Bloch und die apokalyptische Faszination des Kommunismus

Das *Schwarzbuch des Kommunismus* dokumentiert zum erstenmal umfassend das ungefähre Ausmaß der Untaten, die im Zeichen der Utopie einer weltrevolutionären Befreiung der Menschheit begangen wurden. Wie genau die von Stéphane Courtois und seinen Mitautoren festgestellten Opferzahlen sind, ist unter Historikern umstritten. Doch methodische Einwände gegen Courtois' Forschungen berühren nicht die Tatsache, daß kommunistische Führer, allen voran Lenin, Stalin und Mao Tse-tung, neben Adolf Hitler zu den mit Abstand größten Massenmördern des 20. Jahrhunderts zählen. Bei allen gravierenden Unterschieden ist dem marxistisch-leninistischen und dem nationalsozialistischen System gemeinsam, daß sie eine bis zu ihrem Auftauchen ungeahnte Vernichtungsenergie freisetzten. Sie gründeten auf Ideologien, die die Ausrottung bestimmter Klassen oder Rassen als Voraussetzung für die Errichtung einer idealen Weltordnung betrachteten. Systematischer Terror bis hin zur planmäßigen Auslöschung großer Teile der eigenen und der Bevölkerung eroberter Länder gehörte daher zum Wesensmerkmal beider Systeme; solcher Terror war – nach der Maßgabe ihrer pervertierten Moral – ethischer Imperativ dieser totalitären Ideologien.

Manchem Linksintellektuellen fällt es immer noch schwer, diese besondere Qualität nicht nur des nationalsozialistischen, sondern auch der kommunistischen Mordmaschinerie anzuerkennen. Peter O. Chotjewitz, Lothar Baier und Michael Scharang bieten in ihren Beiträgen zur *ZEIT*-Diskussion (siehe *ZEIT*, Nr. 24, 25 und 26/98) ein ganzes Arsenal von Argumenten an, die spezifische Merkmale kommunistischer Verbrechen verwischen. Hat es Massenmord und staatlichen Terror nicht schon immer gegeben? Könnte man nicht ebensogut auch Schwarzbücher des Sklavenhandels und der Kolonialkriege schreiben, wie Chotjewitz bemerkt? Ist es nicht ganz einfach so, daß der Mensch als solcher, weil er den Gedanken an seine Endlichkeit nicht ertragen kann, immer in irgendein Ideengebäude flüchtet, »dessen Dach Unsterblichkeit verheißt, religiöse, völkische oder kollektive«, wie Scharang resümiert?

Wenn derartige geschichtsrelativistische Platitüden gegen die Erforschung des spezifischen Charakters des NS-Terrors ins Feld geführt werden, gibt es (nicht nur) auf der Linken zu Recht einen Aufschrei der Empörung. Wenn es um die Verbrechen des Kommunismus geht, glauben sich viele Linke jedoch noch immer einen Vermeidungsdiskurs der krudesten Sorte leisten zu können. Abgesehen davon, daß die zeitgenössische Demozidforschung sehr wohl auch die Opfer nichtkommunistischer inklusive demokratischer Systeme zählt – wäre ein Versäumnis in dieser Hinsicht ein Argument, auf die Erfassung der Opferzahlen zu verzichten, die von der spezifischen Systematik kommunistischen Terrors produziert wurden? Chotjewitz, Baier und Scharang stellen das Unternehmen *Schwarzbuch* a priori unter einen verschwörungstheoretischen Generalverdacht: Die ganze Opferzählerei ziele doch bloß darauf, ein »Autodafé der Glaubensreinigung« (Chotjewitz) zu veranstalten, will heißen: »der heutigen Linken den Prozeß zu machen« (Scharang).

Dabei hat doch die Linke selbst am meisten Grund, sich dem niederschmetternden Fazit der monströsen Epochenillusion des Kommunismus ohne Wenn und Aber zu stellen. Nicht etwa, um sich reumütig an die eigene Brust zu schlagen. Sondern weil die Geschichte des Kommunismus zugleich auch eine eigentümliche Faszinationsgeschichte der intellektuellen Linken ist, deren Erforschung erst am Anfang steht.

Dieser Faszination sind nicht nur einige wenige dogmatische Sektierer erlegen. Die Befürchtung, dadurch könnte die Einzigartigkeit des Nationalsozialismus relativiert werden, hat auch gemäßigte Linke und selbst Liberale davon abgehalten, sich das ganze Grauen zu vergegenwärtigen, das die marxistisch-leninistische Ideologie verursacht hat. Das vermeintliche »humane Anliegen«, das trotz allem im Kommunismus verborgen sei, hat dieser Ideologie bei wohlmeinenden Humanisten, von Maurice Merleau-Ponty (*Humanismus und Terror*, 1947) bis zu – in heutigen Tagen – Walter Jens, im Vergleich zum Nationalsozialismus immer wieder mildernde Umstände eingetragen.

Am stärksten wirkt dieser Kredit für die »linke« Totalitarismusvariante heute noch in der ästhetischen Debatte nach. Linke Autoren wie Bertold Brecht, die sich der marxistisch-leninistischen Ideologie verschrieben hatten, werden von der Kulturkritik meist unverdrossen als aufklärerische Humanisten betrachtet. Ihr Eintreten für die sowjetische Diktatur wird als eine Art äußerliche Verirrung angesehen, der sie in bester idealistischer Absicht verfallen seien. Anders als bei rechten Autoren wie Ernst Jünger und Martin Heidegger wird bei Brecht und Ernst Bloch selten nach dem konstitutiven Zusammenhang zwischen ihrer totalitären Neigung und ihren ästhetischen und philosophischen Ansichten gefragt. Dabei läßt sich gerade an den Beispielen Brecht und Bloch zeigen, daß ein bestimmter Typus des ästhetischen Modernismus eine immanente Affinität zum politischen Totalitarismus besaß.

»Unsere Gegner sind die Gegner der Menschheit. Sie haben nicht ›unrecht‹ von ihrem Standpunkt aus: das Unrecht besteht in ihrem Standpunkt. Sie müssen vielleicht so sein, wie sie sind, aber sie müssen nicht sein. [...] ›Güte‹ bedeutet heute, wo die nackte Notwehr riesiger Massen zum Endkampf um die Kommandohöhe wird, die Vernichtung derer, die Güte unmöglich machen.« Diese Sätze stammen nicht etwa aus der Kriegserklärung eines größenwahnsinnigen Diktators, der seine Invasion ins Nachbarland mit einer apokalyptischen Erlösungsbotschaft zu legitimieren versucht. Es sind die Worte eines ganz und gar unmilitärischen Dichters, dessen Lieblingswort »Freundlichkeit« war. Sie stammen aus einer Antwort, die er einigen Theaterkritikern verpaßte, nachdem sie die Uraufführung eines seiner Stücke verrissen hatten.

In diesem Stück, so hatten die Kritiker moniert, beziehe der Autor einen einseitigen Standpunkt, und es fehle seinen Figuren an Güte. Grund genug für unseren Dichter, diesen Kritikern zu erklären, daß sie und alle anderen, die mit der Tendenz seines Werkes nicht übereinstimmen, ihr Existenzrecht verwirkt hätten. Eine Theaterdebatte aus dem Jahre 1932, ein Feuilletonstreit um ein Lehrstück namens *Die Mutter*. Das Zitat stammt von Bertolt Brecht.

Womit Brecht uns hier konfrontiert, ist keine einfache Amoral oder Unmoral. Brecht spricht von einem hochmoralischen Anspruch aus; man könnte sagen, daß er im Namen einer Über- oder Hypermoral argumentiert. Angesichts der bevorstehenden apokalyptischen Entscheidungsschlacht ist es von diesem übermoralischen Standpunkt aus unmoralisch, Erbarmen oder Güte gegenüber einzelnen einzufordern. Brechts Gestus hat etwas von der Pose des Bürgerschrecks, der die konventionellen Moralvorstellungen als Ausdruck spießiger Angst vor den großen Schicksalsfragen der Menschheit vom Tisch wischt. Und sein Hypermoralismus ist dem ästhetizistischen Antimoralismus insofern verwandt, als er sich kleinliches Gemäkel von unbegabten Kritikern an seinem großen Kunstwerk verbittet. Aber Brechts genialischer Künstlergestus sichert sich durch die Anrufung eines Verbündeten ab, der noch viel größer ist als das geniale Kunstwerk selbst. Vor der Geschichte muß das Werk des Künstlers bestehen, nicht vor bürgerlichen Kritikern, deren Klasse historisch ja längst zum Aussterben verurteilt ist.

Man findet den übermoralischen Gestus ganz ähnlich bei den radikalen Schriftstellern der Weimarer Rechten wieder. Auch bei Ernst Jünger verbirgt die Attitüde mitleidsloser Kälte einen Impetus tiefer moralischer Empörung. Ist es bei Brecht die Entrüstung über das Los der Ausgebeuteten in einer Welt der Ausbeutung, so bei Ernst Jünger die Empörung über die angebliche Demütigung des deutschen Volkes durch die westlichen Siegermächte des Ersten Weltkriegs. Wie Brecht sieht auch Jünger in der »einfachen«, der humanistischen Moral kein Mittel gegen das epochale Unrecht, das er anprangern will. Um dem Recht zum Durchbruch zu verhelfen, muß zuerst die alte Moral entlarvt werden. Am besten ist es, wenn sie sich durch Repression gegen die Unterdrückten selbst demaskiert. Das kostet Opfer, und die Opfer müssen bejaht werden. »Vorzüglich«, rief Ernst Jünger 1929 den Westmächten zu, die er für das Elend des deutschen Volkes verantwortlich machte, »nur kein Mitleid mit uns! Dies ist eine Position, aus der sich arbeiten läßt. Dieses Maßnehmen an dem geheimen, zu Paris aufbewahrten Urmeter der Zivilisation – das bedeutet für uns, den verlorenen Krieg zu Ende verlieren, bedeutet die konsequente Durchführung eines nihilistischen Aktes bis zu seinem notwendigen Punkt. Wir marschieren seit langem einem magischen Nullpunkt zu, über den nur hinwegkommen wird, der über andere, unsichtbare Kraftquellen verfügt.«

Der Urvater dieser Denkfigur ist Friedrich Nietzsche. Sein Zarathustra geht aus der Einsamkeit der Berge hinunter in die Ebene, um dem Volk vom »Übermenschen« zu künden. Dieser Übermensch werde erscheinen, wenn alle alten Werte, die nach dem Tod Gottes und der Metaphysik nur noch lebensfeindliche Hüllen darstellten, zerschmettert sein würden. Die Ankunft des Übermenschen werde die Krise der Moral beenden, denn er werde neue Werte stiften – Werte, die im Einklang mit dem Leben stehen und auch dessen schreckliche Seiten, aus einem Überschuß an Lebenskraft heraus, bejahen. Wer dem Übermenschen den Weg bereiten wolle, der müsse ein kompromißloser Zerstörer aller bestehenden Werte sein, die den Menschen von seiner Wiedervereinigung mit dem schöpferischen Leben trennen. Die Alternative zum Übermenschen, so warnt Zarathustra, werde die Herrschaft des »letzten Menschen« sein, des – um es aktuell auszudrücken – willenlosen Zombies der Konsumgesellschaft, der kein Gefühl mehr für Größe, für die Gefahr, für die Qualen des großen Schaffensaktes habe. »Die Erde ist dann klein geworden«, ruft Zarathustra aus, »und auf ihr hüpft der letzte Mensch, der Alles klein macht. Sein Geschlecht ist unaustilgbar, wie der Erdfloh; der letzte Mensch lebt am längsten.«

Nietzsches *Zarathustra* ist so etwas wie der Geburtsschrei des künstlerisch-literarischen, apokalyptischen Modernismus. Dessen Movens ist die Angst vor der Herrschaft des »letzten Menschen«, vor der Verflachung des Geistes in der liberalen Massengesellschaft. Der avantgardistische Künstler ist der Künder einer Größe, die niemand, der nicht selbst ein Künstler ist, mehr wahrnehmen oder ahnen kann. Nur die Kunst habe noch Zugang zu den geheimen Kraftquellen authentischen Lebens. Als die radikalen politischen Ideologien des 20. Jahrhunderts selber avantgardistisch werden und offen die Zerstörung predigen und feiern, erkennen Schriftsteller wie Brecht und Jünger ihre Geistesverwandschaft mit ihnen.

Beide waren von der Angst getrieben, sie könnten in die ohnmächtige, hilflose Moral eines jammernden Humanismus zurückfallen, der immer nur die Opfer beklage, ohne Einsicht in die tieferen Gründe zu gewinnen, die all diese Opfer zur Notwendigkeit machen. Die großen Schriftsteller Brecht und Jünger fürchteten sich vor dem Rückfall in die von ihnen verachtete Jammerlappenmoral des Humanismus vor allem um ihres Werkes willen. Wenn sie nicht dicht und mit eiskalten Nerven am Puls der Geschichte blieben, dann würde ihr großes Werk an Kraft verlieren. »Lieber noch mit diesem stürzen als mit jenen leben, die die Furcht im Staub zu kriechen zwingt«, ruft der Ich-Erzähler in Jüngers *Auf den Marmorklippen* (1939) angesichts eines verwegenen »Capitanos« aus, der sich schwärmerisch an die Nacht erinnert, »da wir Sagunt zu Asche brannten«.

So könnte auch Ernst Bloch gedacht haben, als er 1937 zu seiner Verteidigung der Moskauer Schauprozesse ausholte. Blochs Rechtfertigung des stalinistischen Terrors war keine bloße, durch die Zwänge der politischen Verhältnisse bedingte Verirrung. In ihr kommt ein essentieller Kern seiner Philosophie, seines Utopismus zum Ausdruck. Blochs chiliastischer Marxismus schließt sich explizit an die christliche Apokalypsetradition an, namentlich an die der Offenbarung des Johannes im Neuen Testament. Diese Johannesoffenbarung ist die Beschreibung einer entfesselten Vernichtungsphantasie. Johannes kündigt der gotteslästerlichen Welt den Untergang in einem göttlichen Strafgericht an. Feuer fällt vom Himmel, die Erde öffnet sich, und die Toten stehen auf, freilich nur, um vom himmlischen Richter in Gute und Böse, Sündige und Gerechte geschieden zu werden. Ernst Bloch nennt in seinem Hauptwerk *Das Prinzip Hoffnung* diese Apokalypseschilderung einen »erzutopischen Archetyp«, der »so manche geschlagene Revolution begleitet hat.«

Mit wütendem Unverständnis antwortet Ernst Bloch auf dem Höhepunkt der Stalinschen Säuberungswellen den kritischen Einwänden bis dahin loyaler prokommunistischer Intellektueller gegen die Moskauer Schauprozesse. Diese Zweifelnden schalt Bloch »Renegaten«, die nicht darüber hinwegkämen, »daß der zwanzigjährige bolschewistische Staat sich so vieler Feinde zu entledigen hat und sich ihrer oft gehetzt und schreckend blutig entledigt«. Die abtrünnigen Intellektuellen von 1937 vergleicht er mit Klopstock und Schiller, die nach anfänglicher Begeisterung für die Französische Revolution vor der Praxis der *terreur* erschraken und sich von der revolutionären Idee abwandten. In diesen schreckhaften Humanisten kann Bloch nur Kapitulanten erkennen, die der gegenrevolutionären Strategie der Bourgeoisie auf den Leim gekrochen seien. Die Zweifel an den aberwitzigen Anklagen der Moskauer Prozesse erklärt Bloch zu Einflüsterungen des bourgeoisen Teufels, denn selbst wenn diese Zweifel berechtigt wären: Gäbe man ihnen nach, würde der Fortgang des weltgeschichtlichen Strafgerichts aufgehalten. Hier ging es ja nicht um »bourgeoise« Rechtsdetails, sondern um die Bejahung oder Verneinung des Anbruchs heilsgeschichtlicher Endzeit. »Die alte Welt«, schreibt Bloch 1937, »ist verroht und verteufelt wie nie, die neue vollstreckt außer dem geschichtlichen ein sittliches Urteil, wenn sie niederschlägt und siegt.«

Daß die von den »Capitanos« des 20. Jahrhunderts veranlaßten Vernichtungsorgien exorbitant hohe Opfer kosteten, beglaubigte in der Sicht apokalyptischer Übermoralisten wie Brecht, Bloch und Jünger, daß es sich bei diesem Gemetzel tatsächlich um den Anbruch des endzeitlichen Entscheidungskampfes handelt. Ihre Entschlossenheit, sich von dieser historischen Gewalt auf keinen Fall zu isolieren, entsprang der Furcht, am Ende zu den »letzten Menschen« gehören zu müssen.

Quelle: Die Zeit, 25. Juni 1998

ULRIKE ACKERMANN

Feindliche Nähe. Deutscher und französischer Historikerstreit

Das Leben hat gegen den Tod verloren, aber die Erinnerung gewinnt in ihrem Kampf gegen das Nichts.
Tzevetan Todorov

Der letztes Jahr verstorbene Historiker François Furet – berühmt für seine kritische Auseinandersetzung mit dem Mythos der Französischen Revolution – legte 1995 sein fulminantes Werk über die Faszination der kommunistischen Idee in diesem Jahrhundert vor.[1] Es wurde binnen kürzester Zeit in Frankreich ein Bestseller und eröffnete aufs neue die Debatte über die Vergleichbarkeit von Faschismus beziehungsweise Nationalsozialismus und Kommunismus, über die Wechselwirkungen und Bedingungsverhältnisse totalitärer Ideologien und ihrer politischen Folgen. Furet vertritt in seinem Werk die These von der »konfliktuellen Komplizenschaft« der Nazis und der Kommunisten; ihr Verhältnis sei komplementär und von Rivalität gezeichnet. Er sieht im Kommunismus und Nationalsozialismus zwei feindlich-verwandte Ausgeburten des Ersten Weltkrieges und des bürgerlichen Selbsthasses; beider Feind ist die Demokratie. Selbst in seiner Jugend vom Kommunismus fasziniert, kündigte er 1954 seine Mitgliedschaft in der Kommunistischen Partei auf.

Gleich zu Anfang des Werkes findet sich eine ausführliche Anmerkung des Autors, die Ernst Nolte als Kronzeugen des Historikerstreits gewidmet ist: »Seit zwanzig Jahren, vor allem jedoch seit der Auseinandersetzung über die Interpretation des Nationalsozialismus, die im Jahr 1986/87 die deutschen Historiker entzweite, wurde Ernst Noltes Auffassung in Deutschland und im gesamten Westen derart einhellig verdammt, daß sie mir eines besonderen Kommen-

1 François Furet, *Das Ende der Illusion*. München: Piper 1996.

tars würdig erscheint. Ihm kommt unter anderem das Verdienst zu, bereits sehr früh das Verbot eines Vergleichs von Kommunismus und Nazismus durchbrochen zu haben ... In Wahrheit verhindert das Veto gegen solche Ansatzpunkte eine Aufarbeitung der Geschichte des Faschismus; es entspricht im historischen System der Wirkung, die der Antifaschismus sowjetischer Prägung im politischen System hatte. Indem er die Kritik am Antifaschismus verbietet, verhindert dieser Typus historiographischen Antifaschismus auch das Verständnis des Faschismus.« »Schockierend und falsch« hingegen sind für ihn Noltes Schlußfolgerungen, die in einer Relativierung der nationalsozialistischen Verbrechen münden. In einem Briefwechsel setzten die beiden Historiker mit solch unterschiedlicher politisch-intellektueller Biographie ihren Diskurs ohne ideologische Scheuklappen und jenseits des hierzulande üblichen Lagerdenkens fort.[1]

Das pünktlich zum achtzigsten Jahrestag der Oktoberrevolution im Herbst 1997 in Paris erschienene *Livre noir du communisme* liefert das empirische Material für die begonnene Auseinandersetzung und spitzt sie politisch zu.[2] An Stelle von Furet, wie es vorgesehen war, schrieb der Herausgeber Stéphane Courtois das Vorwort zu dem Buch. Innerhalb weniger Wochen erklomm es den ersten Platz der Bestsellerlisten, abendfüllende Fernsehdebatten waren ihm gewidmet. Es provozierte nicht zuletzt einen Eklat im französischen Parlament, der in einer Ehrenerklärung des Premierministers für die Kommunisten gipfelte.

Neben dem renommierten Kommunismusforscher Courtois waren fünf weitere Historiker, die in Fachkreisen hohes Ansehen genießen, an dem Werk beteiligt. Auf rund 900 Seiten liefern die Autoren erstmalig ein umfassendes Kompendium über die Verbrechen, die in diesem Jahrhundert im Namen des Kommunismus begangen wurden. Ihre weltweite Opferbilanz beläuft sich auf 80 bis 100 Millionen Menschen, die mit dem Leben bezahlt haben: durch Genickschuß oder Kampfgas, während der Zwangsarbeit oder der Deportation und Vertreibung, anläßlich politisch geplanter Hungersnöte und auf Todesmärschen. Akribisch rekonstruieren die Autoren zum Teil auf

1 Vgl. François Furet/Ernst Nolte, *Feindliche Nähe. Kommunismus und Faschismus im 20. Jahrhundert.* München: Herbig 1998.

2 Stéphane Courtois u. a. (Hrsg.), *Das Schwarzbuch des Kommunismus. Unterdrückung, Verbrechen und Terror.* München: *Piper* 1998.

der Grundlage neuen Archivmaterials, daß der Terror nicht erst mit Stalin begann, sondern seine Wiege die Oktoberrevolution selbst war.

An der aufgeführten Opferbilanz bestehen in Fachkreisen keine Zweifel. Der Streit entzündete sich vielmehr daran, ob Nationalsozialismus und Kommunismus in ihren Ideologien und ihrer Gewaltherrschaft vergleichbar seien. Anlaß der Debatte war denn auch hauptsächlich das Vor- und Nachwort von Courtois. Der Herausgeber der Zeitschrift *Communisme* gilt aus ausgewiesener französischer Fachmann des Kommunismus. Selbst vier Jahre lang, nach 1968, strammer Berufsrevolutionär in der maoistischen Organisation »Vive la Révolution« betont er heute: »Hätte die Linke vor 20 oder 30 Jahren Vergangenheitsbewältigung betrieben gegenüber den Verbrechen des Stalinismus, dann könnte Le Pen heute nicht unser Buch für seine Zwecke ausschlachten.« (*Zeit*, 21. November 1997)

In seinem provozierenden Vorwort des *Schwarzbuchs* plädiert Courtois für den Vergleich von Hitlers »Rassen-Genozid« und Stalins »Klassen-Genozid«; die Gemeinsamkeiten seien größer als die Unterschiede. Er spricht von der verbrecherischen Dimension, »die für das gesamte kommunistische System charakteristisch war, solange es existierte ... Die kommunistischen Regimes haben das Massenverbrechen zu einem wahrhaften Regierungssystem erhoben, um ihre Macht zu begründen.« In der Analyse dieser Verbrechen verwendet Courtois Begriffe, die er der juristischen und historischen Bewältigung des Nationalsozialismus entlehnt. Viele dieser Massenverbrechen entsprächen allen Kriterien der »Verbrechen gegen die Menschlichkeit«, wie sie für die Nürnberger Prozesse formuliert wurden. Im Gegensatz zu Le Pen weist er allerdings jegliche Idee eines solchen Prozesses für den Kommunismus zurück. Ebenso widerspricht er Ernst Noltes These, die Hitlerschen Verbrechen seien eine Folge der Stalinschen gewesen und betont statt dessen die Singularität der Shoah.

Courtois' Vorwort provozierte bereits die Kritik seiner Koautoren: Jean-Louis Margolin betonte, im Unterschied zum Nationalsozialismus habe der Stalinismus die »Ausmerzung der Klassenfeinde« vorgenommen, nicht jedoch jene von Individuen oder ganzen Bevölkerungsschichten. Auch der aus Prag emigrierte Historiker Karel Bartosek – bekannt durch seine Aufdeckung der stalinistischen Vergangenheit Artur Londons – ging auf Distanz zu seinem Herausgeber. Die weltweit erste Synthese der Verbrechen des Kommunismus bewertete er umstandslos positiv, wendete sich aber strikt dagegen, die Leiden der Opfer ideologisch und politisch zu betrachten.

Nicolas Werth, dem der umfangreiche Beitrag über die Sowjetunion zu verdanken ist, bedauerte, daß das Buch in das politische Spiel geraten sei, »das war nicht Ziel der beteiligten Historiker«. Der Vergleich zwischen Nationalsozialismus und Kommunismus ist legitim, er sei jedoch nicht Gegenstand ihres Buchs gewesen. »Es gibt eine grundlegende Ähnlichkeit, eine Art harten Kern der Totalitarismen, der ihnen gemeinsam ist. Gleichwohl hatte der Kommunismus von seinem Ursprung her ein Ideal, das in die Irre geführt hat. Deshalb zeichnet ihn eine extreme und konstante Spannung aus, zwischen den ›Gefallenen‹ des Regimes und ihren ›orthodoxen‹ Genossen. Man hat nie reumütig Bekehrte das Nazismus gesehen, ehemalige militante Nazis, die das System von innen her kritisiert hätten oder es reformieren wollten. Im Nazismus stimmen Doktrin und Realität völlig überein; im Kommunismus fallen sie demgegenüber total auseinander«. (*L'Histoire*, Nr. 217, Januar 1998)

Im linken Lager brach nach Erscheinen des Buchs erwartungsgemäß ein Sturm der Entrüstung los. Auch wenn man die Stalinschen Verbrechen einräumte – so auch der Generalsekretär der französischen KP Robert Hué –, geriet die wütende Kritik am *Schwarzbuch* häufig zu einer Verteidigung der »guten« Idee des Kommunismus gegenüber seiner pervertierten Praxis. Der ehemalige Chefredakteur der kommunistischen *Humanité*, Roland Leroy, hielt in einer Fernsehsendung Courtois entgegen: »Am Anfang des Nationalsozialismus war der Haß auf die Menschen, am Anfang des Kommunismus war die Liebe zu den Menschen.«

Maurice Nadeau, der 87jährige renommierte Schriftsteller und Chefredakteur der Zeitschrift *La Quinzaine littéraire* bezeichnete die Autoren des *Schwarzbuchs* als Betrüger. »Der Betrug besteht in dem, was das Autorenkollektiv ›Kommunismus‹ nennt und was genau sein Gegenteil ist«: nämlich Stalinismus, Maoismus oder die Politik der Roten Khmer. Gilles Perrault, ebenfalls Schriftsteller, verknüpfte den Vorwurf des Betrugs mit dem Hinweis auf die humanitäre Dimension des Kommunismus. Die Kommunisten kämpften schließlich für ein Projekt, »das universelle und befreiende Züge hegte. Daß diese Ideale vom Wege abkamen, ändert nichts an den ursprünglichen Motiven, durch die allein sie sich schon hinreichend vom nationalsozialistischen Gegner unterschieden.« (*Le Monde diplomatique*, 12. Dezember 1997) Perraults Attacke gipfelte in der Forderung nach einem »Schwarzbuch des Kapitalismus«, das die Realität bereits schreibe: »Ganze Bevölkerungen krümmen sich unter der Diktatur der Finanzmärkte.«

Sehr häufig wird in dieser Debatte die Kritik am *Schwarzbuch* mit der Kritik am real existierenden Kapitalismus verknüpft, der Antikapitalismus in der Tradition des Antifaschismus fortgeschrieben. Jean-Marie Colombani, Chefredakteur von *Le Monde*, warf den Autoren »ideologische Voreingenommenheit« vor: Seine Zeitung habe bereits seit den vierziger Jahren alles Relevante zu den Verbrechen des Stalinismus geschrieben, das *Schwarzbuch* böte an Fakten und Einsichten nichts Neues. Im Editorial vom 5. Dezember 1997 plädierte er folgerichtig für das Ende der Debatte.

Richtet sich die Kritik einiger Mitautoren des *Schwarzbuchs* vornehmlich gegen Courtois' Vorwort, das ihnen zu politisch-polemisch geraten ist, so attackierten Intellektuelle der Linken das gesamte wissenschaftliche Unterfangen. Die im Namen des Kommunismus begangenen Verbrechen seien kontingenten Umständen geschuldet. Im Duktus eines klassischen Antifaschismus sehen sie in dem Werk eine Verhöhnung der Résistance und der Opfer des Nationalsozialismus. In dem Vorschlag, anstelle des vorliegenden Werks sei ein Schwarzbuch des Kapitalismus vonnöten, treffen sich orthodoxe und moderate Linke: Auch der moderne Antifaschismus zehrt noch von der Kontinuitätsthese, der Faschismus sei die höchste und entwickeltste Form des Kapitalismus.

Unter den Verteidigern des *Schwarzbuchs* finden sich viele ehemalige Linke, die vor Jahrzehnten mit ihrer kommunistischen Vergangenheit gebrochen haben. Unter dem Titel *Lenin retten?* verteidigte Laurent Joffrin, Chefredakteur der Tageszeitung *Libération*, die These der *Schwarzbuch*-Autoren, das Verbrechen sei bereits im Herzen des kommunistischen Projekts angelegt. Den Kritikern, die nicht müde werden, in der Debatte auf die Verbrechen des Kapitalismus hinzuweisen, hielt er entgegen, damit die kommunistischen relativieren zu wollen. »Der Kommunismus an der Macht hatte klar zu identifizierende politische Ziele und Zwecke, vereinigt unter einem Banner, unter ein und derselben Strategie, Ideologie und Organisation. Seine Opfer sind alle freiwillig dem Altar derselben Revolution erbracht worden, durch direkte Massaker oder Hungersnöte. Der

Kapitalismus ist aber ein ökonomisches System … Es gibt keine kapitalistische Partei, keine kapitalistische Fahne, keine kapitalistische Tscheka. Die ›Verbrechen des Kapitalismus‹ sind von Liberalen, von Monarchisten, von Radikalsozialisten, von den Nazis, von den Faschisten oder wem auch immer begangen worden.« (*Libération*, 17. Dezember 1997)

Die Bolschwiken kombinierten ihre militärische Parteiorganisation mit einem utopischen Projekt der Umwandlung der Gesellschaft, das sie gewaltsam gegen die Gesellschaft durchsetzten, bis hin zum Massaker. Ohne diese Verbrechen hätten die Bolschwiken ihren Plan einer totalen Reorganisation der Gesellschaft nicht ins Werk setzen können. So gesehen waren die Verbrechen in der Utopie angelegt. Der Historiker und Politologe Jacques Juilliard fragte sich im *Nouvelle Observateur* (20. November 1997): »Angenommen, der Kommunismus sei von seinem Wesen her gut, während der Nazismus vom Wesen her pervers sei, weswegen ist dann das Verbrechen, das im Namen des Guten begangen wurde, weniger verdammenswert als jenes, das im Namen des Bösen verübt wurde? Warum bedeuten die 25 Millionen Toten des Nazismus dessen Substanz, hingegen die 85 Millionen Toten des Kommunismus nur einen Unfall?«

André Glucksmann kommentierte im *Sud-Ouest Dimanche* (26. November 1997): »Heute stellte sich bezüglich des Kommunismus in Europa nicht die Frage nach der Anzahl der Opfer, sondern wie Demokraten so lange der kommunistischen Propaganda aufsitzen konnten. Das eigentliche Problem liegt nicht in der Vergleichbarkeit der Verbrechen, sondern darin, daß wir sie nicht sehen wollten … Diese Kapazität der Lüge ist die eigentliche Originalität des Kommunismus, im Gegensatz zum Nazismus. Im Namen des Guten schloß man die Augen angesichts der Verbrechen des Kommunismus.«

Bernard-Henri Lévy hob in *Le Point* (13. Dezember 1997) die Notwendigkeit eines Vergleichs beider Totalitarismen hervor und warnte vor dessen Verbot auf seiten der Linken. »Am Anfang steht das löbliche Bemühen, die Singularität von Auschwitz zu wahren. Und am Ende gibt es ein komisches Ding, das, wenn es nicht mehr zur Geschichte der Menschheit gehört, ins Reich des absoluten Bösen, Obskuren, auch Zweifelhaften abdriftet. Das jüdische Leiden wird undenkbar. Es entzieht sich dem Diskurs und wird zum Mythos.« Den Versuch, das Grauen zu enthistorisieren, es aus der Welt herausfallen zu lassen, hat allerdings auch der KP-Vorsitzende Robert Hué unternommen. Er räumte zwar die Verbrechen des Stalinismus ein, bezeichnete sie jedoch als Monstrosität. Der Gulag gerät so zur ungewollten Perversion des Kommunismus, realisiert von Monsterhand und menschlicher Verantwortung entzogen.

Der Streit ist alt. Man erinnere sich an die wütenden Reaktionen Jean-Paul Sartres und Maurice Merleau-Pontys 1950 auf DavidRoussets Kampagne gegen jegliche Lager. Der letztes Jahr verstorbene Rousset, selbst von den Nazis deportiert, war einer der ersten, der in seinem Buch *L'Univers concentrationnaire* 1946 über den Gulag schrieb und Vergleiche zwischen Nationalsozialismus und Kommunismus anstellte. Er sei zum politischen Feind übergelaufen, warf man ihm daraufhin vor. Albert Camus erging es nicht viel besser: 1955 beschied ihm Sartre: »Ich finde wie Sie diese Lager unzulässig: doch ebenso unzulässig den Gebrauch, den die bürgerliche Presse davon macht.«

Falsch wäre es indes, den Streit als einen französischen zu deklarieren. Es handelt sich schließlich um ein europäisches Phänomen, im Gegensatz zu den nationalsozialistischen Verbrechen die des Kommunismus lange Zeit verharmlost oder gar geleugnet zu haben. Gleichwohl wurde in Paris heftiger gestritten. Im Unterschied zu Deutschland sind die Protagonisten dieses Historikerstreits allerdings keine Rechtsintellektuellen, sondern ehemalige Linke, die mit ihrer eigenen Vergangenheit selbstkritisch gebrochen haben. Mitte der siebziger Jahre war der sogenannte Gulag-Schock Anlaß für die Herausbildung einer öffentlich vernehmbaren, wenn auch minoritären *front antitotalitair* in Frankreich. Gemeinsamer Bezugspunkt war nicht nur die Auseinandersetzung mit der KPF und der Bruch mit einem jakobinischen Revolutionsverständnis, das in der Sowjetunion die zeitgenössische Fortsetzung des universalen revolutionären Projektes sah, sondern ebenso das Engagement für die Bürgerbewegungen und Dissidenten in Osteuropa und der Sowjetunion. Die Auseinandersetzung mit dem Stalinismus war verbunden mit der Kritik der eigenen politischen Vergangenheit. Dieser Bruch war sozusagen konstitutiv für den antitotalitären Blickwinkel und die aufmerksame Analyse der Entwicklungen in den realsozialistischen Ländern und später des Krieges im ehemaligen Jugoslawien. Von deutscher Seite wurden die französischen antitotalitären Intellektuellen des Renegatentums bezichtigt oder als »Bistro-Maoisten« verunglimpft; Anti-Antikommunismus der bekannten Art.

Bereits 1986, anläßlich des deutschen Historikerstreits hielt Jorge Semprun der deutschen Linken entgegen: »Wer vom Stalinismus nicht reden will, der sollte vom Faschismus schweigen.« Semprun attackierte damit einen weitreichenden Konsens der Linken: nämlich mit dem beschwörenden Rekurs auf die Einmaligkeit von Auschwitz jeglichen Versuch zu unterbinden, Nationalsozialismus und Kommunismus, rechten und linken Totalitarismus zu vergleichen. Der Historiker Ernst Nolte entfachte den damaligen Streit mit seiner These, Hitlers Rassenmord sei eine Folge des Stalinschen Klassenmords gewesen, das heißt die »linken« Verbrechen seien den »rechten« ursächlich vorausgegangen. Nolte konnte sich mit dieser Relativierung der nationalsozialistischen Verbrechen zu Recht nicht durchsetzen. Ebensowenig ließen sich jedoch die Sieger des Historikerstreits von Sempruns Einwurf aus der Ruhe bringen.

Die totalitäre kommunistische Erfahrung war im westdeutschen Denkraum sozusagen exterritorialisiert; in Figur der DDR lag sie hinter der Mauer. Der »antifaschistische Schutzwall« war jedoch als Gebot auch in den Köpfen präsent: Die Gegner Noltes waren – drei Jahre vor der Wiedervereinigung – auch Verteidiger der deutschen Teilung.[1] Unterschwellig lag in ihrer Argumentation eine selten ausgesprochene Prämisse: die Aufrechterhaltung der Teilung Deutschlands als Strafe für Auschwitz. Die Hinnahme der Mauer war sozusagen das Sühneopfer für die deutschen Menschheitsverbrechen, konstatierte Heinrich-August Winkler. Bis heute noch scheint die Ausblendung beziehungsweise Verharmlosung der Verbrechen, die im Namen des Kommunismus begangen wurden, identitätsstiftende Klammer im linken Diskurs zu sein: in der Figur des Antifaschismus. Daran haben der Zusammenbruch des Kommunismus und die Öffnung der Archive, die heute den Blick in seine Abgründe ermöglichen, kaum etwas geändert.

In einigen deutschen Reaktionen auf den französischen Historikerstreit scheint die alte Lagermentalität wieder aufzuleben. Stéphane Courtois wird ebenso wie vor ihm François Furet in die Nähe von Ernst Nolte gezerrt. Beharrlich verwechselt man den historischen Vergleich zweier totalitärer Systeme – der ja notwendig ist, um ihre jeweilige Besonderheit und Einmaligkeit herauszudestillie-

1 Vgl. Hans Mommsen, *Suche nach der verlorenen Geschichte.* In: *Historikerstreit.* München: *Piper* 1987.

ren – mit deren Gleichsetzung. Für eine auf die Singularität nationalsozialistischer Verbrechen mühsam aufgebaute negative deutsche Identität hat das »absolute Böse« nur einen Ort: Auschwitz; eine Identität, die ihre eigene Brüchigkeit ahnt und deshalb diese Ausschließlichkeit um so vehementer verteidigt.

Erst wenn jedoch der Antifaschismus nicht mehr als Legitimationsfigur das Schweigen über die Verbrechen des Kommunismus perpetuiert, kann sich der Blick auf *beide* Totalitarismen öffnen. Und dies hätte gerade der politische Diskurs in Deutschland, das beide totalitäre Erfahrungen des 20. Jahrhunderts durchlaufen hat, bitter nötig. Denn in Teilen der deutschen Linken mangelt es bis heute an einem generalisierten antitotalitären Impuls, der auch den Umgang mit dem zweiten totalitären Regime von Denkverboten befreien könnte. Der gerade von französischen Historikern ins Land getragene Streit sollte das lange Zeit beschworene deutsche Monopol auf das absolut Böse entmachten und den Blick darauf europäisch vergleichend öffnen. Dies wäre der Analyse, dem Verständnis und der Erinnerung an das Jahrhundert totalitärer Gewalterfahrung zuträglicher.

Quelle: Merkur (Berlin), Juli 1998

JOACHIM GAUCK

Das Ritual der Antifaschisten. Erfahrungen im Umgang mit den Gegnern des *Schwarzbuchs des Kommunismus*

Für die deutsche Ausgabe des *Schwarzbuches des Kommunismus* hatte der Verlag einen Beitrag von mir erbeten. Nach einigem Zögern entschloß ich mich, dieser Bitte zu folgen. Allerdings wollte ich einen eigenen Schwerpunkt setzen. Ich stellte ihn unter die Überschrift »Vom schwierigen Umgang mit der Wahrnehmung«. So geriet ich in Debatten und Kontroversen um das Buch und in sehr unterschiedliche Podiumsdiskussionen in Hamburg, Berlin und Dresden.

Hatte ein Teil der Rezensionen schon eine erstaunliche menschliche Kälte gegenüber den Opfern kommunistischer Herrschaft gezeigt, möglicherweise erwachsen aus dem »Elend linker Immunisierungsversuche« (so Christian Semler in der *taz*), so war noch häufiger von Fehlern und Ungenauigkeiten der Autoren zu lesen. Auch hörte ich in mehreren Podiumsdiskussionen von Professoren den Hinweis, der in der Besprechung des Buches von Manfred Hildermeier (*ZEIT* Nr. 24/98) lautete: »Dem Kenner sagt das meiste wenig Neues.« Aber erstens sind nur wenige Zeitgenossen Kenner, und zweitens müssen die Kenntnisse der Kundigen und Kenner einem breiteren Publikum zugänglich gemacht werden.

Einige Politologen und Zeitgeschichtler haben mit Recht auf die Spezifik des intellektuellen Frankreich hingewiesen, wo der Diskurs phasenweise von Kommunisten beherrscht worden sei. Dies sei hierzulande jedoch völlig anders gewesen, mithin bedürften wir der antikommunistischen Erleuchtung nicht. Ich kann dem nur sehr wenig folgen. Denn gegenüber dem »real existierenden Sozialismus« haben nicht nur die Kommunisten ihre Kenntnismängel und Haltungsdefizite zu bereuen, sondern weite Teile der linksliberalen gebildeten

Stände haben sich den milden Blick erlaubt, der ein entscheidendes Engagement gegen das Unrecht oftmals verhinderte.

Ich habe an dieser Stelle bislang auf die erkenntnisbegrenzende Wirkung des Lagerdenkens hingewiesen, von dessen Hartnäckigkeit im liberalen Westen ich überrascht war. Aber inzwischen vermute ich, daß es daneben tiefere und wirksamere Ursachen für unsere Wahrnehmungsdefizite gibt. Wenn ich die Heftigkeit der Ablehnung, die emotionale Kälte einiger Kritiker oder das »ganze Arsenal von Argumenten« zur Verwischung der Spezifik der kommunistischen Verbrechen einiger Altlinker (so Richard Herzinger in der ZEIT Nr. 27/98) vor Augen halte, frage ich nach den tieferen Gründen für die Abwehr.

Vordergründig wird ja die Gleichsetzung von Nazi- und kommunistischer Diktatur abgelehnt. Diese Gleichsetzung wird zwar im *Schwarzbuch* nicht vollzogen. Aber jeder Kommunismuskritiker kennt den Gestus der heftigen Abwehr schon aus anderen politischen Debatten (es gibt die bösartige wie die wohlmeinende Variante).

Manchmal beschleicht mich der Verdacht, es ginge dabei um mehr. Etwa um die Rettung eines Weltbildes. Dies fällt mir ein, wenn ich zum Beispiel sehe, daß in Italien Noberto Bobbio, wahrlich eine linke philosophische Autorität, das *Schwarzbuch* positiv rezipiert, die Hauptthesen übernimmt und die Unrechtstaaten des Kommunismus und Faschismus/Nationalsozialismus nebeneinanderstellt. Für ihn gibt es keine mildernden Umstände für die kommunistischen Greuel, die uns hierzulande doch so oft angeboten werden – der Kommunismus habe aber doch die bessere Idee gehabt. Ein Mord »ist ein Mord, Terror bleibt Terror, und damit basta«.

Die deutsche Debatte weist eine derartige Klarheit höchst selten auf. Zu tief sitzt die Angst, ein intellektuelles und moralisches Tabu zu verletzen. In der Nach-68-Ära hat der westliche Teil der Nation die großen Weigerungen erkannt und verworfen, die die Nachkriegsdeutschen prägten. Nach 68 wollte man nicht mehr unfähig sein zu trauern, nicht mehr deutsche Schuld durch die Betonung deutschen Leides bannen, wollte man Verantwortliche benennen und bestrafen. Und: Je jünger man wurde, desto heftiger fiel die Verwerfung der Schuld der Väter aus.

War in früheren Jahrzehnten die Heftigkeit patriotischer Gesinnung ein Ausweis staatsbürgerlicher Qualität, so wuchs nach 68 die

Bereitschaft, das deutsche zivilisatorische Versagen und die Blutschuld ins Zentrum der Bewußtheit zu rücken. Was als aufklärerisches Tun begann und zu einer nachholenden geistigen Befreiung der Deutschen führte, was so die zivilen Grundlagen dieser Gesellschaft sicherte, verfestigte sich in bestimmten Kreisen zu einem rituellen Antifaschismus, der weniger daran interessiert war, an die Leiden der Opfer zu erinnern, als den innenpolitischen Gegner zu diskreditieren. Später kritisierte Arnulf Baring eine »Dauerzerknirschung« der Deutschen, zuvor war Hermann Lübbe ein »Sündenstolz« der Deutschen aufgefallen. Enthält vielleicht die immerwährende Zerknirschung ein magisches Element, das die Schuld des immer wiederkehrenden Wegsehens »bannen« soll? Erst wurden die Nazis nicht in ihrem Wesen wahrgenommen, nach dem Krieg zunächst deren Opfer nicht, statt dessen die Mängel der Sieger und die Greuel des Kommunismus. Später übersahen andere Wesentliches am Kommunismus, und man verlor folgerichtig das Interesse an den Opfern der herrschenden Kommunisten.

Als »Sozialismus« wurde er für manche gar zu einer gesellschaftlichen Alternative des »Kapitalismus«, wie man die parlamentarische Demokratie nun oft nannte. Aus dem Erschrecken darüber, daß in diesem Land »ganz normale Männer« zu Mördern und ganz normale Kinder, Frauen und Männer zu Opfern geworden waren, wurde ein fixiertes Wissen um die Einmaligkeit der Deutschen. Eine negative Einmaligkeit zwar. Aber die Psychologen werden schon erklären können, daß das Besondere und Einmalige, auch wenn es negativ ist, eine magische Anziehung hat. Es gibt möglicherweise einen Gewinn aus böser Einmaligkeit. Sind wir die Mördernation par excellence, sind der Judenmord und die deutschen Kriegsgreuel *einmalig* – und um Einmaligkeit und Unvergleichbarkeit wird ja fortwährend gerungen –, dann existiert so etwas wie ein weltgeschichtlicher Tiefpunkt, ein fester Punkt. Leicht allerdings kann derjenige, der sich so ex negativo definiert, sich und seiner Umwelt nur raten, nehmt mich, uns Deutsche, nicht in die Verantwortung. Politische Enthaltsamkeit ist für den Erben des Weltungeheuers die höchste Tugend. Bereitschaft zum Engagement sollte von mir nicht gefordert werden, nicht einmal für das Humanum. So erklärt sich zum Beispiel die Forderung dieser Kreise nach Enthaltsamkeit im Falle Bosnien und anderer Krisenherde, an denen wir um der Menschenrechte der Gepeinigten und Ermordeten willen eingreifen müßten.

Neben diesem Gewinn, der erlaubte Distanz genannt werden kann, mag für andere ein Gewinn darin bestehen, Geschichte wieder berechenbarer zu verstehen. Will in postmoderner Zeit niemand mehr Auskunft geben über Ursprung und Ziel der Geschichte, so wird dann ein negativer Fixpunkt im Durcheinander der Individual- und Völkergeschichte zum Beginn eines neuen Koordinatensystems der Geschichte. Wer den absoluten Tiefpunkt der Geschichte kennt, dem wird vielleicht irgendwann auch wieder das *gesetzmäßige* Ziel der Geschichte erscheinen.

Das religiöse Bewußtsein hat sein sicheres Wissen um das Summum bonum, Gott, verloren. Die Reich-Gottes-Verheißung irrt durch die Lande – heimatlos. Das sozialistische Bewußtsein hat seine lange behauptete Zielsicherheit eingebüßt. Aber Christen, Sozialisten und anderen Suchenden wird der Verlust des hohen Zieles der Geschichte erträglicher, wenn es den *einen* tiefen Abgrund wirklich gibt. Deutungshunger und Sinnsehnsucht sind vermutlich den Heutigen mindestens so zu eigen, wie den Generationen, die in vormodernen Zeiten lebten.

So verbirgt sich im Kampf um die Absolutheit des Tiefpunktes der Geschichte wohl auch ein religiöses Element. Oder vorsichtiger ausgedrückt: eine Sehnsucht der Postreligiösen, die der Dimension der Erlösungssehnsucht der Religiösen entspricht. So jedenfalls würde die Grundsätzlichkeit und Heftigkeit der Geschichts- und Geschichtspolitikdebatten verständlicher. Ein Teil der Debatten und Strategien deutet mehr auf den Bereich Glaubenskampf oder -krieg hin, verläßt zeitweilig das Terrain der Rationalität. Deshalb werden uns manche Attitüden und Kontroversen von heute morgen wieder begegnen.

Sollte es so sein, kann ich mir auch die oft so große Wirkungslosigkeit der *Boten* erklären. Jener, die das Innerste gesehen hatten, das, ob zu Zeiten von Mord und Terror oder zu Zeiten der »modernen Diktatur«, immer ein Angriff auf das Humanum war. Sie hatten bekannte und unbekannte Namen, aber immer eigene Wahrnehmungen, die sie von ihren Herren trennten. Sie hießen Silone oder Regler oder Koestler, Sperber, Grossmann oder Solschenizyn oder Bukowski und sagten ihren Zeitgenossen, wie es eigentlich ist. Nur trafen sie überall auf Kundige, die es besser wußten. Sicher ging es nicht allen so wie Jan Karski aus Polen, der in anderem historischem Kontext 1942 den Alliierten Beweise über Hitlers Taten und Pläne bezüglich der Juden brachte. Man konnte ihm einfach nicht glauben.

Überhaupt benutzen die Boten nicht immer die richtigen Wörter, neigen dazu, ihr Wissen absolut zu setzen. Einmal ist der Bote zu akademisch, ein andermal zu simpel. Dann ist er oft persönlich zu sehr verwickelt oder zu weit von der Sache entfernt. Das Pech der Boten ist, daß ihre Botschaften oft nicht zu den Systemen der Kundigen passen. Das aber macht die Boten so wichtig, daß sie Zeugen sind. Ihr Zeugnis wehrt der Weltsicht der Ängstlichen wie der Kundigen. Wo die einen resigniert haben, haben die anderen definiert, und in beiden Fällen wären die Nachrichten der Boten Anlaß, Wissen und Haltungen zu ändern. Und eben dieser schweren Aufgabe möchten wir in der Regel so lange wie möglich ausweichen.

Manfred Hildermeier fragt am Ende seiner Besprechung, wem »die verquere Logik« dienen könne, daß kommunistische Verbrechen »Auschwitz in den Schatten stellten«. Aber die Botschaft aus dem Inneren der totalitären beziehungsweise diktatorischen kommunistischen Regime lautet nicht: Unsere Schreckensnachrichten stellen den vorigen Schrecken in den Schatten. Sie stellen neben das vorige Erschrecken ein neues. Ralph Giordano sagte es, in seinem Ostpreußenbuch 1994, so: »Schluß damit, die Ermordeten der beiden größten historischen Gewaltsysteme zu Rivalen zu degradieren – sie waren es weder zu Lebzeiten noch im Tode.«

Die Botschaft lautet: Es gibt keine Sicherheit. Nach und neben dem größten Zivilisationsbruch für uns Deutsche werden Russen und Kambodschaner ihren Tiefpunkt der Geschichte möglicherweise anders definieren. Dies Zeugnis ist ernst zu nehmen, nicht zu relativieren. Es geht also nicht um einen neuen Schatten für altes Unrecht, sondern um neues Licht für anderes Unrecht.

Quelle: Die Zeit, 30. Juli 1998

STÉPHANE COURTOIS

Antwort an meine Kritiker. Rede vor der Alfred Herrhausen Gesellschaft für internationalen Dialog

Mit der Veröffentlichung des *Schwarzbuchs des Kommunismus* vor fast einem Jahr kam es in Frankreich und Europa, ja sogar in den Vereinigten Staaten, in Brasilien und Asien zu zahlreichen Debatten unterschiedlichster Art: Man hatte es einerseits mit den stupidesten Formen der Polemik zu tun, andererseits kamen aber auch überaus notwendige Grundsatzdiskussionen auf.

Ausschlaggebend für das ungewöhnlich große Ausmaß dieser Debatten sind in erster Linie das Thema und die Art und Weise, wie dieses Thema bisher behandelt worden ist. Mit den Verbrechen des kommunistischen Systems behandelt das *Schwarzbuch* nämlich einen Bereich, der bisher für die Forschung an den Hochschulen und Akademien nahezu völlig tabu war. In den vergangenen Jahrzehnten wurden zwar unzählige Abhandlungen über die kommunistische Welt geschrieben, doch abgesehen von einigen wohlbekannten Studien zu ganz bestimmten Schwerpunkten – beispielsweise die Veröffentlichungen von Robert Conquest über den Großen Terror und die sowjetische Kollektivierung oder von Jean-Luc Domenach über den chinesischen Laogai – ist bis jetzt keine Arbeit erschienen, die den ganzen Zeitraum (von 1917 bis heute) und das gesamte kommunistische System (und zwar sowohl der an der Macht sitzenden als auch der für die Machtübernahme kämpfenden Parteien) auf seine kriminelle Dimension hin untersucht hätte. Neu am *Schwarzbuch* ist auch die Tatsache, daß es sich hier nicht um eine allgemeine geschichtliche Zusammenfassung der verschiedenen Repressionsformen handelt. Untersucht wurden nämlich lediglich Mord- und Todesfälle, die direkt auf die Politik der kommunistischen Machthaber zurückzuführen sind. Zahlreiche weitere Aspekte repressiver Politik – wie etwa die Gefängnis- oder Exilstrafen, die kulturellen Zerstörungen usw. –

wurden nicht berücksichtigt. Im *Schwarzbuch* werden verschiedene Bereiche angesprochen. Der ursprüngliche Titel – *Le Livre des crimes communistes* (dt: »Das Buch der kommunistischen Verbrechen«) – hat dies deutlicher zum Ausdruck gebracht: Das französische Wort *crime* hat nämlich mehrere Bedeutungen. Zum einen bezeichnet es ganz allgemein einen Tatbestand: die Mordhandlung an einer Person. Daneben besitzt das Wort aber auch noch eine juristische Bedeutung: Das französische Strafgesetzbuch unterscheidet zwischen Verbrechen und Vergehen, und die Tötung stellt das schwerste Verbrechen dar. Außerdem kennt das Wort *crime* noch einen moralischen Aspekt. Dieser kommt in dem wohlbekannten französischen Ausspruch »Plus qu'une faute, c'est un crime« (dt: Das ist kein Fehltritt mehr, sondern ein Verbrechen) deutlich zum Ausdruck. Auch wenn die Autoren des *Schwarzbuchs* nur den historischen Aspekt – die Ausarbeitung von Tatbeständen – im Auge hatten, ergeben sich aus ihrer Arbeit unweigerlich auch moralische Überlegungen, ja selbst juristische Konsequenzen.

Das *Schwarzbuch* ist ein Produkt seiner Zeit. Denn es waren konkrete historische Umstände, die zu seiner Realisierung geführt haben. Erst durch das Eintreten von zwei Bedingungen war nämlich die Arbeit am *Schwarzbuch* möglich geworden.

Wir hätten das Buch sicherlich nie angefangen, wenn das Kräfteverhältnis im Lager der Intellektuellen und innerhalb der Forschung sich nicht grundlegend verschoben hätte. Offenbar vergißt man heute, daß die UdSSR noch vor sieben Jahren die zweitstärkste Weltmacht darstellte und als solche im Zentrum eines stark strukturierten kommunistischen Weltsystems stand. Zu diesem System gehörten auch Staatsparteien, die in vier Kontinenten an der Macht saßen, ferner ein in der ganzen Welt fest installiertes Netz von mehr als achtzig kommunistischen Parteien und ein Bündnissystem mit nichtkommunistischen Kräften – beispielsweise beim Kampf gegen den Kolonialismus und Imperialismus, beim »Kampf für den Frieden« oder etwa bei den Kämpfen der Gewerkschaften. Dieses System verfügte damals über eine politische Macht und Mittel der propagandistischen Einschüchterung und schuf damit auch im intellektuellen Lager ein Kräfteverhältnis, dem sogar die unabhängigsten Forscher – ob sie wollten oder nicht – unterworfen waren. Kein französischer Universitätsdozent hätte sich vor zehn Jahren in ein so gefährliches Unternehmen wie das *Schwarzbuch* gestürzt, und außerdem wären damals für ein solches Buch weder ein Herausgeber noch Autoren zu finden gewesen.

Seit sechs oder sieben Jahren hat sich dieses mit einem Schlag außer Kraft gesetzte Kräfteverhältnis umgekehrt. Wir haben es nicht mehr mit einer auf Propaganda, Lüge, aber auch auf administrativen und politischen Druck fußenden Macht zu tun, so wie sie noch bis vor kurzem auf unserer intellektuellen Arbeit lastete. Dies ist natürlich auf den Systemzusammenbruch in Moskau zurückzuführen, aber auch – als zweiten Faktor – auf eine Revolution im dokumentarischen Bereich, die sich in den Jahren 1990 und 1991 abzeichnete und eine Öffnung der Archive der ehemaligen Sowjetunion und der meisten Länder des einstigen Ostens zur Folge hatte. Natürlich ist der Öffnungsgrad dieser Archive heute nicht überall derselbe, und einige der entscheidenden Archive – etwa das Stalins oder seiner politischen Polizei (Tscheka – GPU – NKWD – KGB) – sind nach wie vor nicht zugänglich. Trotzdem: Ohne ein Minimum an über alle Zweifel erhabenen neuen Archivbeständen hätte ich nie den Entschluß gefaßt, ein *Schwarzbuch* zu schreiben. Ohne diese Dokumente hätten wir uns mit einem Gesamtüberblick über die vorhandenen Zeugnisse zufriedengeben müssen. Für die Geschichtsschreibung wäre dies sicherlich von Interesse gewesen, aber die Last der historischen Wahrheit hätte ein solches Buch nicht getragen. Durch die heute zugänglichen Archive kennen wir nämlich unbestreitbare Fakten. Fakten, mit denen die kommunistische Propaganda mangels Beweisen bisher ein leichtes Spiel hatte. Ich verweise hier lediglich auf die umfangreichen Zeugenberichte über den kommunistischen Terror, angefangen bei Sergej Melgunows *Roten Terror in Rußland* aus dem Jahre 1924 bis hin zu Alexander Solschenizyns in den siebziger Jahren erschienenen Roman *Archipel Gulag*. Sie alle wurden von den Kommunisten, ihren Freunden und Bundesgenossen pauschal als Machwerke der antikommunistischen und reaktionären Propaganda abgetan. Absolute Verschwiegenheit war übrigens schon immer eine Waffe totalitärer Henker gewesen, besonders dann, wenn es um ihre tatsächlichen Ziele und die dafür eingesetzten Mittel ging, und deshalb ist die Tatsache, daß deren Entscheidungen nun bis ins kleinste Detail nachvollziehbar sind, für die Historiker eine grundlegende Veränderung.

Von einigen geringfügigen und sofort korrigierten Fehlern einmal abgesehen, ist die im *Schwarzbuch* veröffentlichte Fülle von Information von niemandem ernsthaft in Frage gestellt worden. Die Reaktionen auf diese Informationsflut waren jedoch äußerst zwiespältig. Einerseits nahm die Öffentlichkeit das Werk triumphierend auf. Dies ist für ein so dickes und relativ teures Werk, für das kein einziger Autor mit großem Namen verantwortlich zeichnet, ziemlich ungewöhnlich. In Frankreich wurden bereits an die 180000 Exemplare verkauft, ebenso viele in Italien, und auch in Deutschland steht das Buch sechs Monate nach seiner Veröffentlichung auf den Bestsellerlisten immer noch ganz oben. Auf dieses Buch, das inzwischen in 26 Sprachen übersetzt wird, hatte man ganz offensichtlich gewartet. Auf der anderen Seite entfachte das Buch eine heftige Polemik, auch gegen den einen oder anderen Koautor. Es gab auch Versuche, eine entsprechende Debatte zu verhindern, und in mehreren Ländern war zeitweise sogar das Buch zum Gegenstand einer politischen Debatte geworden.

Die beiden eben genannten Vorbedingungen des Buches – die Umkehrung des bis dahin für den Kommunismus günstigen Kräfteverhältnisses und die im dokumentarischen Bereich einsetzende Revolution – sind also auch Voraussetzung für einen Großteil der heute in den Debatten zur Sprache kommenden Themen. Auf der einen Seite stehen diejenigen, die nicht begreifen oder nicht begreifen wollen, daß sich mit diesen beiden Bedingungen weitreichende Konsequenzen für die Erforschung der kriminellen Dimension des Kommunismus ergeben, und auf der anderen Seite diejenigen, die diesen Veränderungen Rechnung tragen, um mehr über das fundamentale Phänomen des 20. Jahrhunderts in Erfahrung zu bringen.

Die Erstgenannten sind entschiedene Gegner einer Grundsatzdebatte und inszenieren deshalb eine Polemik der niederträchtigsten Art, die an die alten Methoden der kommunistischen Propaganda erinnert.

In Frankreich haben sie bereits vor der Veröffentlichung des Buches versucht, über Machenschaften und Druckmittel, die selbst in den Forschungseinrichtungen zu spüren waren, einen Konflikt zwischen den Koautoren vom Zaun zu brechen. Man wollte mit allen Mitteln eine Trennung zwischen den »guten« Historikern und dem widerwärtigen Ideologen Courtois, der für dieses Buch die Einführung geschrieben hat. Als ob diese Einführung nicht genau den verschiedenen Texten des Buches entspräche und nicht mit den wichtigsten Autoren ausführlich in der Gruppe diskutiert worden wäre.

Und ebendiese Leute wiesen sowohl in Frankreich als auch in Deutschland und in Italien ständig darauf hin, wie sehr das *Schwarzbuch des Kommunismus* den Rechtsextremismus begünstigen würde. Als ob die Historiker das Ergebnis ihrer Arbeit nur unter Berücksichtigung einer wie auch immer gearteten politischen Wetterkarte veröffentlichen dürften, einer Wetterkarte natürlich, nach der die – meist nur in der Einbildung existierende – rechtsextreme Gefahr immer viel zu bedrohlich ist, um der kommunistischen Frage nachgehen zu dürfen.

Dieselben Leute gingen sogar so weit, zu behaupten, wer das Augenmerk auf die Opfer des Kommunismus richte, wolle den von den Nazis begangenen jüdischen Völkermord banalisieren. Und selbst in einer so angesehenen Zeitung wie *Le Monde* suggerierte man, daß diese Banalisierung eine heimliche Taktik wäre, um – ich zitiere – »schlicht und einfach im Gedächtnis der Völker die Verbrechen der Nazis durch die Verbrechen der Kommunisten zu ersetzen«. Es begreift wohl jeder, daß die Opfer des Kommunismus die Opfer des Nationalsozialismus in keinster Weise ins Abseits stellen. Andererseits wird jedoch klar, was diese Polemik bezwecken soll: Die Opfer des Nationalsozialismus, über die man seit fünfzig Jahren zu Recht sehr viel spricht, sollen die Opfer des Kommunismus in den Hintergrund drängen, und manch einer sähe es sicherlich gern, wenn man überhaupt nicht mehr über sie sprechen würde.

Vor dem Hintergrund einer solchen Polemik möchte ich lediglich auf drei Fragenkomplexe näher eingehen. Sie beziehen sich im Gegensatz zu den anderen Fragen auf den Inhalt des Buches und verdienen deshalb eine Antwort. Der erste Fragenkomplex betrifft die Zahlen: Warum konzentriert man sich über weite Strecken der Einführung in so starkem Maße auf die Opferzahlen (zwischen 85 und 100 Millionen)? Stand da nicht ein billiges Geschäftsmanöver im Vordergrund? Wollte man da nicht um jeden Preis mit Sensationen aufwarten? Habe ich, was die Methode angeht, nicht eine »Geschichtsforschung mit dem Taschenrechner« betrieben? So zumindest lautet der mehr als deplazierte Vorwurf eines deutschen Kollegen. Machen wir uns doch zunächst einmal bewußt, daß der Leser anhand dieses ominösen »Taschenrechners« erfährt, wie zigmillionen unschuldige Männer, Frauen und Kinder ihr Leben auf dem Opfertisch der von ihrer Ideologie überzeugten Einheitspartei lassen mußten. Selbst wenn es sich nur um annähernde Zahlen handelt, der

Rückgriff auf Opferzahlen ist sehr wohl legitim, ja sogar unverzichtbar. Ferner möchte ich daran erinnern, daß auch bei den historischen Studien zur Shoa das Zählen der Opfer lange Zeit eines der Hauptanliegen der Historiker war. Erst seitdem sich die Spezialisten auf eine Richtzahl von ungefähr 5,1 Millionen Toten geeinigt haben, steht die Frage nach den Opferzahlen in der Shoa-Forschung nicht mehr im Vordergrund. Es versteht sich von selbst, daß allein schon die Zahl der Opfer ein Gegenstand der historischen Forschung ist. Hätte das kommunistische System »nur« hunderttausend Menschen das Leben gekostet, hätte es nie ein *Schwarzbuch* gegeben. Das Problem ist jedoch, daß das System etwa 100 Millionen Menschen umgebracht hat.

Der zweite Kritikpunkt zielt auf die Art und Weise, wie gezählt wird. Zum Teil wirft man mir vor, »Karotten, Rüben und Lauchstangen zusammengezählt zu haben«. Ich enthalte mich hier eines Kommentars zu diesem völlig deplazierten Bild, das jedoch über die Denkungsart dieser Kritiker und ihres Respekts gegenüber den Opfern sehr viel aussagt, und möchte hier lediglich die Kriterien der *Schwarzbuch*-Zählung erläutern. Wir haben die Menschen, deren Tod eine direkte Folge der Politik der kommunistischen Regimes ist, in drei Kategorien eingeteilt: diejenigen, die als Regimefeinde ermordet (erschossen, aufgehängt usw.) worden sind, diejenigen, die man in die Arbeitslager gebracht hatte und die dort infolge der katastrophalen Zustände und miserablen Lebensbedingungen umgekommen sind, und schließlich diejenigen, die den durch die Regierungspolitik (absichtlich oder nicht) ausgelösten großen Hungersnöten zum Opfer gefallen sind. Das den kommunistischen Regimes sehr wohl anzulastende Massensterben aufgrund der schweren Arbeitsunfälle, der chronisch schlechten Versorgungslage und des fehlenden (nämlich nur den von der Regierung Privilegierten zur Verfügung stehenden) Gesundheitswesens wird im *Schwarzbuch* nicht berücksichtigt. Bei dieser Gelegenheit möchte ich darauf hinweisen, daß die überwiegende Mehrheit der Opfer Arbeiter und Bauern waren und somit zu dem Teil der Bevölkerung zählten, aus dem angeblich auch die Regierung kam und für deren Rechte sie zu kämpfen vorgab.

Der letzte Kritikpunkt, auf den ich eingehen möchte, zielt auf die Tatsache, daß in ein und demselben Buch die »kommunistischen Verbrechen« von Regimes abgehandelt werden, die zum Teil recht unterschiedlichen Zeiten und Regionen angehören. Ist es sinnvoll, fragen unsere Kritiker, die unter Pol Pot und Ceaucescu, unter Stalin und Castro, unter Kim Il Sung und Mengistu begangenen Untaten unter demselben Begriff (»kommunistisch«) zusammenzufassen und gemeinsam abzuhandeln? Durch seine universelle Zielsetzung und globale Ausrichtung hat der Kommunismus tatsächlich in die unterschiedlichsten Länder eingegriffen, in Länder mit völlig verschiedenen Sozial- und Wirtschaftsstrukturen und diametral entgegengesetzten Kulturen. Es läßt sich jedoch nicht bestreiten, daß ein gewisser Lenin im November 1917 ein völlig neues Regime errichtet hat, ein Regime, das er im März 1918 zur besseren Unterscheidung von der vorausgehenden sozialistischen Bewegung »kommunistisch« nannte und im Frühjahr 1919 zur Grundlage einer Weltbewegung mit dem Namen »Kommunistische« Internationale machte. Es entstand eine Weltpartei der »kommunistischen« Revolution, und jede »kommunistische« Partei bildete eine nationale Sektion dieser Weltpartei, in den Anfangszeiten auch die russische Sektion. Das leninistische und später stalinistische Regime hatte recht bald ein Modell erarbeitet, das in seinen Grundelementen in allen kommunistischen Regimes wiederzufinden ist. Im Handumdrehen war das idealtypische Konzept des Totalitarismus geboren: die alle Aufgaben des Staates übernehmende Einheitspartei mit einem allmächtigen Parteiführer, die obligatorische Einheitsideologie und der Massenterror. In den heute großenteils offen zugänglichen Moskauer Archiven der Kommunistischen Internationale fanden die einen den Beweis und die anderen die Bestätigung dafür, daß die kommunistische Bewegung bis in die sechziger und siebziger Jahre hinein weitgehend von einer Gründergeneration von Männern getragen wurde, die vollkommen der Moskauer Kontrolle unterstanden: Dies gilt für sämtliche Führer der »Volksrepubliken« (Dimitrow, Ulbricht, Gottwald, Rakosi, Bierut, Tito), aber auch für die chinesischen und vietnamesischen Volksführer (Mao, Tschu En Lai, Ho Chi Minh, Kim Il Sung) und alle kommunistischen Parteiführer (Thorez, Togliatti, Cunhal, Ibarruri und Carrillo). Selbst den erst später zum Kommunismus stoßenden Führern aus der Dritten Welt wie Castro, Neto oder Nadschibullah wurden in großer Zahl alte Hasen der kommunistischen Bewegung zur Seite gestellt. Mit dieser sowohl für die Organisationsform als auch für die Doktrin und die strategisch-taktische Linie maßgeblichen sowjetischen Schablone erreichte man trotz aller nationalen

Unterschiede eine derart starke Einheitlichkeit, daß man mit Recht nicht nur vom politologischen, sondern auch vom historischen Standpunkt aus von ein und demselben kommunistischen Phänomen sprechen kann. Und eines der gemeinsamen Grundelemente dieses kommunistischen Phänomens war eben der Terror.

Seiner Geschichte und seinen Erfahrungen mit dem Kommunismus (und Nationalsozialismus) entsprechend reagierte jedes Land anders auf die Veröffentlichung des *Schwarzbuchs*. In Frankreich hat die von den Kommunisten und der extremen Linken entfachte Polemik mit erstaunlicher (und zum Teil verletzender) Heftigkeit Kritikpunkte aufgegriffen und weitergeführt, die schon drei Jahre zuvor in bezug auf François Furets *Ende der Illusion* zu hören gewesen waren. Alle sich als revolutionär ausgebenden Kräfte, die gegenüber unseren demokratischen Gesellschafts- und am Markt orientierten Wirtschaftssystemen radikale, absolute Kritik laut werden lassen, verbündeten sich zum Kampf gegen das *Schwarzbuch*. Dazu zählen die orthodoxen Kommunisten, aber auch sämtliche trotzkistische und maoistische Gruppen, ja selbst dem Anarchismus nahestehende Strömungen und Randgruppen der sozialistischen und ökologischen Parteien. In Frankreich sind das 15 bis 18 Prozent der Wählerstimmen und lautstarke Minderheiten, die ihren Einfluß sogar bei den angesehensten Zeitungen, ja selbst bei der Regierung geltend machen können. Sie brachten sogar den Premierminister dazu, sich wegen der kommunistischen Minister in seiner Regierung glücklich zu schätzen. In Italien hingegen fiel die Reaktion auf das *Schwarzbuch* anders aus: Massimo d'Alema, der Vorsitzende der PDS, der ehemaligen kommunistischen Partei, nahm die Veröffentlichung des *Schwarzbuchs* zum Anlaß, um in der Zeitung *Unità* einen langen Artikel abdrucken zu lassen. Darin verurteilte er entschieden das leninistische Experiment und bekannte sich erneut zu den demokratischen Idealen und der Marktwirtschaft. Heute ist er Premierminister ...

Auch innerhalb eines Landes kam es zu den unterschiedlichsten Reaktionen. Auf deutscher Seite versuchte man in Berlin, eine öffentliche Debatte über das Buch zu verhindern und die Frage nach der kriminellen Dimension des Kommunismus schlicht und einfach zu verneinen. Hier wird man mit einer kommunistischen Verneinung konfrontiert, die den Forschungen über den Terror und seine Opfer jegliche Legitimität abspricht. In Frankreich versuchten diese Verneiner neuen Typs mit der Veröffentlichung eines *Schwarzbuchs des Kapitalismus* ein klägliches Ablenkungsmanöver. Das Buch ist jedoch in theoretischer und historischer Hinsicht so schwach, daß selbst die wohlmeinendsten Zeitungen nicht darüber zu berichten wagen.

Es wurden jedoch nicht nur kritische Stimmen laut. Am 18. Juni 1998 fand in Dresden eine bemerkenswerte Diskussionsrunde statt. Fast vier Stunden lang konnte jeder – auch die Kommunisten – vor 600 Zuhörern in aller Ruhe seine Ansichten darlegen. Der ehemalige kommunistische Bürgermeister der Stadt nutzte diese Gelegenheit und stellte sich mutig und in würdiger Haltung seinen Mitbürgern. Er stürzte sich nicht in eine entehrende Selbstkritik oder in nutzlose Formeln des Bedauerns, sondern stellte sich in aller Öffentlichkeit die Frage, warum er sich in jungen Jahren dem kommunistischen Jugendverband und später der Partei angeschlossen hat, warum er anschließend den Bürgermeisterposten und die Zusammenarbeit mit der Stasi akzeptiert hat und zu welchem Zeitpunkt er schließlich diese Zusammenarbeit aufgekündigt und eine bestimmte Rolle beim Sturz des Regimes übernommen hat. Dies war direkter Anschauungsunterricht in Sachen Demokratie und zeugt von einem staatsbürgerlichen Selbstverständnis. Hieran zeigt sich deutlich, daß für die Reaktionen auf das *Schwarzbuch* auch die persönlichen und kollektiven Erfahrungen mit dem Kommunismus maßgeblich sind. In der ehemaligen DDR braucht man bestimmte Gegebenheiten nicht erst lange zu erklären, sie sind allgemein bekannt und zählten für viele zu den ureigensten Erfahrungen. In Berlin hingegen scheinen die jungen Linken aus dem Westteil der Stadt an einer mythischen, völlig realitätsfernen Vision des Kommunismus festzuhalten.

In Lissabon fiel das Erscheinen der portugiesischen Ausgabe des *Schwarzbuchs* auf ein entscheidendes Datum: Der bedeutende Romancier José Saramago, einer der orthodoxesten Mitglieder der Portugiesischen Kommunistischen Partei, war soeben für den Nobelpreis der Literatur nominiert worden. Außerdem hatte man kurz zuvor Fidel Castro auf dem Jahrestreffen der lateinamerikanischen Staatsoberhäupter in Porto wie einen modernen Helden empfangen. Auch hier prallten Mythos und Wirklichkeit hart aufeinander. Als während des Castro-Besuchs General Pinochet in England verhaftet wurde, sah sich der bekannte Schriftsteller Mario Vargas Llosa veranlaßt, in der spanischen Tageszeitung *El País* einen langen Artikel zu veröffentlichen, in dem er die Verhaftung Pinochets guthieß, sich aber gleichzeitig darüber empörte, daß man mit Castro nicht genauso verfuhr. Vargas Llosa erinnerte bei dieser Gelegenheit daran, daß das Regime des Maximo Lider die letzte Diktatur Lateinamerikas ist ...

Die Veröffentlichung des *Schwarzbuchs* zeigt deutlich, wie jedes Land seinen Erfahrungen entsprechend reagiert. Entscheidend ist, wie der Kommunismus in die Erinnerung eingegangen ist. In Ländern wie Frankreich und Italien gilt der Kommunismus als die entscheidende Kraft im Kampf gegen Faschismus und Nationalsozialismus, er steht für den Patriotismus in seiner reinsten Form. Die Erinnerung an den Kommunismus ist in diesen Ländern positiv besetzt. Mehr noch: In der Erinnerung wird der Kommunismus verklärt und verherrlicht. Eine Verherrlichung, die sogar zunimmt, denn seit zehn Jahren etwa bekommt die *Erinnerung* in unseren Gesellschaftssystemen einen immer höheren Stellenwert. Es besteht die Tendenz, die Arbeit des mit langem Atem forschenden Historikers durch die »Pflicht der Erinnerung« zu ersetzen. Träger dieser Erinnerung sind die Kommunisten und Ex-Kommunisten, die gesamte extreme Linke, aber nicht nur die Linke, sondern auch die Rechte, die sehr viel Respekt vor der kommunistischen Macht hat. Dieses von den kommunistischen Parteien regelmäßig wieder aufgefrischte und gepflegte Bild der Verklärung hat nie einen Riß bekommen. Wer über irgendwelche dunklen Seiten des Systems informieren wollte, wurde sofort von der kommunistischen Propaganda niedergewalzt. Und da diese kommunistischen Parteien (PCF und PCI) nie direkt an der Macht saßen, waren sie auch nie gezwungen, durch ihre politische Praxis dieses Bild der Verklärung zu zerstören. Sie waren immer fest mit dem demokratischen System verwachsen und mußten, wenn sie keine schweren Sanktionen erleiden wollten, die fundamentalen Regeln dieses Systems respektieren. Aus diesem Grund kamen die totalitären Züge ihrer Ideologie nie zum Vorschein. – Kurz: Die meisten der im Westen lebenden Anhänger dieses in der Opposition kämpfenden Kommunismus hatten ein nur vages (und vor allem falsches) Bild vom realen Kommunismus. Das *Schwarzbuch* entsprach ganz und gar nicht diesem verklärten Bild des Kommunismus. Der Konflikt zwischen einem Geschichtsbild, das sich auf Informationen aus den inzwischen geöffneten Archiven des kommunistischen Systems stützt, und einem vor allem die eigene Identität bestimmenden, emotional besetzten Bild der Verklärung war unausweichlich.

Neben diesen unmittelbaren, oft recht oberflächlichen Reaktionen hat das *Schwarzbuch* auch eine Grundsatzdiskussion ausgelöst und vor allem die alte Streitfrage, inwieweit der Marxismus in die vom Kommunismus eingebrachte kriminelle Dimension verwickelt ist, wieder aufgegriffen. Für einen Historiker ist es natürlich absurd, wenn man Marx' 1848 veröffentlichtes *Manifest der kommunistischen Partei* in welcher Weise auch immer für Stalins Verbrechen von 1948 verantwortlich macht. Außerdem ist nachdrücklich darauf hinzuweisen, daß die bedeutendsten Marxisten zur Zeit Lenins die ersten waren, die den 1917 in Rußland von den Bolschewiki eingeschlagenen Weg schwer kritisierten, seien es Rosa Luxemburg und später Karl Kautsky in Deutschland oder Léon Blum in Frankreich. Es gibt jedoch bei Marx eine wissenschaftsgläubig-messianische Seite, welche die historische Notwendigkeit des als Bürgerkrieg verstandenen Klassenkampfes propagierte und so unbestreitbar zum Nährboden für das Vorgehen Lenins oder Stalins geworden ist. Besonders deshalb, weil Marx in seiner Theorie Realitäten wie die Nation, den Staat und die Demokratie, die in den letzten zwei Jahrhunderten zu den Grundlagen unserer Geschichte wurden, nicht berücksichtigt und aus diesem Grunde seine Forderung nicht relativiert hat. Die marxistische Theorie war voller emanzipatorischer Ansätze, trug aber auch eindeutig totalitäre Keime in sich. Neben der abstrakten Ideologie fehlte gewissermaßen der Blick auf den wirklichen Menschen. Dies brachte Marx dazu, auf den ersten Seiten seines *Manifestes* folgenden, im nachhinein überraschenden Satz zu schreiben:

»Die Geschichte aller bisherigen Gesellschaft ist die Geschichte von Klassenkämpfen. Freie und Sklaven, Patrizier und Plebejer, Barone und Leibeigene [...], kurz Unterdrücker und Unterdrückte standen in einem steten Gegensatz zueinander, führten einen ununterbrochenen [...] Kampf, einen Kampf, der jedesmal mit einer revolutionären Umgestaltung der ganzen Gesellschaft endete oder mit dem gemeinsamen Untergang der kämpfenden Klassen.« Die Wahl war also bereits klar: entweder der Triumph der Ideologie oder der Untergang der Gesellschaft.

Dies scheint mir der beste Ansatzpunkt für eine gewinnbringende Diskussion zu sein: Was war im historischen Sinne das Neue am bolschewistischen Kommunismus, und was findet man davon in anderen totalitären Phänomenen wieder? In meinen Augen ist es die unbestreitbare Tatsache, daß man nun nach ideologischen und nicht mehr nach politischen Gesichtspunkten vorging. Man verabschiedete sich von der modernen, machiavellistischen Vorstellung von Politik, die dank rechtsstaatlicher Formen und einer friedlichen Konfliktlösung auf das Allgemeininteresse ausgerichtet war, und orientierte sich statt dessen an einem archaischen, vom reinen Machtdenken geprägten Politikbild, bei dem das Freund-Feind-Verhältnis als Vorwand diente, um aus jedem Konflikt einen Bürgerkrieg machen zu können. Bei Marx entwickelte sich der Bürgerkrieg sozusagen aus einer natürlichen Bewegung heraus, einer natürlichen Bewegung sozialer und historischer Kräfte. Lenin hingegen war fest entschlossen, diese Bewegung zu beschleunigen, und führte – ganz gegen die Tradition der Zweiten Internationale – als ad-hoc-Instrument eine geheime, professionelle Revolutionspartei ein, die sofort nach der Machtübernahme den Staat als rechtsgültigen Ort der Politik ablösen und nicht nur die Gesellschaft, sondern auch den Menschen selbst im Sinne der kommunistischen Ideologie völlig umgestalten sollte. Marx war Philosoph und Sozialkritiker. Seine Schriften hätten auf Jahrzehnte hinaus den Stoff für interessante Diskussionsrunden liefern können. Lenin hingegen war ein Ideologe der Tat. Er sah sich als Messias des Marxismus und war fest entschlossen, seiner ideologischen Vision – der Begriff »Vision« ist hier im eigentlichen Sinne zu verstehen – überall zum Triumph zu verhelfen, notfalls auch mit Terror, wenn es nicht anders zu machen war. Er beschritt so einen Weg, den in der Folge auch andere – beispielsweise Mussolini oder Hitler – recht bald einschlugen.

Diese erste Diskussionsrunde zieht eine zweite nach sich: Es ist der nicht zu umgehende und lohnende Vergleich zwischen dem Nationalsozialismus und dem Kommunismus. Mit der Veröffentlichung des *Schwarzbuchs* richtete sich das Augenmerk vor allem auf das Verbrechen gegen die Menschlichkeit und den Völkermord, zwei Phänomene, die zwar in der bisherigen Weltgeschichte auch nicht unbekannt waren, aber im 20. Jahrhundert unter dem Nationalsozialismus und dem Kommunismus eine starke Intensivierung und Verallgemeinerung erfuhren und deshalb für den Historiker ebenso viele Fragen aufwerfen wie für den Philosophen. Diese Fragen zielen jedoch weiter: Inwieweit gleichen sich die beiden Systeme in ihren grundlegenden Punkten, die sich keineswegs nur auf den Terror und das Verbrechen gegen die Menschlichkeit beschränken?

In dieser Frage stelle ich mich ganz hinter François Furet, wenn er schreibt: »Die absurde Ansicht, daß der Kommunismus und der Nationalsozialismus das gleiche seien, wurde noch von keinem ernstzunehmenden Menschen geäußert. Die Frage [...] ist hier vielmehr, ob der Vergleich legitim ist und inwieweit man die Geschichte unseres Jahrhunderts begreifen kann, ohne die beiden Systeme unter verschiedenen Gesichtspunkten miteinander zu vergleichen. Ich wähle ausdrücklich den Begriff ›legitim‹, denn die Kommunisten haben selbst das Ansinnen eines solchen Vergleichs immer mit Entschlossenheit zurückgewiesen.« Als Ergänzung zu Furet möchte ich daran erinnern, daß in diesem Jahrhundert der Kommunismus und der Nationalsozialismus die beiden großen Feinde der Demokratie, des staatsbürgerlichen Selbstverständnisses und der individuellen Freiheit waren. Schon allein aufgrund dieser Tatsache hat es durchaus seine Berechtigung, wenn die sich mit dem 20. Jahrhundert beschäftigende Forschung diese beiden Systeme zum Vergleich einander gegenüberstellt. Bis zu den neunziger Jahren war dieser Vergleich ausschließlich Sache der politologischen und philosophischen Spezialisten gewesen. Denn für den Kommunismus fehlte jegliche Dokumentationsgrundlage. Mit der Öffnung der Archive können sich nun auch die Historiker endlich an die entscheidende Arbeit machen. Es wird jedoch noch eine Weile dauern, bis man einen mit der am Nationalsozialismus arbeitenden Forschung vergleichbaren Wissensstand erreicht haben wird. Doch trotz dieses ungleichen Forschungsstandes ist der Vergleich Nationalsozialismus/Kommunismus nicht mehr auf den Bereich theoretischer Überlegungen beschränkt. Vielmehr treten wir nun in die entscheidende Phase eines effektiven Vergleichs, und zwar beinahe mit einer Eins-zu-Eins-Entsprechung.

Die kürzlich veröffentlichte Privatdiskussion zwischen François Furet und Ernst Nolte zeugt von einer Annäherung der Sichtweisen. Ein wesentlicher Gegensatz bleibt jedoch bestehen: Für Furet liegt dem nationalsozialistischen Vorgehen ein irrationaler Trieb zugrunde. Bei den Kommunisten hingegen sieht er in einem rational begründeten Ideal den Ausgangspunkt des Handelns. Die Frage nach der Tragweite dieser revolutionären Idee und ihrer bewußt angestrebten radikalen Kritik an unseren Gesellschaftssystemen bringt die Diskussion wieder in Gang. Die Zahl derer, die in der nationalsozialistischen Katastrophe eine logische Folge der nationalsozialistischen Idee sehen, entspricht exakt der Zahl derer, die nach wie vor davon überzeugt sind, daß zwischen der kommunistischen Katastrophe und dem Ideal der auf vollkommener Gleichheit und absoluter Gerechtigkeit beruhenden kommunistischen Gesellschaft kein Ursache-Wirkung-Zusammenhang besteht. Immer noch gibt es viele von revolutionärer Leidenschaft beseelte Menschen, die für die Idee der universellen Befreiung große utopische Vorhaben zur Veränderung unserer unvollkommenen Gesellschaftssysteme unterbreiten. Manche Leute verweisen auf einen idealen Kommunismus, einen Kommunismus, der nie existiert hat und also reine Fiktion ist, und machen uns Vorhaltungen, weil wir über die Verbrechen des real existierenden Kommunismus berichtet haben. Es sind Leute, die sich als Marxisten und Materialisten ausgeben ... Die kommunistische Tragödie ist jedoch eine schreckliche Lektion, die jedem begreiflich machen muß, daß die Gesellschaft und auch der Mensch keine vulgären Mechanismen und Organismen sind, an denen jeder im Namen einer Ideologie – ganz gleich ob Klassen- oder Rassenideologie – irgendwie herumexperimentieren darf, sei es nun im genetischen oder soziologischen Sinne. Natürlich ist die Utopie für denjenigen, der die augenblickliche Situation des Menschen und der Gesellschaft kritisch hinterfragt, ein fundamentales Element. Doch sobald die Utopie sich von ihrer philosophischen Dimension entfernt und sich in einen Machtgedanken und in ein Handlungskriterium verwandelt, löst sie furchtbare Tragödien aus. Dies gilt sowohl für den Kommunismus als auch für den Nationalsozialismus, den man ja durchaus als Utopismus der reinen Rasse betrachten kann. In diesem Zusammenhang kann man sich sehr wohl vorstellen, zu was für Katastrophen der menschliche Stolz und ein von der Wissenschaft geprägtes Menschenbild mit den Genmanipulationen führen können, zu Katastrophen, die den jeweiligen Zeitgenossen genauso unwahrscheinlich erscheinen wie diejenigen des Kommunismus und des Nationalsozialismus.

Zum Schluß stellt sich die Frage, warum sich so viele intelligente, kultivierte und aufrichtige Menschen auf solche Bewegungen einlassen konnten und es heute noch ablehnen, die tragischen Folgen »ihrer« Bewegung zur Kenntnis zu nehmen, geschweige denn die Verantwortung für sie zu übernehmen. Die Archive des ehemaligen Ostens – diejenigen von Moskau genauso wie diejenigen von Prag – zeigen die führenden Kommunisten als gläubige Anhänger einer von Lenin gegründeten messianischen Bewegung religiösen Charakters, deren Ziel die proletarische Weltrevolution war. Marcel Proust schrieb seinerzeit: »Die Fakten dringen nicht in die Welt unserer Glaubensvorstellungen ein.« Die historischen Fakten – auch wenn sie noch so schrecklich und einwandfrei belegt sind – dringen nicht in die Welt der marxistisch-leninistischen (oder maoistischen, guevarischen, trotzkistischen) Glaubensvorstellung der orthodoxen oder kritischen Kommunisten ein.

Ganz gleich, wie groß die Blockaden, Schwierigkeiten und Hindernisse sind, unsere Gesellschaftssysteme kommen um die unvermeidliche historische Aufarbeitung der kommunistischen Tragödie nicht herum. Doch wir Westeuropäer, die wir den Kommunismus nur in seiner abgemilderten Form kennengelernt haben, dürfen das Trauma unserer osteuropäischen Brüder nicht unterschätzen. Das eklatanteste Beispiel für dieses Trauma ist die augenblickliche Situation in Rußland. Europas tausendjähriges Streben nach Einheit ist 1917 das erste Mal und 1945 das zweite Mal zerbrochen. Wenn wir an diese Einheitsbestrebung wieder anknüpfen wollen, müssen wir uns um eine genauere Kenntnis und ein stärkeres Bewußtsein des kommunistischen Desasters bemühen, damit wir die Opfer der Tragödie genauer verstehen und besser unterstützen können. Wenn das *Schwarzbuch des Kommunismus* auch nur einen bescheidenen Beitrag zur Stärkung dieses Verantwortungsgefühls leisten kann, glauben seine Autoren, ihre Aufgabe erfüllt zu haben.

Quelle: Alfred Herrhausen Gesellschaft für internationalen Dialog, Frankfurt am Main.

Autorenverzeichnis

ULRIKE ACKERMANN, geboren 1957 in Mainz, ist Sozialwissenschaftlerin und freie Autorin und lebt in Frankfurt/M.

THIERRY CHERVEL, geboren 1957 in Paris, ist Kulturkorrespondent für die *Süddeutsche Zeitung* in Paris

STÉPHANE COURTOIS, geboren 1947, ist Forschungsdirektor am CNRS (Centre national de la recherche scientifique) und Herausgeber der Zeitschrift *Communisme*

PHILIPPE CUSIN, schreibt für *Le Figaro*

WACLAW DLUGOBORSKI, geboren 1926 in Warschau, ist Professor für Wirtschafts- und Sozialgeschichte an der Universität Breslau und Kurator für Forschungsfragen in der Gedenkstätte Auschwitz-Birkenau

FRANÇOIS DUFAY, geboren 1962 in Suresnes, arbeitet im politischen Ressort der Zeitschrift *Le Point*

MANFRED FUNKE, geboren 1939 in Recklinghausen, ist Professor für politische Wissenschaften an der Universität Bonn

JOACHIM GAUCK, geboren 1940 in Rostock, ist der Bundesbeauftragte für die Unterlagen des Staatssicherheitsdienstes der ehemaligen DDR

CHRISTIAN GEULEN, geboren 1969, ist wissenschaftlicher Mitarbeiter am Kulturwissenschaftlichen Institut in Essen

MANFRED HENNINGSEN, geboren 1938 in Flensburg, lehrt politische Wissenschaften an der University of Hawaii in Honolulu

RICHARD HERZINGER, geboren 1955 in Frankfurt/M., arbeitet als Publizist und Literaturwissenschaftler in Berlin

MANFRED HILDERMEIER, geboren 1948 in Lemgo, ist Professor für Osteuropäische Geschichte an der Universität Göttingen

ECKHARD JESSE, geboren 1948 in Wurzen bei Leipzig, ist Professor für Politische Wissenschaft an der Universität Chemnitz

TONY JUDT, geboren 1948 in London, ist Remarque Professor of European Studies an der New York University und Direktor des Remarque Institute

JOACHIM KÄPPNER, geboren 1961 in Bonn, ist promovierter Historiker und arbeitet als Redakteur beim *Deutschen Allgemeinen Sonntagsblatt*

STEFAN KARNER, geboren 1952 in St. Jakob, Kärnten, ist Professor für Wirtschafts-, Sozial- und Zeitgeschichte an der Universität Graz und ist Präses der Österreichischen Forschungsgemeinschaft

VOLKHARD KNIGGE, Dr. phil., geboren 1954 in Gadderbaum, ist Direktor der Gedenkstätte Buchenwald

GERD KOENEN, geboren 1944 in Marburg, ist Historiker und freier Publizist und lebt in Frankfurt/M.

KONRAD LÖW, geboren 1931 in München, ist Professor für Politologie an der Universität Bayreuth

HEINRICH MAETZKE, Dr. phil., geboren 1957 in Tübingen, ist Zeithistoriker in München

HORST MÖLLER, geboren 1943, ist Direktor des Instituts für Zeitgeschichte in München und Professor für Neueste Geschichte an der Universität München

THANKMAR VON MÜNCHHAUSEN, geboren 1932 in Breslau, war Nahost- und Frankreichkorrespondent für die *Frankfurter Allgemeine Zeitung*

JENS PETERSEN, geboren 1934 in Rendsburg, ist stellvertretender Direktor des Deutschen Historischen Instituts in Rom

JEAN-FRANÇOIS REVEL, geboren 1924 in Marseille, Mitglied der Académie française, arbeitet als Publizist für Zeitungen, Zeitschriften und Fernsehen

CHRISTIAN RUF, geboren 1963 in München, arbeitet als freier Journalist für verschiedene Tageszeitungen (*Dresdner Neueste Nachrichten* und *Sächsische Zeitung*)

JUTTA SCHERRER, geboren 1942 in Berlin, ist Professorin für Russische Geschichte an der Ecole des Hautes Etudes en Sciences Sociales in Paris und am Centre Marc Bloch in Berlin

ALEXANDER SCHULLER, geboren 1934 in Beppu, Japan, ist Professor für Soziologie an der FU Berlin

ALBERT C. SELLNER, schreibt für *Die Zeit*

CHRISTIAN SEMLER, geboren 1938 in Berlin, arbeitet als Publizist in Berlin

RUDOLF WALTHER, geboren 1944, Publizist, schreibt für Deutsche und Schweizer Tageszeitungen

HEINRICH AUGUST WINKLER, geboren 1938 in Königsberg, ist Professor für Neuere und Neueste Geschichte an der Humboldt-Universität in Berlin

NICOLAS WEILL, geboren 1957 in Paris, arbeitet als Redakteur bei *Le Monde*

PIPER

François Furet
Das Ende der Illusion

Der Kommunismus im 20. Jahrhundert.
Aus dem Französischen von Karola Bartsch, Eliane Hagedorn, Christiane Krieger und Barbara Reitz. 724 Seiten.

François Furet, der prominenteste französische Historiker der Gegenwart, analysiert den Kommunismus im 20. Jahrhundert, seine Ideen, seine Wirkungen und sein Scheitern – gleichzeitig ist dieses Buch ein Nachruf der besonderen Art auf unser Jahrhundert.

»Kein Zweifel, über dieses brisante Buch wird man noch lange diskutieren. Zumal es sich keineswegs um ein Pamphlet mit überspitzten Thesen handelt, sondern um eine erstaunlich durchkomponierte, elegant formulierte Analyse, deren große Vorbilder Hannah Arendt und Raymond Aron, aber auch George Orwell und Arthur Koestler sind.«
Die Zeit

PIPER

Brigitte Hamann

Hitlers Wien

Lehrjahre eines Diktators. 652 Seiten. Geb.

Brigitte Hamann auf Spurensuche in Hitlers Wien. Niemand hat bisher eine derartige Fülle von zeitgenössischen Quellen ausgewertet. Die Autorin ist damit zu der Expertin für Hitlers frühe Jahre in Wien geworden. Ihr Buch ist die umfassende Biographie des jungen Hitler und zugleich das Porträt einer Stadt, die ihm verhaßt war und in die er 1938 als Triumphator zurückkehren sollte.

»Die Lektüre des Buches ist ein erstaunliches Erlebnis: Unbewußt ertappt sich der Leser zunächst dabei, Verständnis für das schmächtige Bürschchen aufzubringen, das sich mittellos in einer Großstadt wie Wien durchs Leben schlagen muß, einer Stadt, die der Einwanderung aus dem Osten kaum Herr wird – die Ernüchterung bleibt aber nicht aus. Brigitte Hamann entfaltet das Soziogramm der Habsburg-Metropole, beschreibt die Bevölkerungsschichten (Österreicher, Deutsche, Slawen, Ungarn, Ruthenen, Böhmen u.a.), eruierte die Mietpreise und Lebenshaltungskosten, sogar Hitlers Monatseinkommen, führt uns das Leben in dieser Stadt plastisch vor Augen … Als deprimierendes Fazit bleibt der Gedanke, daß nichts, aber auch gar nichts von Hitlers politischen Wahnvorstellungen ein Eigenprodukt war. Nicht nur in diesem Sinn war Hitler der größte Betrüger dieses Jahrhunderts.«
Süddeutsche Zeitung

PIPER

Joseph Goebbels
Tagebücher

1924-1945. Herausgegeben von Ralf Georg Reuth.
Fünf Bände in Kassette. Zusammen 2325 Seiten

Die kommentierte Ausgabe der Goebbels-Tagebücher von 1924 bis 1945 zählt zu den wichtigsten Quellen zur Geschichte des Dritten Reiches. Tag für Tag schrieb Goebbels als junger Nationalsozialist, als Hitlers Gauleiter, als Reichsminister für Volksaufklärung und Propaganda seine Eindrücke und Erlebnisse nieder. Da die Aufzeichnungen nicht nur die Wahnwelt des Joseph Goebbels widerspiegeln, sondern auch den Blick in den inneren Zirkel der Macht freigeben, zählen sie zu den wichtigsten Quellen der Geschichte und Vorgeschichte des Dritten Reiches. Die ausgewählten Texte werden durch ausführliche Erläuterungen des Herausgebers Ralf Georg Reuth und ein Namensregister abgeschlossen. Auf insgesamt 2325 Seiten wird so eine Geschichtsquelle ersten Ranges einem breiten Publikum zugänglich gemacht.